内縁・事実婚・同性婚の実務相談

多様な生き方を支える
法律，社会保障・税金

小島 妙子 著

日本加除出版株式会社

はしがき

結婚という「制度」は，人々の結合と誓約の特殊な形態であり，何世紀にも亘り，幾多の個人的かつ社会的意義を担ってきたものです。私たちは同様の意味内容を持つ代替的形態を作り出すことはできないのであり，それはあたかも，ピカソの絵や源氏物語の代替物を作り出すことができないのと同様でしょう。

したがって，結婚を享受する人々の地位は，代替不能な価値を持った社会的「資源」というべきものなのであり，結婚しているカップルは，婚姻届の有無，同性・異性の違いにかかわらず，等しくこのような「資源」にアクセスすることが許容されるべきではないでしょうか？

ところで，私たちの社会には，婚姻の届出を出さずに当事者の意識や生活実態においては，夫婦同然に暮らす男女のカップルが存在します。しかも，意図的に婚姻届出を出さないカップルも増えており，婚姻外カップルは多様化しています。

近時，超高齢社会の到来に伴い，中高齢者が離別・死別によりパートナーを失い，単身となった後に長い老齢期を過ごすにあたり，親しいパートナーを得て共同生活を送る例が増えています。「再婚」すると，配偶者相続権が発生すること，不仲となっても離婚が難しく，財産分与の問題が生じること，氏の変更や祭祀の承継問題等から，「非婚」を選択する場合があります。

一方で，同性カップルについては，現行民法が婚姻を男女のものとしており，婚姻の届出をすることができません（「婚姻障害」）。

このように，婚姻外カップルの多様化に伴い，婚姻外カップルの具体的な結合のあり方に即して，いかなる法的効果をどの程度与えるべきなのかが今日的な問題となっています。

婚姻外カップルの権利・義務関係は，当事者の意思に沿って契約法等の財産法によって規律することができます。パートナーシップ契約や任意後見契約を締結する，残された当事者のために遺言・信託を行うなどの事前の手立てをす

ることによって，離別や死別による関係解消時に，社会的・経済的に弱い立場
にある当事者に法的保護を与えることができます。

　婚姻外カップルの多様化に伴い，契約等による事前の規律が今後ますます重
要になると思われます。

　わが国では，届出のない点を除いては婚姻関係と異ならない夫婦の結合とし
ての内縁関係について，民法は何らの規定も設けていません。明治民法の下で，
社会的・経済的に弱い立場におかれている内縁の妻の救済をどうするかが問題
となりました。戦前戦後の判例や社会法分野での立法を受け，1958年，内縁
準婚判例が登場します。

　最高裁は，内縁は「男女が相協力して夫婦としての生活を営む結合」である
点において，これを「婚姻に準ずる関係」というを妨げないとし，内縁が正当
な理由なく破棄された場合には，不法行為による損害賠償の請求ができるとし，
民法760条の規定を類推適用して，婚姻費用の支払いを命じました。その後，
判例は，財産分与規定（民法768条），日常家事債務の連帯責任（民法761条），帰
属不明の財産の共有推定規定（民法762条）などを内縁に類推適用し，法の欠缺
を補充して（「欠缺補充」），内縁の妻に婚姻に準ずる法的保護を与えてきました。

　また，社会法領域では，今日，当該カップルが事実婚関係にあると認定され
れば，「配偶者」として，社会法上の受給権を取得することができるように
なっています。例えば，遺族給付は死亡していた者により生計を維持されてい
た「遺族」に支給されることになっており（生計維持要件），内縁・事実婚当事者
は，相続人である子，父母に優先して第一順位の受給権者となります。

　重婚的内縁関係（戸籍上の妻がいる内縁関係）や近親婚的内縁関係など，民法が
重婚や近親婚を明文の規定で禁止しているため，婚姻届が出せない内縁・事実
婚カップル（「婚姻障害」による内縁・事実婚）についても，判例は，重婚的内縁に
ついては，法律婚が形骸化し，事実上の離婚状態にある場合，近親婚について
は，三親等の傍系血族（おじ・めい関係）であって反倫理性・反公益性が著しく
低い特段の事情がある場合に，内縁・事実婚の成立を認め，一定の法的保護

を与えてきました。

　対等・平等とはいいがたい内縁・事実婚当事者について，社会的・経済的に弱い立場に置かれた一方当事者（主として内縁の妻）の法的保護のために法実践が積み重ねられてきています。

　他方で，婚姻の意思と共同生活の実体を欠く婚姻外カップル（いわゆる「パートナーシップ」関係）について内縁準婚理論の適用を否定する判例や，同性カップルについて，「内縁関係に準じた法的保護に値する利益が認められ」るとして，一方的破棄・解消について不法行為の成立を認める裁判例も登場しています。

　今般の相続法改正にあたり創設された「特別の寄与」制度（改正民法1050条1項）は，相続人以外の者が，被相続人に対して，無償の療養看護その他の労務の提供をしたことにより，被相続人の財産の維持又は増加に特別の寄与をしたときに，相続開始後，相続人に対し，特別寄与料の請求をする権利を認めたものですが，請求をなしうる者は，相続人を除く「親族」とされています。この点については，「多様な家族のあり方を尊重する観点から，特別の寄与の制度その他本法の施行状況を踏まえつつ，その保護のあり方について検討すること」との附帯決議がなされています。改正法が，内縁・事実婚（同性婚）に類推適用できるのか，が今後問題になると思われます。

　本書では，まず，内縁・事実婚・同性婚など多様な婚姻外カップルをめぐる問題状況について述べ（第1章），内縁・事実婚の法的規律の沿革を明らかにした上で（第2章），内縁・事実婚当事者及びその間に生まれた子の民法上の法的権利・義務関係について，内縁準婚理論を適用して内縁・事実婚当事者やその子どもの生活保障や居住権の保障を図ってきた裁判例を中心に解説しました（第3章）。

　さらに，婚姻外カップルの多様化に伴い，当事者が権利・義務関係を事前に規律しておく場合の具体的方法（パートナーシップ契約，任意後見契約，遺言，信託）について解説しています（第3章第6）。

　次に，内縁・事実婚当事者の社会保障法上の地位について，現行法令に従い詳しく解説しました。社会保険（厚生年金，健康保険等）だけでなく，世帯に着

はしがき

目した制度（国民健康保険，国民年金など）についても取り上げています（第4章）。

さらに，租税法について解説しています（第5章）。内縁・事実婚当事者は，遺贈・贈与等で財産を取得したり，死亡退職金を受け取った場合，相続税の申告義務がありますが，「配偶者」の軽減措置の対象とならないばかりか，税額が2割加算となります。ちなみに，アメリカ連邦最高裁判所は，2013年，ウィンザー判決（United States v. Windsor. 133 S. Ct. 2675 (2013)）において，同性婚を禁じた連邦法，DOMA（Defense of Marriage Act）を違憲と判断する画期的判決を下していますが，レズビアンの同性カップルが問題とした法的不利益とは，相続税法における配偶者控除でした。日本でも，同性婚など婚姻外カップルが当事者の権利・義務を自分たちで事前に規律しようとする際，課税問題が大きな負担となっています。

婚姻障害がある内縁の典型例である重婚的内縁関係について，裁判例を中心にその法的地位について解説しました（第6章）。

最後に，多様化する婚姻外カップルについて，その法的保護のあり方や，近時，地方自治体に広がっている同性パートナーシップ証明制度など，同性カップルをめぐる近時の動向について述べています（第7章）。

日本加除出版の星野将慶さん，渡邊宏美さんは，本書の出版を強く勧めてくださり，励まし続けてくださいました。厚く御礼申し上げます。

私が所属する法律事務所の弁護士，職員の各氏（内藤千香子弁護士，井野場晴子弁護士，保科さおり氏，鈴木莉万氏）には，原稿の作成や資料収集など多大な貢献をいただきました。深く感謝します。

本書が，内縁・事実婚・同性婚などの婚姻外カップルとして生活し，結婚をめぐる法の狭間で悩みを抱えている人々や，相談に携わる人々に役立つことを心から願っています。

2019年11月

小 島 妙 子

凡　例

文中に掲げる法令・判例・文献等については，次のように略記する。

【法　令】

改正民法 ………… 平成 30 年法律第 72 号による改正民法

育介法 …………… 育児休業，介護休業等育児又は家族介護を行う労働者
の福祉に関する法律

家事法 …………… 家事事件手続法

健保法 …………… 健康保険法

厚年法 …………… 厚生年金保険法

国年法 …………… 国民年金法

自賠法 …………… 自動車損害賠償保障法

住基法 …………… 住民基本台帳法

人訴法 …………… 人事訴訟法

生保法 …………… 生活保護法

労基法 …………… 労働基準法

労災法 …………… 労働者災害補償保険法

【判　例】

最高裁判所第二小法廷判決昭和 44 年 10 月 31 日民集 23 巻 10 号 1894 頁
＝最二小判昭 44.10.31 民集 23 巻 10 号 1894 頁

【判例集】

民録 ………………… 大審院民事判決録

v

凡　例

評論 ＿＿＿＿＿ 法律評論全集

新聞 ＿＿＿＿＿ 法律新聞

下民集 ＿＿＿＿＿ 下級裁判所民事裁判例集

家月 ＿＿＿＿＿ 家庭裁判月報

高刑 ＿＿＿＿＿ 高等裁判所刑事判例集

高民集 ＿＿＿＿＿ 高等裁判所民事判例集

裁判集民 ＿＿＿＿＿ 最高裁判所裁判集民事

民集 ＿＿＿＿＿ 最高裁判所民事判例集

労民 ＿＿＿＿＿ 労働関係民事裁判例集

訟月 ＿＿＿＿＿ 訟務月報

税資 ＿＿＿＿＿ 税務訴訟資料

交民集 ＿＿＿＿＿ 交通事故民事裁判例集

判時 ＿＿＿＿＿ 判例時報

判タ ＿＿＿＿＿ 判例タイムズ

判自 ＿＿＿＿＿ 判例地方自治

労判 ＿＿＿＿＿ 労働判例

【文献等】

　下記 7 冊は，本文中は「姓，○頁」のみで略記する。

内田貴 ＿＿＿＿＿ 『民法Ⅳ　補訂版　親族・相続』（有斐閣，2004）

大村敦志 ＿＿＿＿＿ 『家族法〔第 3 版〕』（有斐閣，2010）

窪田充見 ＿＿＿＿＿ 『家族法―民法を学ぶ〔第 3 版〕』（有斐閣，2017）

鈴木禄弥 ＿＿＿＿＿ 『親族法講義』（創文社，1988）

嵩さやか ＿＿＿＿＿ 「内縁・事実婚（同棲）」松川正毅＝窪田充見編
　　　　　　　　　　　　『新基本法コンメンタール親族』（日本評論社，2015）

二宮周平 ＿＿＿＿＿ 『事実婚の判例総合解説』（信山社，2006）

我妻栄 ＿＿＿＿＿ 『親族法』（有斐閣，1961）

目　次

Ⓘ 内縁・事実婚とは

第1 「内縁」の発生～戦後の民法改正前の「内縁」——————1

第2 現代における婚姻届出を欠くカップル—概念と問題状況——3

Ⅱ 内縁・事実婚の法的規律の沿革

第1 判例による法形成—民法領域————————————5

第2 制定法による規律—社会法領域における展開—————7

Ⅲ 内縁・事実婚当事者の民法上の権利・義務

第1 内縁（事実婚）の成立要件————————————9

内縁・事実婚の成立Ｑ＆Ａ

Q1（内縁・事実婚の成立要件）……………………………………11

　1　婚姻の意思……………………………………………………11

　　(1)　「婚姻の意思」…………………………………………11

　　(2)　婚姻届を出さないことをあえて選んでいる場合→

　　　　「非婚」を選択している場合…………………………13

　2　共同生活の実体………………………………………………14

　3　社会法の領域では？…………………………………………15

vii

目　次

4　重婚的内縁の場合は？ ──────────────── 15

5　遺族年金制度における重婚的内縁 ────────── 16

6　同性カップルの場合は？ ──────────────── 17

第2　内縁・事実婚が継続中の権利義務（法的効果）────── 18

1　類推適用される婚姻法規定 ─────────────── 18

2　類推適用されない婚姻法規定 ───────────── 19

第3　内縁・事実婚の破棄・解消（離別）────────── 20

1　不当破棄と損害賠償（存続保障）─────────── 20

(1)　当事者間（内部関係）（不貞行為等）────────── 20

◎最一小判平 16.11.18 判時 1881 号 83 頁 ────────── 21

(2)　第三者間（対外関係）──────────────── 24

2　内縁・事実婚の破棄・解消と財産分与（内部関係）──── 26

内縁・事実婚の破棄・解消（離別）Q & A

Q2（内縁の不当破棄，婚姻費用）───────────── 27

1　内縁準婚理論

　─最二小判昭 33・4・11 民集 12 巻 5 号 789 頁 ─────── 27

2　検討 ─────────────────────── 29

(1)　「内縁関係」の成立要件 ──────────────── 29

(2)　「不当性」の認定 ─────────────────── 30

(3)　婚約不履行 ───────────────────── 30

図表 1：成立要件 ──────────────────── 31

Q3（「パートナーシップ」関係の一方的解消と不法行為）──── 31

1　最一小判平 16.11.18 判時 1881 号 83 頁 ──────── 31

2　二元的な救済モデル ────────────────── 33

Q4（内縁・事実婚の解消と財産分与請求）─────────── 34

viii

書式 1：財産分与の調停申立書 ……………………………… 37

Q5（内縁解消後の財産分与義務者の死亡）……………………… 38

　1　生前の離別と財産分与規定の類推適用 ……………………… 38

　2　大阪高決平 23.11.15 家月 65 巻 4 号 40 頁 ………………… 39

書式 2：財産分与の調停申立書 ……………………………… 41

第4　一方当事者の死亡（死別） ———————————— 42

　1　内縁・事実婚当事者の死亡と財産（内部関係）……………… 42

　◎最一小決平 12.3.10 民集 54 巻 3 号 1040 頁 ……………… 42

図表 2：内縁・事実婚の解消と財産の清算 …………………… 44

　2　居住権（対外関係）…………………………………………… 46

　◎最一小判平 10.2.26 民集 52 巻 1 号 255 頁 ……………… 47

　3　第三者の不法行為による損害賠償（対外関係）（交通事故）…… 49

一方当事者の死亡（死別）Ｑ＆Ａ

Q6（死亡による解消と財産分与規定の類推）…………………… 51

Q7（夫婦の共同経営による不動産取得（共有））………………… 53

　1　婚姻関係にある夫婦の一方の名義で取得した不動産の帰属 …… 53

　2　内縁夫婦が共同経営によって得た一方名義の不動産の帰属 …… 54

Q8（共稼ぎ夫婦の預金（準共有））………………………………… 56

　◎預金は資金の出捐者に帰属する ……………………………… 56

Q9（夫婦双方の資金拠出による不動産取得と共有）……………… 58

Q10（残された内縁当事者（共有者）の居住権）………………… 60

　1　残された内縁当事者（共有者）の独占的使用 vs 相続人 …… 60

　2　被相続人と同居していた共同相続人が子である場合 ……… 62

　3　共有物分割請求 ………………………………………………… 63

Q11（相続法改正と内縁・事実婚）………………………………… 63

　1　配偶者の居住の保障 …………………………………………… 64

目　次

　　⑴　配偶者居住権 ……………………………………………… 64

　　⑵　配偶者短期居住権 ………………………………………… 66

　　⑶　内縁・事実婚当事者の居住の保障 …………………… 66

　2　婚姻期間が 20 年以上の夫婦間における居住用不動産の
　　遺贈又は贈与に対する持戻し免除の意思表示の推定
　　（持戻し免除推定規定）……………………………………… 67

　3　「特別の寄与」制度 ………………………………………… 68

　4　自筆証書遺言の方式緩和／自筆証書遺言の保管制度創設
　　 ………………………………………………………………… 69

　5　遺留分制度の見直し ……………………………………… 70

Q12（内縁当事者の一方の事故死と損害賠償）………………… 72

　1　財産的損害—扶養請求権の侵害 ………………………… 72

　　⑴　扶養利益の喪失 ………………………………………… 72

　　⑵　損害額の算定 …………………………………………… 73

　　⑶　相続人からの請求があった場合〜権利関係の調整 …… 73

　2　精神的損害（近親者の慰藉料）………………………… 74

Q13（ひき逃げ事故）……………………………………………… 76

　1　自賠法 72 条 1 項 ………………………………………… 76

　　⑴　扶養利益の侵害 ………………………………………… 76

　　⑵　慰藉料 …………………………………………………… 77

　2　人身傷害補償保険 ………………………………………… 77

Q14（内縁と免責約款）…………………………………………… 79

　1　自家用自動車保険（対人賠償責任保険）……………… 79

　2　自賠責保険 ………………………………………………… 80

　3　人身傷害補償保険／搭乗者傷害補償保険 ……………… 81

Q15（人身傷害補償保険と「配偶者」〜同性パートナーの場合）……… 82

　図表 3：人身傷害補償保険約款 ………………………………… 83

目　次

第5　事実婚の当事者間に生まれた子ども ―――――― 84

1　法的父子関係の成立 ･･･････････････････････････････････ 84

2　認知された子の法的地位 ･･････････････････････････････ 85

（1）　相続 ･･ 85

（2）　養育費 ･･ 85

（3）　親権者 ･･ 86

図表4：『親』及び『親権者』の地位に伴う法的効果 ･･ 87

（4）　氏・戸籍 ･･･････････････････････････････････････ 87

（5）　国籍 ･･ 88

3　未認知の子と損害賠償 ････････････････････････････････ 88

内縁・事実婚と子どもＱ＆Ａ

Q16（認知／養育費）･･････････････････････････････････ 89

1　父子関係の成立 ･･･････････････････････････････････････ 89

2　認知調停 ･･ 90

（1）　当事者 ･･ 90

（2）　合意に相当する審判 ･･･････････････････････････ 91

3　認知訴訟 ･･ 91

Q17（死後認知／相続権）･･･････････････････････････････ 92

1　父子関係の成立 ･･･････････････････････････････････････ 92

2　死後認知訴訟 ･･･ 93

3　認知の効果 ･･ 94

4　相続分 ･･･ 94

書式3：訴状 ―― 死後認知の事案 ･･････････････････････ 95

Q18（認知／国籍）･･･････････････････････････････････････ 97

1　国籍法の定め ･･･ 97

2　国籍法違憲判決 ･･･････････････････････････････････････ 98

3　国籍取得の手続及び戸籍の届出 ･･･････････････････････ 99

xi

目　次

書式 4：国籍取得届 ……………………………………………………… 100

Q19（子の氏／戸籍／重婚的内縁／住民票）……………………… 102

　1　嫡出でない子の氏，戸籍 …………………………………………… 102

　2　重婚的内縁当事者間の子の氏変更 ……………………………… 102

　3　嫡出でない子の住民票 ……………………………………………… 104

Q20（性同一性障害者の婚姻と父子関係）………………………… 105

　1　性同一性障害（GID）・性的違和（GD）………………………… 105

　2　性同一性障害者性別特例法 ……………………………………… 106

　3　性同一性障害者の婚姻と親子関係 ……………………………… 108

　4　最三小決平 25.12.10 民集 67 巻 9 号 1847 頁 ………………… 109

第 **6** 事前の規律 ——————————————————————— 112

　1　当事者間の関係 ……………………………………………………… 113

　　⑴　財産面 ……………………………………………………………… 113

　　⑵　人格面 ……………………………………………………………… 113

　2　親子間の関係 ………………………………………………………… 115

　　⑴　成立 ………………………………………………………………… 115

　　⑵　効果 ………………………………………………………………… 116

　3　契約・遺言・信託 …………………………………………………… 116

　4　任意後見契約 ………………………………………………………… 117

　図表 5：任意後見契約登記の利用状況 ………………………… 118

事前の規律 Q & A

Q21（パートナーシップ契約）……………………………………… 118

　1　財産管理—固有財産と共有財産の管理・処分方法（契約）…… 118

　2　一方当事者の死亡後の他方の生活保障と遺言・信託 ……… 119

　書式 5：パートナーシップ契約書 ……………………………… 120

Q22（内縁・事実婚・同性婚と相続〜遺言の活用）………… 122

xii

目　次

1　内縁・事実婚・同性婚と相続 ……………………………………… 122
2　「共有」,「準共有」………………………………………………… 122
3　内縁・事実婚・同性婚と相続法改正 …………………………… 123
4　遺贈 ……………………………………………………………………… 123
5　遺留分, 公正証書遺言 ……………………………………………… 124
6　相続税 …………………………………………………………………… 124

Q23（民事信託〜同性カップル）……………………………………… 125
1　信託とは ……………………………………………………………… 125
2　信託の仕組み ………………………………………………………… 126
3　信頼できる受託者の選定・遺留分・相続税 ……………………… 128

Q24（内縁・事実婚と家産承継型信託）……………………………… 129

Ⅳ　内縁・事実婚当事者の社会保障法における地位

第1　「配偶者」に事実婚当事者を含むことが明示されている制度 — 131
1　事実婚への法適用と実務 …………………………………………… 131
(1)　直接適用 ………………………………………………………… 131
(2)　行政実務における内縁・事実婚の認定と
「生計維持要件」………………………………………………… 132
2　婚姻障害のある内縁・事実婚の場合 …………………………… 133

第2　「配偶者」に事実婚当事者を含むことが明示されていない制度 — 135

第3　世帯に着目した制度 ————————————————— 136

社会保障と事実婚 Q & A

Q25（事実婚と遺族年金）……………………………………………… 137

xiii

目　次

1　遺族年金 ··· 137

図表 6：遺族年金の受給権者 ·· 139

2　内縁・事実婚関係，生計維持関係の認定 ····························· 139

Q26（重婚的内縁と遺族年金） ·· 140

1　遺族年金受給権の要件—「配偶者」要件 ···························· 141

2　重婚的内縁配偶者の「配偶者」要件該当性〜行政通達 ··· 141

3　最一小判昭 58.4.14 民集 37 巻 3 号 270 頁 ························· 142

4　社会保障的性格と婚姻法秩序との調整 ······························· 143

5　「事実上の離婚状態」の認定〜離婚の合意の要否 ············ 144

Q27（事実婚と死亡退職金） ·· 145

1　死亡退職金の法的性質 ··· 145

図表 7：「死亡退職金」の法的性質 ·· 146

2　死亡退職金の取扱い ·· 146

⑴　退職金規程に定めがある場合 ··· 147

⑵　退職金規程に定めがない場合 ··· 148

Q28（重婚的内縁と死亡退職金） ··· 149

◎死亡退職金の法的性質 ·· 149

Q29（近親婚と遺族年金） ·· 151

1　遺族年金受給権の「要件」—「配偶者」要件 ·················· 151

2　最一小判平 19.3.8 民集 61 巻 2 号 518 頁 ························· 152

3　行政実務（平成 23.3.23 年発 0323 第 1 号） ·················· 155

Q30（遺族補償年金（労災，国公災，地公災）） ··················· 157

1　労災補償 ··· 157

2　業務上の災害 ··· 158

3　遺族補償給付の受給権者＝「遺族」 ··· 158

4　遺族補償給付の内容 ·· 160

5　重婚的内縁配偶者の「配偶者」要件該当性 ······························ 160

xiv

Q31（離婚時年金分割）……………………………………………… 163

  1 離婚時年金分割制度～「合意分割」「3号分割」……………… 163

  2 厚生年金保険法施行規則 78 条, 78 条の 2 ……………………… 163

  3 事実婚関係が解消した場合

    （厚生年金保険法施行規則 78 条の 2 第 1 項 3 号）…………… 165

  4 事実婚関係にある者が婚姻の届出を行い，婚姻が成立

    した場合（厚生年金保険法施行規則 78 条の 2 第 2 項）……… 165

  5 当事者の一方が重婚的内縁関係にある場合

    （厚生年金保険法施行規則 78 条の 2 第 1 項）………………… 166

  6 年金分割（「合意分割」）の手続 ………………………………… 168

  7 「3号分割」………………………………………………………… 168

書式 6：離婚時年金分割の審判申立書 ………………………… 170

Q32（家族療養費（健康保険））………………………………… 171

  1 健康保険とは ……………………………………………………… 171

  2 「被扶養者」認定の要件 ………………………………………… 172

    ⑴ 事実婚関係の認定基準について ……………………………… 173

    ⑵ 重婚的内縁関係 ………………………………………………… 174

    ⑶ 生計維持要件について ………………………………………… 174

    ⑷ 「同一世帯」要件について …………………………………… 174

Q33（育児・介護休業）…………………………………………… 175

  1 育児休業制度 ……………………………………………………… 175

    ⑴ 育児休業及びその対象となる子 ……………………………… 175

    ⑵ 同一の子について「配偶者」が育児休業をする場合の特例

    （パパ・ママ育休プラス）……………………………………… 176

    ⑶ 育児休業給付金 ………………………………………………… 176

  2 介護休業 …………………………………………………………… 177

    ⑴ 介護休業及びその対象となる家族 …………………………… 177

xv

目　次

　　(2)　介護休業給付金 ·· 177

Q34（児童扶養手当の受給資格） ·· 178

　1　児童扶養手当とは ··· 178

　2　児童扶養手当の受給資格 ··· 179

　3　児童扶養手当の支給額と所得制限 ··························· 182

　4　「事実婚」の父又は母に養育されている場合 ··········· 182

Q35（確定拠出年金（「企業型」）の遺族給付） ····················· 185

　1　確定拠出年金とは ··· 185

　2　「企業型」の仕組み ··· 186

　3　確定拠出年金の給付内容 ··· 187

　4　「遺族」の範囲及び順位 ··· 187

　5　確定給付企業年金 ··· 189

Q36（婚姻・事実婚の成立による失権） ····························· 191

　◎受給権の消滅 ··· 191

Q37（「遺族」「家族」の範囲 vs「親族」） ··························· 192

　1　民法上の「家族」＝「親族」 ·· 193

　2　社会保障立法の適用対象となる「家族」／「遺族」 ······ 194

Q38（国民健康保険） ··· 197

　1　国民健康保険とは ··· 197

　2　国民健康保険の保険料 ··· 198

Q39（国民年金「3号被保険者」） ·· 200

　1　公的年金制度 ··· 200

　2　国民年金（基礎年金）の被保険者 ······························· 201

　3　国民年金の給付内容と財源 ·· 202

　4　保険料 ··· 202

　5　遺族基礎年金／寡婦年金／死亡一時金 ······················ 203

　　(1)　遺族基礎年金 ··· 203

目　次

　(2)　寡婦年金 ……………………………………………… 204

　(3)　死亡一時金 …………………………………………… 204

Q40（生活保護）…………………………………………… 204

　1　生活保護とは ………………………………………… 204

　2　保護の実施 …………………………………………… 205

　3　世帯単位の原則 ……………………………………… 206

住民票の記載Q＆A

Q41（住民票上の記載〜内縁・事実婚関係の証明）…… 207

　1　住民基本台帳法・住民基本台帳事務処理要領 …… 207

　2　「夫（未届）」「妻（未届）」〜必要書類 ……………… 209

　3　嫡出でない子 ………………………………………… 209

Ⅴ　内縁・事実婚当事者の租税法における地位

第1　「配偶者」に事実婚当事者を含むことが明示されていない制度 − 211

第2　「配偶者」に内縁・事実婚配偶者を含むと規定している制度 − 211

税金と内縁・事実婚Q＆A

Q42（配偶者控除）………………………………………… 212

　1　配偶者控除 …………………………………………… 212

　2　配偶者特別控除 ……………………………………… 215

　3　その他の所得控除 …………………………………… 216

Q43（相続税／贈与税）…………………………………… 216

　1　相続税の納付義務者及び課税対象財産 …………… 216

　(1)　生命保険金 …………………………………………… 217

　(2)　退職手当金等 ………………………………………… 217

xvii

目 次

2　相続税における「配偶者」の税額の軽減 ──────── 218

3　贈与税の配偶者控除 ──────────────────── 219

Ⅵ　重婚的内縁関係

第1　重婚的内縁の法的保護〜家族の重複 ───────── 221

第2　重婚的内縁の破棄・解消（離別）──────────── 223

1　不当破棄と損害賠償 ────────────────── 223

2　重婚的内縁の破棄・解消と財産分与 ─────────── 224

第3　重婚的内縁当事者の死亡（死別）──────────── 224

1　第三者の不法行為による死亡と損害賠償 ────────── 224

2　重婚的内縁当事者の死亡と居住権 ─────────── 225

第4　内縁関係継続中の権利 ────────────────── 226

1　婚姻費用の留保 ───────────────────── 226

(1)　重婚的内縁当事者の生活費 ──────────────── 226

(2)　子どもの養育費 ──────────────────── 227

2　重婚的内縁関係により生まれた子の氏の変更 ───────── 227

第5　社会法における重婚的内縁関係 ──────────── 228

1　行政実務における重婚的内縁関係の取扱い ───────── 229

2　最一小判昭 58.4.14 民集 37 巻 3 号 270 頁 ──────── 230

第6　配分的保護 ─────────────────────── 231

重婚的内縁Ｑ＆Ａ

Q44（重婚的内縁の不当破棄）━━━━━━━━━━━━ 232

Q45（重婚的内縁の解消と財産分与）━━━━━━━━ 235

Q46（重婚的内縁と生活費の留保）━━━━━━━━━ 237

  1　重婚的内縁の妻の生活費の留保 ━━━━━━━━━ 237

  2　認知した子の生活費の留保 ━━━━━━━━━━━ 238

Q47（重婚的内縁当事者の交通事故死による損害賠償）━ 239

  1　財産的損害—扶養請求権の侵害 ━━━━━━━━━ 239

  2　精神的損害（近親者の慰藉料）━━━━━━━━━━ 240

Ⅶ 事実婚保護のあり方

第1　婚姻外カップルの多様化 ━━━━━━━━━━━ 243

第2　事実婚保護のあり方をめぐる学説 ━━━━━━━ 243

  1　内縁準婚理論の有用性を肯定する見解 ━━━━━━ 243

  2　内縁準婚理論の妥当する事実婚関係を限定的に捉える見解 ━ 244

  3　事実婚の実態に応じて連続的・段階的な法的処理を指向する見解 ━ 244

  4　内縁準婚理論を否定する見解 ━━━━━━━━━━ 245

  5　ライフスタイルの自己決定権尊重の観点からの見解 ━━ 246

第3　同性パートナーシップ証明制度及び近時の動向 ━━ 246

  同性カップルの不当破棄Q＆A

Q48（同性カップル〜不当破棄による損害賠償）━━━ 249

  1　同性カップル〜「婚姻に準ずる関係」といえるのか？ ━ 249

  2　同性カップルに内縁（事実婚）に準じた法的保護に値する
    利益を認めた裁判例 ━━━━━━━━━━━━━ 250

xix

目　次

事項索引 ·· 255
判例索引 ·· 259
著者略歴 ·· 264

主要参考文献

石川稔＝中川淳＝米倉明編『家族法改正への課題』（日本加除出版，1993）

伊藤周平『社会保障のしくみと法』（自治体研究社，2017）

犬伏由子＝石井美智子＝常岡史子＝松尾知子『親族・相続法〔第2版〕』（弘文堂，2016）

今井多恵子＝坂和宏展＝市川恭子＝安井郁子『事実婚・内縁同性婚　2人のためのお金と法律』（日本法令，2015）

内田貴『民法Ⅳ　補訂版　親族・相続』（有斐閣，2004）

遠藤英嗣『全訂　新しい家族信託』（日本加除出版，2019）

大村敦志『家族法〔第3版〕』（有斐閣，2010）

笠木映里＝嵩さやか＝中野妙子＝渡邊絹子『社会保障法』（有斐閣，2018）

梶村太市＝岩志和一郎＝大塚正之＝榊原富士子＝棚村政行『家族法実務講義』（有斐閣，2013）

窪田充見『家族法―民法を学ぶ〔第3版〕』（有斐閣，2017）

黒田有志弥・柴田洋二郎・島村暁代・永野仁美・橋爪幸代『社会保障法』（有斐閣，2019）

久保野恵美子「日本の親権制度と児童の保護」町野朔＝岩瀬徹編『児童虐待の防止―児童と家庭，児童相談所と家庭裁判所』（有斐閣，2012）

小島妙子＝伊達聡子＝水谷英夫『現代家族の法と実務』（日本加除出版，2015）

小島妙子『Q＆A親子の法と実務』（日本加除出版，2016）

小島妙子『Q＆A　財産分与と離婚時年金分割の法律実務』（民事法研究会，2018）

裁判所職員総合研修所『家事事件手続法下における書記官事務の運用に関する実証的研究―別表第一事件を中心に―』（司法協会，2017）

鈴木禄弥『親族法講義』（創文社，1988）

曽田多賀＝紙子達子＝鬼丸かおる『内縁・事実婚をめぐる法律実務』（新日本法規出版，2013）

嵩さやか「内縁・事実婚（同棲）」松川正毅＝窪田充見編『新基本法コンメンタール　親族』（日本評論社，2015）

嵩さやか「社会保障法と私法秩序」社会保障法研究第3号（信山社，2014）

主要参考文献

棚村政行・中川重徳『同性パートナーシップ制度』(日本加除出版，2016)

床谷文雄＝犬伏由子編『現代相続法』(有斐閣，2010)

床谷文雄(監修)，大阪司法書士会家族法研究会(著)『超高齢社会の家族法と法律実務』(日本加除出版，2018)

中川善之助『民法Ⅲ』(岩波書店，1933)

中川善之助『日本親族法』(日本評論社，1942)

中里和伸『判例による不貞慰謝料請求の実務』(弁護士会館ブックセンター出版部LABO，2015)

中田裕康編『家族法改正—婚姻・親子関係を中心に』(有斐閣，2010)

二宮周平編『新注釈民法17 親族(1)』(有斐閣，2017)

二宮周平『基本法コンメンタール　親族〔第5版〕』〔島津一郎＝松川正毅編〕27頁(日本評論社，2008)

二宮周平『事実婚の判例総合解説』(信山社，2006)

二宮周平『家族法〔第5版〕』(新世社，2019)

日弁連交通事故相談センター研究研修委員会編『交通事故損害額算定基準：実務運用と解説〔25訂版〕』(日弁連交通事故相談センター，2016)

日本弁護士連合会編『Q＆A　改正相続法のポイント』(新日本法規出版，2018)

平田厚『判決例・審判例にみる　婚姻外関係　保護基準の判断—不当解消・財産分与・死亡解消等—』(新日本法規出版，2018)

広中俊雄『民法解釈方法に関する十二講』(有斐閣，1997)

松本哲泓『婚姻費用・養育費の算定—裁判官の視点にみる算定の実務—』(新日本法規出版，2018)

水谷英夫＝小島妙子編『夫婦法の世界』(信山社，1995)

水谷英夫『QA　労働・家族・ケアと法—真のWLBの実現のために—』(信山社，2016)

水野紀子＝大村敦志編『民法判例百選Ⅲ親族・相続〔第2版〕』(有斐閣，2018)

我妻栄『親族法』(有斐閣，1961)

LGBT支援法律家ネットワーク出版プロジェクト『セクシュアル・マイノリティQ＆A』(弘文堂，2016)

ジェンダー法学会編『ジェンダーと法　No.15』(日本加除出版，2018)

日本学術会議『提言　性的マイノリティの権利保障をめざして』(2019)

家族〈社会と法〉No33(日本加除出版，2017)

I 内縁・事実婚とは

第1 「内縁」の発生～戦後の民法改正前の「内縁」

　婚姻届を出さない（民法上の婚姻の要件を満たさない）男女の関係につき，民法は何も語っていません。

　他方で，婚姻の届出を出さずに，当事者の意識や生活実態においては夫婦同然に暮らす男女のカップル（共同生活を送る一対の男女）が存在します。このようなカップルを「内縁」と呼んできました。とりわけ明治民法下では，家制度の下で，法定推定家督相続人の去家禁止規定（明治民法744条）や婚姻には戸主の同意を必要とするとの規定があったため（明治民法750条），法定推定家督相続人である長男と長女や，戸主の同意を得られない者は婚姻の届出ができませんでした。また，嫁が家風に合うと評価されるまで，あるいは跡取りを生むまでは婚姻の届出をしないという風習（「足入れ婚」「試婚」）があったこと，明治民法制定によって法律婚主義（届出主義）が導入されても，婚姻の届出に関する一般の人々の知識や認識度が低く，届出がされにくいという事情もありました。

　なかでも工場・鉱山等の労働者層に内縁の夫婦が多く，1925年に実施された社会局の調査では，内縁率は全国の工場の内，男性20.2％，女性30.3％に達しており，当時の届出制度が庶民にとって利用しにくいことも届出をしない原因だったと指摘されています（二宮周平編集『新注釈民法17親族⑴』（有斐閣，2017）84～85頁。なお，1920年代における一般社会の内縁率は16～17％）。

　婚姻の届出のない限り，男女のカップルには原則として何らの法的効果も与えられません（扶養義務，子の嫡出推定，配偶者相続権など）。そこ

I　内縁・事実婚とは

で，内縁の妻を保護するために婚姻についての効果をどの範囲で内縁にも与えるべきなのかという点が明治民法下において問題となりました。判例はまず，内縁の不当破棄について損害賠償責任を認める判断を示し，これを受けて学説は，内縁を婚姻に準ずるものとして扱うべきことを主張しました（準婚理論）。

　一方，社会保障法の分野では内縁の妻を保護するため，内縁の当事者を対象とした制定法が登場します。1923 年工場法改正とこれを受けた工場法施行令です（1926 年 7 月施行）。職工が業務上死亡した場合に工場主が支給する遺族扶助料について，「本人ノ死亡当時其ノ収入ニ依リ生計ヲ維持シタル者」も対象として加えました。この法改正では，職工本人との身分関係は明示されていませんが，内縁の妻を「配偶者」とは異なる者として，直系卑属・尊属よりも後順位者としてこれを保護する目的で行われました。その後，省令レベルでは「配偶者（届出ヲ為サザルモ事実上婚姻関係ト同様ノ事情ニ存リタル者ヲ含ム）」として内縁を正面から婚姻と同様に扱う（「準婚」扱いする）規定が登場し，法律レベルでは 1933 年の恩給法改正や 1937 年制定の母子保護法においても同様の規定が定められ（もっとも，受給権を制限する規定として），1942 年公布・施行された戦時災害保護法で，法律レベルで初めて，内縁の妻に受給権を与える規定において，同様の括弧書き規定が登場しました。

　明治民法下において，婚姻届を出さずに事実上の夫婦として共同生活を行うカップルを「内縁」と呼んで法的保護を与える法実践が積み重ねられてきました。

2

第2 現代における婚姻届出を欠くカップル―概念と問題状況

　戦後，家族法が改正され家制度が廃止されると，家制度を前提とした婚姻障害規定も廃止され，婚姻の届出も一般国民の意識に浸透し，かつて内縁を生みだした要因は弱まりましたが，それでも婚姻届出を欠くカップルは現在でも存在しています。婚姻届出を欠くカップルには，①婚姻障害のある場合（婚姻適齢，待婚期間，重婚的内縁，近親婚に当たる内縁など），②婚姻の届出が遅れている場合の他に，③届出をしないことに当事者がそれ相応の意味を認めている場合（例えば法律婚に附随する法的拘束＝夫婦同氏を避けたい場合や姻族関係のしがらみから自由でありたいなど）があります。

　③のように主体的・意識的に婚姻の届出を行わずに共同生活をおくるカップルの関係は，従来型の「内縁」と区別する意味で「事実婚」と呼ぶこともあります（「現代型内縁」と呼ぶ場合もあります）。③の場合には，当事者の意思をそのまま無条件に尊重すべきかはともかくとしても，これに婚姻と同じ効果を極力与えるべきだということに当然なるわけではありません。具体的な当事者の関係のあり方に即して，いかなる法的効果をどの程度与えるべきなのかということが法的問題になります。

　ところで，婚姻の届出を欠く男女間の親密な関係は多種多様であり，その関係が「深い」関係から「浅い」関係までグラデーションがあります。当事者の意識や生活実態においては夫婦同然に暮らすカップルから恋人関係まで濃淡があります。婚姻の届出のない限り，男女の結合（関係）自体には，原則として何らの法的効果も付与されませんが，その関係がある程度強固で当事者の生活上も対第三者関係においてもこの結合（関係）がある程度の意味を持ってくると，婚姻に与えられる法的効果のうち，あるものを当該男女の結合（関係）にも与える必要が生じてくる

I 内縁・事実婚とは

場合があります。

　このような婚姻以外の男女の結合（関係）にいかなる法的効果が与えられるべきかについては，結合の排他性，継続性，同居・家計の共同性の有無，社会ないし周囲の承認の有無，婚姻障害の有無などの多様なファクターによって，具体的な男女結合類型ごとに，かつ問題となる具体的な事項ごとに定まるとする考え方が有力です（鈴木，80頁）。

　さらに，婚姻障害として規定されているわけではありませんが，現在の一般的な理解によれば婚姻関係が認められていない（婚姻の届出ができない）同性間の結合（関係）について，これを婚姻に準じて扱うか，あるいはあくまで契約の問題として解決するのかという点が論じられています。現行法では用意されていない同性間の結合（関係）をどのように位置づけて法的に扱うべきなのか，が法的課題となっています。

　そこで，本書では，従来「内縁」「事実婚」と呼ばれていた男女関係及び同性カップル（一対の同性間の結合・関係）をも含む概念として，婚姻の届出はなされていないが，親密な関係にあるカップルを指す用語として「婚姻外カップル」という言葉を用いることにします。

　一方で，「婚姻外カップル」のうち，事実上の夫婦としての共同生活関係にある男女の結合（関係）を「内縁」と呼び，これと同義のものとして「事実婚」の語を用いることにします。

4

Ⅱ 内縁・事実婚の法的規律の沿革

第1 判例による法形成─民法領域

　内縁，とりわけ内縁の妻の保護の出発点となったのは，大審院の婚姻予約有効判決（大連判大 4.1.26 民録 21 輯 49 頁）です。この判決で大審院は従来の判例を変更して内縁を「婚姻の予約」とし，その不当破棄について損害賠償責任を認める判断を示しました。本件は，挙式し，婚姻の届出をすることなく同居した後，数日で男性が女性に対し一方的に関係を解消したという事案でした。

　判決は，婚姻予約は将来において適法な婚姻をなすことを目的とする契約であるため有効であるとして，従来の判例の立場を覆し，当事者の一方が正当な理由なく婚姻をすることを拒んだ場合，他方はその予約を信じたために被った損害を賠償することを相手に求めることができるが，当該請求は債務不履行による（契約違反による）べきであり，不法行為を原因として請求すべきではないと判断しました。

　この判決は，婚姻予約の法的効力について判示するものでしたが，婚姻予約の不当破棄という法律構成を用いて内縁の不当破棄について債務不履行責任を認めるというアプローチを採用したものであり，後の判決で踏襲され，判例として不動のものとなりました。

　婚姻予約有効判決の採用した法律構成は，内縁関係そのものを直接に対象とするものではなく，あくまで婚約破棄についての判断でした。そこで，内縁の一方的な解消（破棄）に対する救済については有用な法律構成でしたが，婚姻の予約とする法的構成では，事実上の夫婦として共同生活を行うことから発生する様々な問題，例えば婚姻費用分担に相当

Ⅱ　内縁・事実婚の法的規律の沿革

する問題や，不法行為の加害者など第三者に対する損害賠償請求をめぐ
る問題を解決することはできませんでした。判決が実際に保護しようと
した関係は，もはや予約段階ではなく，本契約の履行に入った準婚関係
であったため，婚姻に準じた法的効果を認めるべきであり，その不当破
棄は不法行為と構成すべきであるとして，学説は判決の法的構成を批判
しました。

　婚姻予約有効判決に対しては，1930年代以降，内縁を婚姻に準じた
関係（準婚関係）と捉えて，民法上の婚姻に関する規定の準用を主張す
る見解（内縁準婚理論）が登場し（中川善之助『民法Ⅲ』（岩波書店，1933）
79～82頁），通説的な地位を占めていくことになります。他方，判例で
も，内縁を法律上の婚姻と同視することにより結論を導くものが現れて
きます（内縁の妻の日用品供給の先取特権を肯定した大判大11.6.3民集1巻280
頁。内縁妻の療養及び葬儀費の内縁夫による負担義務を肯定した大判昭7.8.25評論
21巻122頁）。

　こうした中で，戦後の最高裁は，内縁の不当破棄の事案について従来
の婚姻予約不履行による損害賠償請求を認めるとともに，内縁は「男女
が相協力して夫婦としての生活を営む結合であるという点においては，
婚姻関係と異るものではなく，これを婚姻に準ずる関係というを妨げな
い。」「内縁も保護せられるべき生活関係に外ならない」として内縁の不
当破棄者に対する不法行為を理由とする損害賠償請求を認めるに至りま
した（最二小判昭33.4.11民集12巻5号789頁）。また，同判決は「民法760
条（婚姻費用分担義務）の規定は，内縁に準用されるものと解すべきで
あ」るとして，別居中に支出した医療費について，相手方に分担義務が
あると判断しました。最高裁判決は，「内縁準婚理論」を採用したもの
であり，以後これを踏襲する裁判例が続々と登場し，判例として確立し
ていくことになります。

大審院による婚姻予約有効判決から最高裁による内縁準婚判決への展開の背景に，戦前から社会法領域において，内縁関係を対象とする法律が—内縁の妻に社会法的保護を与える目的で—制定されていた点が注目されます（広中俊雄『民法解釈方法に関する十二講』（有斐閣，1997）27頁以下）。

第2 制定法による規律─社会法領域における展開

戦前から，制定法において，内縁を対象とする規律がありました。この動きは，現実の要保護性を指導理念の1つとする社会法（労働法，社会保障法）の分野においてみられました。1923年工場法改正とそれを受けた工場法施行令，1933年の恩給法改正や1937年制定の母子保護法を経て，1942年制定の戦時災害保護法以降，受給権を与える法律において，内縁配偶者を法律上の配偶者と同様に扱う規定（＝「配偶者（届出ヲ為サザルモ事実上婚姻関係ト同様ノ事情ニ存リタル者ヲ含ム）」）が続々と登場しました（嵩，111頁）。

Ⅲ 内縁・事実婚当事者の民法上の権利・義務

第1 内縁(事実婚)の成立要件

　判例・学説で有力となった内縁準婚理論では，多様な婚姻外カップルの中で婚姻法の規定が類推適用されるべき内縁を何らかの規準で区別する必要があります。学説では，①社会的な意味で夫婦となろうとする意思（婚姻意思）を持って，②夫婦としての共同生活を送っていることを内縁の成立要件と捉える見解が多いです。

　一方，判例は，上記の内縁の成立要件を前提としつつも，問題となっている法的効果や誰との間で問題となっているのかなどによって，内縁の成立要件を法的保護の必要性とその妥当性の見地から相対的に捉えて緩和しているといえます（二宮周平『基本法コンメンタール　親族〔第5版〕』〔島津一郎＝松川正毅編〕（日本評論社，2008）27頁）。

　例えば，岐阜家審昭57.9.14家月36巻4号78頁は，男性側について「婚姻意思には疑義がないではない」としながら，7年近くの同棲生活や男性側の経営していた喫茶店等について，売上金管理や銀行取引をさせたり，店の賃借の保証人としていたことから，男性が女性を「単なる野合の相手として扱っていたのではなく，やはり事実上の妻として遇していたものと判断せざるをえない」として，両者の関係について内縁の成立を認め，財産分与を認めています。また，大阪地判平3.8.29家月44巻12号95頁は，同居することなく，お互いの住まいを行き来する関係であっても，約9年間交際し，入院に際し看病に努めたり，夫婦として宿泊旅行やツアー旅行に出かけたりした等の諸事情から「精神的にも日常の生活においても相互に協力し合った一種の共同生活形態を形成

Ⅲ　内縁・事実婚当事者の民法上の権利・義務

していたものと認められる」として事実上の夫婦に当たると認定して，国家公務員退職手当法による退職手当の受給権を認めています。

　他方で，当該関係に婚姻障害がある場合に内縁の成立が認められるのかという問題があります。大審院判例は，婚姻予約の構成ではありますが，婚姻障害があっても婚姻予約を有効として損害賠償請求を認めていました（婚姻適齢違反につき大判大 8.4.23 民録 25 輯 693 頁，在家父母の同意の欠如につき大判大 8.6.11 民録 25 輯 1010 頁，再婚禁止期間違反につき大判昭 6.11.27 新聞 3345 号 15 頁）。一方で，婚姻障害をもつ内縁の典型である重婚的内縁関係については，かつては内縁の成立を否定して法的効果を一切認めない見解もありました。しかしながら，今日では，問題となっている法的効果，誰との間の問題か，法律婚が形骸化しているのか等に照らして，場合によっては内縁の成立を認めて法的効果を及ぼす見解が一般的です。

　婚姻障害のある内縁についても一律に内縁の成立を否定するのではなく，社会的事実としての内縁を一応全て内縁として認め，法律的規律を与える際に当該内縁の性格を吟味し，各場面についてその効果を勘案するという考え方が妥当であり，現在の通説・判例の採用する立場といえます（いわゆる「相対的効果説」。我妻，200・201 頁）。

内縁・事実婚の成立 Q & A

Q1（内縁・事実婚の成立要件）

婚姻外の多様なカップルの中で，法律上の婚姻に準ずる関係と認められ，内縁・事実婚と認められるためにはどのような要件が必要なのでしょうか。相手に戸籍上の妻がいる場合はどうなるのでしょうか。

A

①婚姻の意思があること，②これに基づいた共同生活の実体があるという2つの要件が必要とされています。

戸籍上の妻がいても法律婚が形骸化し，事実上の離婚状態にある場合には内縁・事実婚の成立が認められる場合もあります。

〈解　説〉

1　婚姻の意思

婚姻に準ずる関係として，民法の婚姻法の規定が類推適用される場合とはいかなる関係をいうのかについて，判例・学説は，①婚姻の意思があること，②夫婦としての共同生活の実体があることを内縁・事実婚の成立要件としています。

(1)　「婚姻の意思」

「婚姻の意思」とは，「社会観念上夫婦であると認められる関係の設定を欲する効果意思」（最二小判昭 44.10.31 民集 23 巻 10 号 1894 頁とされており，婚姻の基本的効果を享受する意思がないのであれば「婚姻の意思」はないというのが基本的な考え方です（大村，131 頁）。

「婚姻意思」は，偽装結婚（子に嫡出性を付与させるための婚姻）や臨終婚（死期の迫った者の婚姻）において婚姻の効力が争われた事案で問題となりました。学説上は，①社会通念に従って婚姻とみられる関係を形成する

意思と解する実質的意思説，②「婚姻届」を提出する意思と解する形式的意思説の対立がありますが，判例・通説は，実質的意思説を採用しています（前掲最二小判昭 44.10.31（偽装婚），最三小判昭 45.4.21 判時 596 号 43 頁（臨終婚））。

内縁の成立要件として「婚姻の意思」が争われた事案の裁判例をみると，「婚姻の意思」は主観的要素のみならず，客観的要素，すなわち夫婦と言い得る共同生活が一定期間続いていれば認められやすいといえます。一方で，結婚式を挙げている場合には「婚姻の意思」が推認されやすく，共同生活の期間が短くても，「内縁」「事実婚」の成立が認められる場合があります。千葉地佐倉支判昭 49.7.15 交民集 7 巻 4 号 1026 頁は，挙式後，同居生活が 2 週間程度の内縁の夫が交通事故で死亡し，妻が喪主として葬儀を行った事案であり，裁判所は内縁の成立を認め，加害者に対し，慰藉料及び扶養料侵害による損害賠償の支払を命じています。

その他の事情としては，性的関係の継続性，妊娠の有無，両名の間に子が生まれていること，生計の同一性，親族や会社関係者，友人・知人に夫又は妻として紹介していること，親族の冠婚葬祭に出席していること等の事実があれば「婚姻の意思」が認定されやすいといえましょう。

また，一方を住民票の世帯主として，他方の続柄を単なる「同居人」ではなく「妻（未届）」などとして提出している場合（Q36），勤務先の年金保険，健康保険等の社会保険において他方を「第 3 号被保険者」（＝被扶養者）として届けている場合（Q27，Q34）なども「婚姻の意思」を認定する際の有利な事情となるでしょう。

裁判例の中には，内縁関係が長期間継続しているにもかかわらず，内縁の夫が婚姻の届出を拒んでいる事例で，諸事情を考慮して内縁関係を認定している例もあります。例えば，岐阜家審昭 57.9.14 家月 36 巻 4 号

78頁は，同居生活が約7年に及び，内縁の妻が夫の保証人になったり，銀行取引を担当させたりしていた事案で，内縁の妻側の「入籍（婚姻届）要求は相手方より拒否ないし無視され続けていたものであり」，内縁の夫の「婚姻意思には疑義がないではない」としながら，内縁の妻を「単なる野合の相手として扱つていたのではなく，やはり事実上の妻として遇していたものと判断せざるをえない」として財産分与を認めています。

⑵ 婚姻届を出さないことをあえて選んでいる場合→「非婚」を選択している場合

　婚姻届を出さないことをあえて選んでいる場合，たとえ共同生活の実体があったとしても婚姻に準ずる法的保護を与えることが適切なのかどうかが問題になります。

　当事者が積極的に非婚という関係を選択している以上，当事者間の関係が実質的に婚姻と同じようなものであったとしても，婚姻に準じて扱うべきではないという考え方があります。しかし，婚姻届を出さないという当事者の意思がどこにあるのかを踏まえて検討する必要があるでしょう。婚姻における夫婦の協力・扶助義務や貞操義務，婚姻の拘束力（離婚によらなければ解消できない）など，婚姻の法律効果の基本的部分を受け容れることができないがゆえに婚姻という関係を選択しないというのであれば，婚姻法を類推適用する余地はありません。

　一方で，婚姻制度のうちの比較的周辺的なものが障害となって婚姻を受け容れることができない場合，典型的には夫婦同氏原則を受け容れられないために婚姻届を出さない（＝法律婚を選択しない）場合には，婚姻に準ずる扱いをすることができるでしょう（窪田，141頁）。この場合，「法律婚としての効果を拒否しているとはいえない」からです（内田，145頁）。

Ⅲ　内縁・事実婚当事者の民法上の権利・義務

2　共同生活の実体

　内縁が成立するためには夫婦としての共同生活の実体があることが要件とされます。一般的には，同居が一定期間継続していれば共同生活の実態があると認定されます。問題は，同居期間が短い場合や，そもそも同居していない場合について内縁の成立が認められる場合があるのかという点です。

　判例は，「婚姻の意思」が強固に認められる場合，例えば挙式し，新婚旅行にも出かけ，同居生活を始め 2 週間余りで相手方が事故死したが，残された女性が喪主として葬儀を執り行ったという事案について内縁の成立を認めています（前掲千葉地裁佐倉支部判決）。また，同居に類するような協力関係があれば，内縁の成立を認める裁判例があります。例えば，大阪地判平 3.8.29 家月 44 巻 12 号 95 頁は，国家公務員である男性Ａの死亡退職金の受給権が，男性の兄弟姉妹との間で争われた事案について，「Ａと被告とは互いに別々の住まいを持っていたとはいえ，前記認定のとおり，互いに相手方のマンションに行き来して，特にＡは被告のマンションに頻繁に寝泊まりして生活し，夫婦としての宿泊旅行もしており，また，前記認定の事実からすれば，身体的に虚弱なＡは被告を精神的にも日常生活の上でも頼りにし，被告もこれに応えて生活していたものであり，Ａと被告との間には，精神的にも日常の生活においても相互に協力し合った一種の共同生活形態を形成していたものと認められる」として「事実上の夫婦」と認定しています。

　なお，最一小判平 16.11.18 判時 1881 号 83 頁は，共同生活をしたことがなく「特別の他人」として約 16 年間にわたり婚姻外の男女関係を継続してきた事案で，一方的に関係を解消した者（男性）に対する慰藉料請求を否定しています。判決は，当事者が意図的に婚姻を回避していること（婚姻の意思の欠如）及び住居を異にしており，共同生活をしたことが全く

14

なく，家計も別々であること（共同生活の欠如）等を指摘して，婚姻に準
ずるものと同様の存続保障を認める余地がないとしています。

3　社会法の領域では？

　社会法の領域では，法律の適用を受ける「配偶者」，「夫」，「妻」に，
「婚姻の届出をしていないが，事実上婚姻関係と同様の事情にある者」が
含まれるとの明文の規定が存在します（国年法5条7項，厚年法3条2項，健
保法3条7項1号，労基法施行規則42条1項，労災法11条1項，16条の2第1号）。

　明文の規定があるため，事実婚関係が認定されると当事者に対し諸規
定が直接適用され，法律婚の規定が「類推適用」される必要がありません。

　公的年金行政実務では，事実婚が認定される要件として，

---

①当事者間に，社会通念上，夫婦の共同生活と認められる事実関
　係を成立させようとする合意があること。
②当事者間に，社会通念上，夫婦の共同生活と認められる事実関
　係が存在すること。

を挙げています（平成23年3月23日年発0323第1号）。

　ただし，遺族年金等は，被保険者が死亡当時その者によって生計を維
持されていた場合に限り受給できます（「生計維持要件」）。

4　重婚的内縁の場合は？

　法律上の婚姻をしている者が，法律上の配偶者とは異なる者と内縁・
事実婚関係にある場合，このような内縁・事実婚を重婚的内縁と呼びま
す。重婚は，民法で禁止されています（民法732条）。重婚的内縁関係に
ある当事者について，普通の内縁・事実婚の当事者と同様の法的保護が
与えられるのかが問題となります。

Ⅲ　内縁・事実婚当事者の民法上の権利・義務

　かつて，重婚的内縁は，公序良俗に反し無効であるとして法的救済を否定する考え方（絶対的無効説）もありましたが，近時の判例は，重婚的内縁の当事者にも事案に応じて法的救済を与える例が蓄積されています。学説上も，内縁の成立について，法律婚や重婚的内縁の態様・問題となっている法的規律の内容に照らして相対的に判断するとしています（相対的効果説）。

　そこで，どのような場合に重婚的内縁当事者に法的救済を与えるべきかが焦点となっており，現在では，①問題となっている効果が関係解消に伴うものか，関係維持のためのものか，②第三者との効果か，当事者間の効果か，③反倫理性が弱いか否か（法律婚が形骸化しているのか）によって，相対的に判断して一定の効果を認めるのが通説・判例となっています。

5　遺族年金制度における重婚的内縁

　遺族年金の受給権者たる「配偶者」には法律上の配偶者のみならず内縁・事実婚配偶者も含まれることから，両者が競合する場合は，年金受給権者はどちらか一方に絞られることになります。この点について行政通達があり，重婚的内縁配偶者が厚年法上の「配偶者」として認められる場合を「届出による婚姻関係がその実体を全く失った」場合に限るとしています。

　具体的には，㋐当事者が離婚の合意に基づいて夫婦としての共同生活を廃止しているが戸籍上の離婚の届出をしていないとき，㋑一方の悪意の遺棄によって夫婦としての共同生活が行われていない場合であって，その状態が長期間（おおむね10年以上）継続し，当事者双方の生活関係がそのまま固定していると認められるとき，のいずれかに該当する場合としています。

　さらに，「夫婦としての共同生活の状態にない」といい得るために

は，(ア)当事者が住居を異にすること，(イ)当事者に経済的依存関係が反復していないこと，(ウ)当事者間の意思疎通を表わす音信・訪問等の事実が反復していないこと，の全ての要件に該当することを要するとしています（平成23年3月23日年発0323第1号）。

6　同性カップルの場合は？

現行民法は婚姻を男女のものとしていることから，同性カップルを「婚姻に準ずる関係」として婚姻と同様の法的保護を認めるのかが問題となります。

この問題の決め手は，婚姻の目的をどう考えるのかという点にあるとする見地から，二人の人間が子どもを育てることを含意して共同生活を送るという点に婚姻の特殊性を求めるならば，同性カップルには婚姻と同様の法的保護までは認められないとする学説があります（大村，286頁）。この場合，同性カップルの共同生活については，当事者間の契約による規律を考えることになります。

しかしながら，婚姻の目的は多様であること，現在の判例・通説が重婚的内縁関係や近親婚関係にある内縁など，婚姻障害に該当し，民法が婚姻を禁止しているような内縁関係であっても，一律に内縁の成立を否定するのではなく，内縁の成立を認め，①問題となっている効果が関係解消に伴うものか，関係維持のためのものなのか，②第三者との効果なのか，当事者間の効果なのか，③法律婚が形骸化しているのか（反倫理性が弱いか）によって相対的に判断し，一定の法的効果を認めていること（「相対的効果説」），日本では，同性愛行為は犯罪ではなく（cf.ソドミー法），同性カップルが公序良俗に反するとか「反倫理的」であると評価することはできないこと，一方で，地方自治体で同性パートナーシップ証明制度が広がっており，同性カップルの法的保護に関する社会一般の意識にも大きな変化がみられること等を考慮すると，同性カップルに

Ⅲ　内縁・事実婚当事者の民法上の権利・義務

「内縁」の成立を認め，「婚姻に準ずる関係」として一定の法的保護を認めることは可能であると考えます（大島梨沙「日本における『同性婚』問題」（法学セミナー 706 号 7 頁）。棚村政行「LGBT の法的保護とパートナーシップ制度」棚村政行＝中川重徳編『同性パートナーシップ制度』（日本加除出版，2016）6，222 頁。谷口洋幸「同性間パートナーシップの法的保障」ジェンダーと法 10 号 113 頁。二宮周平『家族法（第 5 版）』（新世社，2019）162 頁）。

　「同性カップルであっても，その実態をみて，内縁関係と同視できる生活関係にあると認められるものについては，内縁関係に準じた法的保護に値する利益が認められる」として，不貞行為により内縁関係を一方的に破棄した者に慰藉料 110 万円の支払いを命じた裁判例が登場し，注目を集めています（宇都宮地真岡支判令 1.9.18 裁判所ウェブサイト）。

　判決は，婚姻に準ずる内縁関係自体は，あくまで男女間のものに限られると解するのが相当であるとしており，同性カップルに「内縁」の成立を認め内縁準婚理論を適用した裁判例ではありませんが，同性カップルの不当破棄について不法行為の成立を認めており，注目されます。

第2　内縁・事実婚が継続中の権利義務（法的効果）

1　類推適用される婚姻法規定

　内縁準婚理論は，内縁（事実婚）を婚姻に準じた関係と捉えて，婚姻法の規定を内縁（事実婚）にも類推適用することを眼目としています。判例もまた婚姻に関する規定のうち，夫婦の共同生活にかかわる規定は内縁（事実婚）にも適用され得るとしています。

　最二小判昭 33.4.11 民集 12 巻 5 号 789 頁は，内縁（事実婚）に民法760 条（婚姻費用の分担）の準用を認め，最三小判昭 41.2.22 裁判集民 82号 453 頁もこれを踏襲しています。日常家事債務の連帯責任を認める同

法 761 条（青森地八戸支判昭 36.9.15 下民集 12 巻 9 号 2323 頁，東京地判昭 46.5.31 判時 643 号 68 頁など）や帰属不明の財産の共有推定を認める同法 762 条 2 項（東京地判平 4.1.31 判タ 793 号 223 頁）も，各条文の規定が内縁（事実婚）当事者にも類推適用されると解されています。

　また貞操義務についても，法律上の夫婦についてと同じように，婚姻届出をしていなくても，社会的には結婚している男女（内縁当事者）にも課せられていると解されています（鈴木，29 頁。内田，153 頁）。

2　類推適用されない婚姻法規定

　内縁準婚理論によっても，婚姻の届出（戸籍）を規準とする客観的・画一的な制度を定める諸規定は，内縁（事実婚）には適用されないと解されています（我妻，203 頁）。

　具体的には，①夫婦同氏（民法 750 条）（ただし，戸籍法 107 条の「やむをえない事由」が認められる場合には，内縁の相手方への氏の変更を認める裁判例があります。重婚的内縁関係の妻の氏変更が認められた事例として，京都家審平 6.10.3 判タ 875 号 277 頁），②成年擬制（民法 753 条），③子の嫡出推定（同法 772 条），④配偶者相続権（同法 890 条）等は，内縁（事実婚）関係には適用されません。また，内縁（事実婚）が存在しても姻族関係（同法 725 条）は生じないので，姻族としての扶養義務（同法 877 条 2 項）もありません。

　ところで，夫婦間の契約取消権（民法 754 条）について，そもそもこの規定の存在意義が乏しいと考えられる上，内縁の妻には相続権がない等，内縁関係は婚姻関係に比べて内縁の妻の財産的保護が薄いため，内縁関係に民法 754 条を類推適用すると，内縁の妻の法的地位が不安定となって内縁の妻の保護に欠けることから，同条は内縁の妻に類推適用されないと解されています（高松高判平 6.4.19 判タ 854 号 261 頁）。

Ⅲ　内縁・事実婚当事者の民法上の権利・義務

第3　内縁・事実婚の破棄・解消（離別）

1　不当破棄と損害賠償（存続保障）

(1)　当事者間（内部関係）（不貞行為等）

　内縁・事実婚をめぐる法的紛争の大半は，当事者の関係が解消した場合，すなわち内縁・事実婚が破綻に瀕し終了に至った場合，若しくは一方が死亡した場合に生じます。当事者の関係が円満に継続している限り，当事者の関係に法は介入すべきでなく（介入する必要がなく），関係が破綻した，あるいは終了に至った場合に初めて法が介入すればよいという考え方がその背景にあります。換言すれば，"平時"において，ある意味，法の外の領域に置かれていた夫婦の関係は，"戦時"に至り事後的に法によって調整される（事後的規制）ことになります。

　一方当事者による事実婚の解消は，法律婚とは異なり，たとえ相手方に事実婚解消に応じる意思がなくても，一方当事者の解消の意思表示と事実上の婚姻関係の廃止（典型的には別居）によって成立します。一方的に事実婚が解消された後は，相手方当事者が同居請求を行うことはできず，不当破棄について損害賠償を請求するほかありません（ただし，財産関係の清算＝財産分与などは請求できます）。

　判例は当初，不当破棄を行った一方当事者に婚姻予約の不履行（債務不履行）を理由に損害賠償責任を認めていましたが，前掲最二小判昭33.4.11民集12巻5号789頁は，内縁を婚姻に準ずる関係とし，内縁関係も保護されるべき生活関係に外ならないので内縁が正当な理由なく破棄された場合には，故意・過失により権利が侵害されたものとして不法行為を構成するとしました。内縁の不当破棄を不法行為とする構成は，今日広く用いられています（大阪高判平16.7.30家月57巻2号147頁）。「不当性」の認定はさほど厳格とはいえませんが，これを認めない裁判例も

20

あり実務上の課題になっています（Q2 参照）。（大島梨沙『民法判例百選Ⅲ［第 2 版］　親族・相続』〔水野紀子＝大村敦志編〕（有斐閣，2018）51 頁）。

　一方で，前掲最二小判昭 33.4.11 は，婚姻予約の不履行を理由とする損害賠償を請求することも可能であると判断しています。当事者間に婚姻の意思はあるものの共同生活の実体があるとまでは認定できない男女の結合（関係）(ex. 同居期間が短い若年のカップルなど) の不当破棄については，婚約不履行（債務不履行）による損害賠償を請求することができます（東京地判平 6.1.28 判タ 873 号 180 頁）。

　他方で，婚姻外カップルの形態も多様化し，内縁準婚理論が前提とする「婚姻及びこれに準ずるもの（関係）」とはいえない婚姻外カップルの一方的破棄に慰藉料請求権が発生する余地があるのかという点が争われ，注目を集めた事件が登場しています（最一小判平 16.11.18 判時 1881 号 83 頁）。

◎最一小判平 16.11.18 判時 1881 号 83 頁

　原告女性と被告男性は，互いの関係を「特別の他人」としてお互いの家を行き来したり，旅行に行くなどの関係であり，同居したことはないものの，このような関係が約 16 年間にわたって継続していたところ，この間，2 人の子をもうけ，子の出生のたびに婚姻届出と離婚届出をしていましたが，被告男性が一方的に原告との関係を解消し，他の女性と婚姻の届出をしたことから，原告女性は，被告男性が突然かつ一方的に両者の間の「パートナーシップ関係」を解消して他の女性と婚姻したことを不法行為に当たるとして慰藉料の支払を求めた事案です。

　原審の東京高裁（平 15.8.27 判決）は，被告の行為について原告の関係継続への期待を一方的に裏切るものであるとして不法行為の成立を認め，慰藉料 100 万円の支払を命じました。一方，最高裁は原審の判決を破棄し，慰藉料請求を棄却しました。

Ⅲ　内縁・事実婚当事者の民法上の権利・義務

　最高裁は，原告女性と被告男性の関係について，①約16年間にわた
るものであり，2人の子が生まれ，時には，仕事の面で相互に協力をし
たり，一緒に旅行をすることもあったが，②両者はその住居を異にして
おり，共同生活をしたことは全くなく，それぞれが自己の生計を維持管
理しており，共有する財産もなかったこと，③原告は2人の子を出産し
たが，子の養育の負担を免れたいとの原告の要望に基づく両者の事前の
取決め等に従い，原告は2人の子の養育には一切関わりを持っていない
こと，原告は，出産費用として被告側からその都度相当額の金員を受け
取っていたこと，④原告と被告は，出産の際に婚姻の届出をし，出産後
に協議離婚の届出をすることを繰り返しているが，これは，生まれてく
る子が法律上不利益を受けることがないようにとの配慮等によるもので
あって，両者の間に民法所定の婚姻をする旨の意思の合致が存したこと
はなく，かえって，両者は意図的に婚姻を回避していること，⑤原告と
被告との間において，その一方が相手方に無断で相手方以外の者と婚姻
をするなどして関係から離脱してはならない旨の関係存続に関する合意
がされた形跡はないことを指摘した上で，原告と被告の上記関係につい
ては，「婚姻及びこれに準ずるものと同様の存続の保障を認める余地が
ないことはもとより，上記関係の存続に関し，上告人（筆者注：被告）が
被上告人（筆者注：原告）に対して何らかの法的な義務を負うものと解す
ることはできず，被上告人（筆者注：原告）が上記関係の存続に関する法
的な権利ないし利益を有するものとはいえない」と判断し，不法行為の
成立を否定しました。

　本判決は，従来の内縁準婚理論が前提とする「婚姻及びこれに準ずる
関係」とはいえない親密な男女のカップル関係（「パートナーシップ関係」）
の一方的解消について判断した最高裁判決として注目を浴びました。

　本判決は，「パートナーシップ関係」の一方的解消の不法行為性を否

22

定していますが，その論拠としては第一に，原告と被告との関係について「婚姻及びこれに準ずるもの」と同様の存続保障を認める余地がないとして，本件に対する内縁準婚理論の適用を否定していること（内縁準婚理論の限定），第二に，本件事案のもとで関係存続について何らかの法的権利義務関係が成立し得ることを前提とした上で，具体的事案において（「原告と被告との間の上記関係については」），原・被告間の存続保障に関する法的権利義務関係の成立を否定しています。

　本判決は，本件事案について考慮すべき事実を5つ列挙していますが，法律婚の意識的回避（④）と共同生活の欠如（⑤）の2つの事情が注目されます。これらは内縁の要件である婚姻の意思と共同生活に対応するものだからです。本件において，内縁が準婚として保護されるための2つの要件がいずれも充足されていなかったことになり，判決が準婚としての存続保障を「認める余地がない」と断定しているのは，このような事情によるものといえましょう。

　内縁・事実婚関係が多様化している今日，婚姻外の男女関係（カップル）にどのような法的規律を与えるべきかについては，大別すると2つの立場—①婚姻外の男女関係（カップル）もできる限り内縁準婚理論に取り込んで法的保護を与えようとする立場（内縁の成立要件は緩和する方向を志向する立場），②内縁準婚理論について「過保護，過干渉である」として，婚姻届出をしない婚姻外カップルについて内縁準婚法理の適用を否定する立場—があります。

　婚姻届出をしない内縁・事実婚カップルの中には，選択的夫婦別氏制度を望んでいるなどの理由から，婚姻届を出せないカップルも相当数いると思われます。かかるカップルに内縁準婚理論の適用をおよそ認めないとすることは妥当ではないでしょう。

　今日の内縁（事実婚）の問題は，内縁を準婚として扱うかどうかにあ

Ⅲ　内縁・事実婚当事者の民法上の権利・義務

るのではなく，具体的な結合のあり方に則して，いかなる法的効果をど
の程度与えるべきかという問題だと思われます。婚姻外の男女間の結合
にいかなる法的効果が与えられるべきかについては，結合の排他性・継
続性，同居・家計の共通性，社会ないし周囲の承認の有無，婚姻障害の
有無など多様なファクターによって具体的な男女結合類型ごとに，かつ
問題となる具体的事項ごとに定めるといわざるを得ません（鈴木，80頁）。
　本件は，関係継続への法的配慮が問題となった事例について，どのよ
うな男女結合であるかを判断すべき上で考慮すべき事実を5点挙げ，本
件当事者間の男女結合（関係）については，法がその存続を期待しない
と考え，一方的破棄であっても慰藉料の問題を生じないとした裁判例と
いえましょう。

(2)　第三者間（対外関係）

　内縁・事実婚の破棄に第三者（一方当事者の不貞相手や親など）が関与し
た場合には，当該第三者も不法行為責任を負う場合があります。
　第三者の関与には2つのケースが考えられます。第1に，内縁の配偶
者が第三者と性的関係を持ち（法律婚の場合の不貞行為に当たります），その
結果内縁関係が破綻した場合です。これについて，大審院時代から判例
は第三者の不法行為責任を認めています。
　大判大8.5.12民録25輯760頁は，婚姻予約をした当事者が相手方に
対して有する「婚姻をなすことを求める権利」を侵害したとして，不法
行為の成立を認めています。東京地判昭33.12.25家月11巻4号107頁
は，内縁の夫が「夫婦関係を基として社会的に活動せんとする期待」を
侵害したとして，内縁の妻と性的関係をもった第三者に共同不法行為責
任を認めています。
　もっとも，男女間の結合関係が婚姻関係でなく内縁関係である場合に
は，一般的には第三者の故意・過失が認められにくいと言われています

24

第3　内縁・事実婚の破棄・解消（離別）

（中里和伸『判例による不貞慰謝料請求の実務』(LABO, 2015) 81 頁)。不貞行為が成立するためには，そもそも当該内縁関係が第三者の侵害から保護されるべき強固かつ排他的関係であること（「婚姻に準ずる関係」であること），第 2 に，性的関係をもった相手が他者と内縁関係にあることを知っていたか，若しくは知り得べきであったこと（故意／過失）が必要だからです。

　裁判例では，約 8 年間同居し，同居関係の維持，貞操義務の負担等について確認した「誓約書」が作成された時点で内縁関係が生ずるに至ったとして，第三者と肉体関係をもち，内縁関係を破棄した夫に慰藉料の支払（50 万円）を認める一方で，内縁の夫と関係をもった第三者（女性）について，故意・過失がないとして，不法行為の成立を認めなかった判決があります。同判決は，女性は長年同居していたことは知っていたものの，内縁の夫の説明から「単なる同居人以上の関係ではないとの認識を有していたことが認められる」ので故意があったものと認めることはできず，直ちに過失があったものとも認めることはできないと判断しています（東京地判平 24.6.22（事件番号：平 22 ㈠ 33704 号，平 22 ㈠ 33729 号）ウエストロー・ジャパン)。

　第 2 のケースは，一方当事者からの内縁の不当破棄に，その当事者の肉親が「嫁いびり」をして内縁の妻を追い出すなどの関与をする場合です。裁判例では，内縁の妻が重いつわりにより寝込んでしまったところ，内縁の夫とその父親が，妻が怠惰であるとか，家風に合わないなどと言ったため，内縁が破綻した事例につき，内縁の妻の追い出しに主導的役割を演じた父親について，「社会観念上許容さるべき限度をこえた内縁関係に対する不当な干渉」であることに不法行為責任を認めた例があります（最二小判昭 38.2.1 民集 17 巻 1 号 160 頁)。

Ⅲ　内縁・事実婚当事者の民法上の権利・義務

2　内縁・事実婚の破棄・解消と財産分与（内部関係）

　内縁・事実婚が双方納得の上で解消された場合にも財産関係の清算は必要です。判例は，離婚時の財産分与に関する規定（民法 768 条）が，内縁・事実婚の解消時にも類推適用されることを認めています（東京家審昭 31.7.25 家月 9 巻 10 号 38 頁，広島高決昭 38.6.19 家月 15 巻 10 号 130 頁，東京家審昭 40.9.27 家月 18 巻 2 号 92 頁，福岡家小倉支審昭 46.8.25 家月 25 巻 1 号 48 頁）。

　財産分与の準用による解決は，とりわけ，関係の解消が相手方の不当破棄によるものとはいいがたい場合に有用といえましょう。

　岐阜家審昭 57.9.14 家月 36 巻 4 号 78 頁は，7 年近く同居し，内縁の夫の事業（喫茶店）を手伝っていた妻が他の男性と出奔することによって内縁関係を解消した事案について，離婚慰藉料的財産分与や離婚後扶養的財産分与を求めることは信義則上許されないとする一方で，「内縁生活の間申立人と相手方が共同で築き上げた財産のうち，申立人の持分と判断すべきものを内縁解消に伴い清算するものとしての財産分与について考える」とし，内縁の夫に財産分与の支払を命じています。

　なお，最一小決平 12.3.10 民集 54 巻 3 号 1040 頁は，死別による内縁・事実婚解消の場合に，財産分与の規定が類推適用されるのかを判断する前提として，「内縁の夫婦について，離別による内縁解消の場合に民法の財産分与の規定を類推適用することは，準婚的法律関係の保護に適するものとしてその合理性を承認し得る」としています。

内縁・事実婚の破棄・解消（離別）Q＆A

内縁・事実婚の破棄・解消（離別）Q＆A

Q2 （内縁の不当破棄，婚姻費用）

　私はＡ男と挙式し，Ａ男方でＡ男の両親や弟と暮らし始めましたが，婚姻届は出していませんでした。私はＡ男の母親と折り合いが悪く，Ａ男も母親の側に立って，私をかばってくれなかったことから，半年ほどの同居生活の後，私は体調を崩してしまい，実家に戻って医師の治療を受けています。実家に戻って半年も経たないうちに，Ａ男から荷物を引き上げるよう内容証明郵便が送られてきて，私たちの関係は一方的に解消されました。

　私はＡ男に別居中の医療費や慰藉料を請求したいのですが，認められるのでしょうか。

A

　内縁を不当に破棄した者に対しては，不法行為又は婚姻予約の不履行を理由として慰藉料を請求することができます。また，婚姻に準ずる関係であるとして，民法760条が類推適用されるので，別居中の医療費を婚姻費用として請求することができます。

〈解　説〉

1　内縁準婚理論―最二小判昭33.4.11民集12巻5号789頁

　内縁・事実婚の解消は，一方当事者の解消の意思表示と事実上の婚姻関係の廃絶（典型的には別居）によって成立し，一方的に解消された後は，相手方は同居請求を行うことはできず，不当破棄について損害賠償を請求するほかありません（なお，財産関係の清算については財産分与の規定や共有推定規定が準用される。Q4～Q10を参照のこと）。

　届出のない点を除いては婚姻関係と異ならない夫婦の結合としての内縁関係について，民法は何らの規定も設けていませんでした。民法の起

Ⅲ 内縁・事実婚当事者の民法上の権利・義務

草者は，届出のない夫婦結合を単なる「私通」とみる観点から法的保護に値しないとしていました。しかし，内縁を不当に破棄されてきた当事者（多くは妻）の救済をどうするのかという問題が提起されるようになり，有名な大審院判決は，この問題について，内縁を「婚姻予約」として構成し，婚姻予約の破棄が債務不履行を生じさせるとして，破棄者に対する損害賠償請求を認めました（大連判大 4.1.26 民録 21 輯 49 頁）。

しかしながら，内縁を「婚姻予約」とする強引な法律構成は学説から批判を浴びます。学説は，実際に保護しようとした当事者の関係はもはや予約段階ではなく準婚関係であるため，婚姻に準じた効果を認めるべきであり（いわゆる「内縁準婚理論」），その不当破棄は不法行為と構成すべきであると主張しました（中川善之助『日本親族法』（日本評論社，1942）280 頁など）。また，工場法を始めとする社会法領域では，戦前から「届出ヲ為サザルモ事実上婚姻関係ト同様ノ事情ニアル者」について「配偶者」と同様に扱う規定が登場していました。

この問題に関するリーディングケースである最二小判昭 33.4.11 民集 12 巻 5 号 789 頁は，本件と同様の事案で以下のように判示しています。

「いわゆる内縁は，婚姻の届出を欠くがゆえに，法律上の婚姻ということはできないが，男女が相協力して夫婦としての生活を営む結合であるという点においては，婚姻関係と異るものではなく，これを婚姻に準ずる関係というを妨げない。そして民法 709 条にいう『権利』は，厳密な意味で権利と云えなくても，法律上保護せられるべき利益があれば足りるとされるのであり，内縁も保護せられるべき生活関係に外ならないのであるから，内縁が正当の理由なく破棄された場合には，故意又は過失により権利が侵害されたものとして，不法行為の責任を肯定することができるのである。されば，内縁を不当に破棄された者は，相手方に対し婚姻予約の不履行を理由として損害賠償を求めることができるととも

に，不法行為を理由として損害賠償を求めることもできるものといわなければならない。」

「本件当事者間の内縁関係は昭和28年3月21日上告人の一方的意思によつて破棄されたこと，被上告人は上告人と別居するにいたつた昭和27年6月2日から昭和28年3月31日までの間に，自己の医療費として合計21万4130円を支出したことは，いずれも原審の確定したところである。そして，内縁が法律上の婚姻に準ずる関係と認むべきであること前記説明の如くである以上，民法760条の規定は，内縁に準用（＝類推適用：筆者注）されるものと解すべきであり，従つて，前記被上告人の支出した医療費は，別居中に生じたものであるけれども，なお，婚姻から生ずる費用に準じ，同条の趣旨に従い，上告人においてこれを分担すべきものといわなければならない。」

2 検討

(1) 「内縁関係」の成立要件

内縁の不当破棄を不法行為と構成し，損害賠償を請求する手法は，今日広く用いられています。どのような関係が「内縁」と認定されているかについては，一般には，①婚姻の意思があること，②夫婦共同生活の実態があることが成立要件といわれています（二宮，15頁）。

しかしながら裁判実務上は，婚姻意思や夫婦共同生活の実体について，問題となる法的効果（不当破棄による損害賠償か，財産分与か，交通事故の加害者に対する損害賠償か），退職金や年金などのような社会法上の利益なのか，誰との間で紛争になっているのか（内縁関係にある当事者間か，第三者との関係か―戸籍上の妻か，親や子などの親族か）により成立要件の緩和が行われており，内縁の成立要件は法的保護の必要性とその妥当性の見地から相対的に扱われている点に留意が必要です（二宮，27頁）。

例えば，①婚姻の意思（社会通念上の夫婦になる意思）については，一方

29

が婚姻の届出を拒んでいるとみられる場合や届出に消極的な場合であっても，内縁の成立を認める裁判例があります（岐阜家審昭57.9.14家月36巻4号78頁。内縁関係の一方当事者の死亡による解消の場合に，財産分与の類推適用を認めないと判断したリーディングケースである最一小決平12.3.10民集54巻3号1040頁の原審（高松高決平11.3.12民集54巻3号1066頁など））。

　また，②夫婦共同生活の実体についても，一定期間の同居がない場合であっても，同居に類する協力・扶助関係があれば，内縁の成立を認める裁判例があります（大阪地判平3.8.29家月44巻12号95頁。前掲，高松高決。なお，いわゆる「パートナーシップ関係」の解消について，当該関係は婚姻に準ずる関係ではないとして不法行為責任を否定した裁判例がある。最一小判平16.11.18判時1881号83頁。Q3参照。）。

(2) 「不当性」の認定

　内縁破棄の「不当性」の認定が実務上問題となります。判例は，おおむね裁判上の離婚原因を参考にして「不当性」を判断しており，不貞，遺棄，虐待，侮辱，強度のヒステリー，性的欠陥，異常な性欲などの行為は，内縁関係解消の正当な理由になると判断しています。一方で，性格の相違，迷信的な言動，家風に合わない，健康状態や内縁成立前の経歴などは正当な理由とはいえないとして，不法行為の成立を認めています。

　「不当性」の認定がさほど厳格でない事例もある一方で，約2年間の別居の後に一方が関係を解消した事例で，不当破棄とはいえないとした裁判例もあります（東京地判平28.7.13判タ1438号209頁）。

(3) 婚約不履行

　婚約不履行による損害賠償という法的構成も広く用いられています。内縁とまではいえない継続的な性的関係（最二小判昭38.12.20民集17巻12号1708頁），短期間の同棲（東京地判平6.1.28判タ873号180頁）などの場合には，婚約不履行による慰藉料を認めています。

内縁・事実婚の破棄・解消（離別）Q & A

【図表1：成立要件】

	婚姻の意思（注1）	共同生活（注2）
内縁・事実婚	要	要
婚　約	要	不要
パートナーシップ関係	不要	不要

（注1）社会的に夫婦と認められるような関係を形成しようとする意思
（注2）同居若しくはこれに類する協力・扶助関係

Q3（「パートナーシップ」関係の一方的解消と不法行為）

　私（Y）はX女と大学生のときに知り合い，婚約しましたが，その後解消し，「特別の他人として親交を深めることに決めました」とする文書を関係者に送り，交際を続けてきました。私たちは住居も生計も別々でしたが，私の強い希望により，X女は長女，長男の2人の子を出産しました。出産前の約束により，X女は子の養育には一切かかわらず，子は2人とも私の母に引き取られ，その後，長男は施設に預けられました。

　私は勤務先で知り合った女性A女と交際を始め，X女に対し，A女と結婚する旨を告げて16年間にわたる関係を解消しました。

　X女は，私が突然一方的に「パートナーシップ」関係を解消してA女と結婚したことは不法行為に当たるとして，私に慰藉料を請求しています。慰藉料支払の義務があるのでしょうか。

A

　あなたとX女の関係は婚姻に準ずる関係ではなく，また，あなたが関係存続に関しX女に対し何らかの法的義務を負う関係にもないので，慰藉料支払の義務はありません。

〈解　説〉

1　最一小判平16.11.18判時1881号83頁

　内縁準婚理論及びこれに基づく内縁「準婚」判例は，届出を欠くため

Ⅲ　内縁・事実婚当事者の民法上の権利・義務

に法律上の婚姻ではないが社会的には婚姻と扱われる男女の共同関係について，婚姻に準じる法的保護を与えてきました。しかしながら，当事者が法律婚を意識的に排除している場合について，婚姻に準ずるもの（準婚）として法的保護を与えることができるのかが問題になりました。

　本問と同様の事案について，最一小判平 16.11.18 判時 1881 号 83 頁は，以下のように述べて婚姻外男女関係（婚姻外カップル関係）を一方的に破棄した者の不法行為責任を否定しています。

　「①ＹとＸとの関係は，昭和 60 年から平成 13 年に至るまでの約 16 年間にわたるものであり，両者の間には 2 人の子供が生まれ，時には，仕事の面で相互に協力をしたり，一緒に旅行をすることもあったこと，しかしながら，②上記の期間中，両者は，その住居を異にしており，共同生活をしたことは全くなく，それぞれが自己の生計を維持管理しており，共有する財産もなかったこと，③ＸはＹとの間に 2 人の子供を出産したが，子供の養育の負担を免れたいとのＸの要望に基づく両者の事前の取決め等に従い，Ｘは 2 人の子供の養育には一切かかわりを持っていないこと，そして，Ｘは，出産の際には，Ｙ側から出産費用等として相当額の金員をその都度受領していること，④ＹとＸは，出産の際に婚姻の届出をし，出産後に協議離婚の届出をすることを繰り返しているが，これは，生まれてくる子供が法律上不利益を受けることがないようにとの配慮等によるものであって，昭和 61 年 3 月に両者が婚約を解消して以降，両者の間に民法所定の婚姻をする旨の意思の合致が存したことはなく，かえって，両者は意図的に婚姻を回避していること，⑤ＹとＸとの間において，上記の関係に関し，その一方が相手方に無断で相手方以外の者と婚姻をするなどして上記の関係から離脱してはならない旨の関係存続に関する合意がされた形跡はないことが明らかである。

　以上の諸点に照らすと，ＹとＸとの間の上記関係については，婚姻

及びこれに準ずるものと同様の存続の保障を認める余地がないことはもとより，上記関係の存続に関し，YがXに対して何らかの法的な義務を負うものと解することはできず，Xが上記関係の存続に関する法的な権利ないし利益を有するものとはいえない。」

2　二元的な救済モデル

　本判決は，いわゆる「パートナーシップ関係」（婚姻に準ずるものとはいえない親密な男女関係）の一方的破棄があった場合の不法行為責任の成否に関する最初の最高裁判決です。本判決では，XとYとの関係において「婚姻及びこれに準ずるもの」と同様の存続保障を認める余地がないとして，内縁準婚法理の適用が否定されていること（準婚理論の適用の限定），内縁準婚理論が適用されないパートナーシップ関係における関係存続について何らかの法的権利義務関係が成立し得ることを前提としつつ，本件事案の下では，関係存続についてYは法的義務を負うことがなく，反面でXが法的権利・利益を有することが否定されています。

　従来の判例法理において，婚姻外男女関係の存続保障は，準婚としての内容に該当するか否かという一元的救済モデルによって図られてきており，準婚であることを否定されれば，その男女関係の解消について特に法的規律は講じられませんでしたが，最一小判平 16・11・18 は，これに加えて，当該事案においてはその適用を否定したものの，「関係存続に関する法的な権利ないし利益」侵害による不法行為という救済手段があり得ることを認めていると理解することができます。

　婚姻外男女関係の存続保護（具体的には不当解消の場合の損害賠償）について二元的な救済モデルを承認したものであり，注目されます（吉田克己「婚姻外の男女関係の一方的解消と不法行為責任」民商 134 巻 3 号 148 頁）。

Ⅲ　内縁・事実婚当事者の民法上の権利・義務

Q4（内縁・事実婚の解消と財産分与請求）

　内縁の夫と７年余り同居し，２人で喫茶店を営み，お店も数店舗出して，貯金もできましたが，夫の女性問題に悩み，相談にのってくれた喫茶店の支配人と駆け落ちしました。内縁の夫に２人で作った財産の清算を求めることはできないでしょうか。

A

　２人で築き上げた財産のうち，あなたの持分というべきものを清算する，いわゆる「清算的財産分与」を請求することができます。
　相手が応じない場合は，家庭裁判所に財産分与の調停・審判を申し立てることができます。

〈解　説〉

　婚姻中の夫婦であれば，その財産関係は，離婚の場合は財産分与，相続の場合には配偶者相続分によって清算されます。

　これらの制度は，婚姻中に夫婦で獲得した財産は，夫婦の協力によるものであるという考え方に基づいています。しかし，内縁・事実婚当事者の場合には，これらの制度は直接には適用されません。

　準婚理論の立場からは，形式的な違いを乗り越えて夫婦と同様の取扱いをすべきだという主張が導かれることになります。

　この問題に関するリーディングケースである広島高決昭 38.6.19 高民集 16 巻 4 号 265 頁は，「夫婦間の同居，協力，扶助の義務，婚姻費用の負担，日常家事債務の連帯責任，帰属不明財産の共有推定等の婚姻の効果は，いずれも内縁についてもこれを認めてしかるべきである。けだし，これらは夫婦間の共同生活関係自体を規整するものであつて，これによつて第三者に不利益を与える虞れもないから，戸籍簿上公示された婚姻に限つてこれを認めるべき絶対の必要なく，一方内縁も事実上の夫

婦共同生活関係である以上，これらの法律効果を認めてその妥当な規整をはかる必要のあることは法律上の婚姻と同様であるからである。」「財産分与請求権について考えるに，財産分与の本質は第一義的には離婚の際における夫婦共同生活中の財産関係の清算であり，第二義的には離婚後の扶養及び有責配偶者から無責配偶者に対する離婚に伴う損害の賠償であると解されるが，そうだとすれば，財産分与は，婚姻の解消を契機としてなされるものではあつても，現に存した夫婦共同生活関係を最終的に規整するものともいうべく，かつこれによつて直接第三者の権利に影響を及ぼすものではないから，内縁についても，これを認めるのが相当である」としています。

ところで，内縁の夫婦に財産分与規定の類推適用を認めた裁判例の中には，内縁の成立要件のひとつとされる「婚姻意思」について疑義があるものもあります。

岐阜家審昭 57.9.14 家月 36 巻 4 号 78 頁の事案は，申立人（A 女）が水商売や風俗店で稼働していたところ，無為徒食中の相手方（B 男）と知り合い，同棲に至り，B 男は○○学院を開設し，自ら講師として指導に当たるとともにこれを経営し，その後喫茶軽食店を開店しましたが，喫茶店は内妻として申立人が専らその経営に当たり，その経理関係も掌握し，銀行取引も行うなどしていましたが，相手方の女性関係が原因で，申立人は相手方との内縁関係に絶望し，これを解消することにし，喫茶店の支配人と駆け落ちしたというものです。

内縁の成立について，裁判所は，「申立人と相手方の同棲は，婚姻届のなされていないのはもとより，婚約，結納，結婚式，結婚披露などの対外的公示行為は全くなく，正に相手方の述べるとおりずるずるべつたりと性関係に入り同棲生活を続けて行つたものであつて，その間にはつきりした結婚の約束が交わされた形跡もなく，むしろ申立人側の入籍

（婚姻届）要求は相手方より拒否ないし無視され続けていたものであり，しかも相手方は申立人との同棲中にも学院の女事務員など複数の女性と継続的な性関係を持つていたものであるから，申立人の婚姻意思はともあれ，相手方の婚姻意思には疑義がないではない。しかしながら，その同棲生活は少くとも7年近くの期間に及ぶものであつて，しかも相手方はその間申立人を○○店賃借の保証人としたり，○○店，○○店の売上金管理や銀行取引を申立人にさせたりしていたものであつて，申立人を単なる野合の相手として扱つていたのではなく，やはり事実上の妻として遇していたものと判断せざるをえない。したがつて両者の関係は事実上の婚姻関係即ち内縁と判断される。」としています。

　また，内縁解消に伴う財産分与については，「協議離婚に準じ民法768条を類推適用し財産分与を認むべきものと考える。」「本件において，申立人は，相手方との生活に見切りをつけ他男と共に出奔することによって内縁関係を解消したものであるから，離婚慰籍料的財産分与や離婚後扶養的財産分与を求めることは信義則上許されないものと解されるので，以下においては，内縁生活の間申立人と相手方が共同で築き上げた財産のうち，申立人の持分と判断すべきものを内縁解消に伴い清算するものとしての財産分与について考える。」「申立人に分与すべき財産額について考えるに，内縁成立の経緯，解消の経緯，その間の状況，学院の経営から喫茶店の経営へと発展した営業は主に相手方の個人的技能と才覚によるところが大きく，その存在なしには考えられないこと，申立人の協力は何ら特殊の技能・才覚によるものではなく全く内縁の妻という範囲内のものと考えられること，その他諸般の状況に鑑みると，申立人への分与額は上記金額（筆者注：分与対象財産額）の4分の1の290万円を以て相当と考える。」と判断しています。

内縁・事実婚の破棄・解消（離別）Q & A

【書式 1：財産分与の調停申立書（内縁関係解消後の場合）】

受付印	家事	☑ 調停 □ 審判	申立書	事件名（　　　　　　　　　）

（この欄に申立て1件あたり収入印紙1,200円分を貼ってください。）

収 入 印 紙	円
予納郵便切手	円

（貼った印紙に押印しないでください。）

○　　○　家 庭 裁 判 所 御 中 平成 ○ 年 ○ 月 ○ 日	申 立 人 （又は法定代理人など） の 記 名 押 印	東 山 雪 子 ㊞

添 付 書 類	（審理のために必要な場合は，追加書類の提出をお願いすることがあります。） 不動産の登記事項証明書	準 口 頭

申 立 人	本　籍 （国 籍）	（戸籍の添付が必要とされていない申立ての場合は，記入する必要はありません。） 都 道 府 県		
	住　所	〒 ○○○ － ○○○ ○○県○○市○○町○丁目○番○号		（　　　　　　方）
	フリガナ 氏　名	ヒガシ ヤマ ユキ コ 東 山 雪 子	大正 昭和 平成 ○ 年 ○ 月 ○ 日生 （　○○歳）	
相 手 方	本　籍 （国 籍）	（戸籍の添付が必要とされていない申立ての場合は，記入する必要はありません。） 都 道 府 県		
	住　所	〒 ○○○ － ○○○ ○○県○○市○○町○丁目○番○号		（　　　　　　方）
	フリガナ 氏　名	ニシ ムラ タケシ 西 村 武	大正 昭和 平成 ○ 年 ○ 月 ○ 日生 （　○○歳）	

（注）太枠の中だけ記入してください。　　　　別表第二，調停（1／2）

申 立 て の 趣 旨

相手方は申立人に対し，財産分与として金○○○万円を支払うとの調停を求めます。

申 立 て の 理 由

1　申立人と相手方とは平成○年○月○日挙式し，事実上の婚姻をしましたが，相手方の女性狂いに耐えられず平成○年○月○日内縁関係を解消しました。

2　申立人は，相手方と事実上の婚姻をして以来○年もの間，性格的に気弱な相手方を助け，日常生活で家業の大半を手伝い，ときには営業資金，店舗改築資金の融資を受けるために奔走し，現在では，相手方は従業員15人を擁する食堂1店とスナック2店を経営するまでになりました。

3　申立人は，相手方と内縁関係を解消する際に，財産分与の請求をしたのですが，協議が調わずに現在に至っています。相手方の前記財産は申立人の協力によって得た財産であり，申立人には当然請求権があるのでこの申立てをします。

別表第二，調停（2／2）

出典：長山義彦ほか『〔新版補訂〕家事事件の申立書式と手続』497頁（新日本法規出版，2017）

Ⅲ　内縁・事実婚当事者の民法上の権利・義務

Q5 （内縁解消後の財産分与義務者の死亡）

　私は，妻と死別したＡ男と同居し，内縁の妻となって約10数年間は夫の経営する会社の従業員として働き，仕事を辞めた後は夫の世話をしてきましたが，夫の娘（Ｂ女）が私たちと同居するようになり，私とＢ女との折り合いが悪かったこともあって，私は老後に不安を感じるようになり，夫との同居を解消し，約25年間に及ぶ内縁関係を解消しました。

　夫は，私と同居中に相当の資産を築いたことから，私は夫に財産分与を請求したいと思い，家庭裁判所に調停を申し立てたところ，夫は調停手続中に死亡してしまいました。私は相続人であるＢ女に請求することができるのでしょうか。

A

　亡Ａ男が生存中に内縁関係を解消しているので，財産分与請求権が発生し，財産分与義務は亡Ａ男の相続人に承継されるので，相続人に請求することができます。

〈解　説〉

1　生前の離別と財産分与規定の類推適用

　内縁を解消した場合の財産分与規定の類推適用については，生前の離別については類推適用を認める一方で，死亡による解消（死別）についてはこれを認めないというのが確立した判例です（最一小決平12.3.10民集54巻3号1040頁）。

　本問で問題となっているのは，生前に離別した場合について，財産分与権利者が権利行使の意思を明確に相手に示した後に，財産分与義務者が死亡した場合に，分与義務が相続人に承継されるのかどうかという点です。この点に関する最高裁判例はありません。下級審判例は，これを肯定しており（名古屋高決昭27.7.3高民集5巻6号265頁），学説上も財産分

与請求権について，夫婦財産清算の機能が重要であることから，一般的に相続性を肯定すべきとするものが大勢です（床谷文雄，犬伏由子編『現代相続法』（有斐閣，2010）66頁）。

なお，本問とは離れますが，分与権利者による請求の意思が示される前に分与義務者が死亡した場合については，請求者の意思が義務者の生前に示されていない限り相続の対象とならないとする見解もありますが，少なくとも清算的財産分与に対応する部分について相続の対象となるというのが学説の大勢といえます（川淳一「内縁解消後，財産分与の審判手続中に分与義務者が死亡した場合における財産分与義務の相続性」（判時2196号153頁））。

2　大阪高決平23.11.15家月65巻4号40頁

大阪高決平23.11.15家月65巻4号40頁は，内縁解消後，内縁の妻が財産分与調停を申し立て，審判移行中に，内縁の夫が病死した事案について，財産分与義務が相続の対象となることを肯定し，相続人に財産分与対象財産額（1億円）の2割（寄与度）から前渡し分を控除した金額の支払を命じています。事案の詳細は，以下のとおりです。

申立人（A女）は，妻と死別した亡B男と同居し，事実上の夫婦となり，亡B男が経営していた会社の従業員として働きながら家事を行っていましたが，約10年余りで仕事を辞め，その後家事労働や亡B男の世話をしていたところ，亡B男の娘（C女）が申立人らと同居するようになると，申立人とC女との関係が良好でなかったため，申立人は自分の老後に不安を強め，B男が，有料老人ホームに2人で入所しようという申立人の提案を拒んだことから，申立人は，C女との同居が始まって約1か月後に，亡B男との約25年に及ぶ同居を解消し，別居したものです。亡B男は，申立人との同居中，約2億円程度の財産を形成しましたが，その間，自宅の建築費用として1億円を支出しています（自

Ⅲ　内縁・事実婚当事者の民法上の権利・義務

宅の名義人は長男であり，1億円は長男への贈与と認定されています）。申立人が財産分与調停を申し立て，審判に移行中にB男が病死したことから，財産分与請求権の相続性及び分与額が争点となりました。

（コメント）

　本決定は，財産分与の審判手続中に分与義務者が死亡した場合に分与義務者の相続人が相続によって分与義務を承継することを明らかにしたものであり，この結論自体は従前の通説・判例を前提とするものであり，当然の結論といえます。

　一方で，申立人の寄与を2割程度とした部分については，離婚の際の財産分与一般の実務（いわゆる「2分の1ルール」の適用）とは異なるものとなっています。同決定は，その理由として，「財産分与の対象は亡B男の金融資産であり，亡B男の投資運用による評価額の増大等によって，上記金融資産が増加形成された」点を指摘していますが，寄与度は原則として2分の1（5割）とされ，一方配偶者の特異な才能を評価して寄与割合を変更するのは例外的場合に限られるとする財産分与に関する近時の裁判実務からみると，相当の開きがある裁判例だという点に留意する必要があります。

内縁・事実婚の破棄・解消（離別）Q＆A

【書式２：財産分与の調停申立書（内縁解消後，元配偶者死亡の場合）】

受付印	家事	☑調停 ☐審判	申立書　事件名（　　　　　　　　　）
			（この欄に申立て1件あたり収入印紙1,200円分を貼ってください。）

収入印紙　　　円	
予納郵便切手　　　円	（貼った印紙に押印しないでください。）

○　○　　家　庭　裁　判　所 御　中 平成　○　年　○　月　○　日	申　　立　　人 （又は法定代理人など） の　記　名　押　印	北　川　幸　代　㊞

添 付 書 類	（審理のために必要な場合は，追加書類の提出をお願いすることがあります。） 申立人の戸籍謄本・住民票　相手方の戸籍謄本・住民票　財産目録　不動産の 登記事項証明書　固定資産評価証明書	準口頭

申立人	本　籍 （国　籍）	（戸籍の添付が必要とされていない申立ての場合は，記入する必要はありません。） 　　　　　都道 　　　　　府県		
	住　所	〒 ○○○ － ○○○ 　○○県○○市○○町○丁目○番○号　　　（　　　　　方）		
	フリガナ 氏　名	キタ　ガワ　ユキ　ヨ 北　川　幸　代	大正 昭和 平成 ○ 年 ○ 月 ○ 日生 （○○歳）	
相手方	本　籍 （国　籍）	（戸籍の添付が必要とされていない申立ての場合は，記入する必要はありません。） 　　　　　都道 　　　　　府県		
	住　所	〒 ○○○ － ○○○ 　○○県○○市○○町○丁目○番○号　　　（　　　　　方）		
	フリガナ 氏　名	ニシ　ムラ　ヒデ　オ 西　村　秀　夫	大正 昭和 平成 ○ 年 ○ 月 ○ 日生 （○○歳）	

（注）　太枠の中だけ記入してください。　　　　　別表第二，調停（1／2）

申　立　て　の　趣　旨

　相手方は申立人に対し，財産分与として金○○○万円を支払うとの調停を求めます。

申　立　て　の　理　由

1　申立人と相手方の亡兄西村和男とは，平成○年○月以来内縁の夫婦として生活し，和男名義
　で別紙財産目録記載のマンション1棟を所有するようになりました。

2　申立人と和男は，平成○年○月○日に内縁関係を話合いで解消し，申立人は財産分与を求め
　て，その協議中に和男は肺癌のため平成○年○月○日死亡しました。

3　和男の相続人は，弟である相手方です。

4　上記マンションは，和男に対する申立人の内助の功があって得られたものです。しかし，相
　手方は，和男の相続開始後申立人には相続権がないといって，申立人はマンションから追い出
　されました。

5　そこで，申立人は相手方に対する財産分与請求として，この申立てをします。

別表第二，調停（2／2）

出典：長山義彦ほか『〔新版補訂〕家事事件の申立書式と手続』500頁（新日本法規出
　　　版，2017）

41

Ⅲ　内縁・事実婚当事者の民法上の権利・義務

第4　一方当事者の死亡（死別）

1　内縁・事実婚当事者の死亡と財産（内部関係）

　内縁・事実婚当事者が死亡した場合，配偶者相続権に関する規定（民法890条）が類推適用されないと解されており，判例も内縁・事実婚当事者について配偶者相続権を否定しています（仙台家審昭30.5.18家月7巻7号41頁，広島高決昭38.6.19家月15巻10号130頁）。

　死亡した内縁・事実婚当事者に相続人がいる場合，遺産は相続人が取得することになります。残された内縁・事実婚当事者が財産関係の清算や扶養の必要性の観点から，相続人に対し，離婚時の財産分与規定（民法768条）が，死別による内縁・事実婚の解消の場合にも類推適用されるとして財産の清算等を求めることができないのか，という点が争われてきました。この点について，下級審判例は類推適用を肯定するものと否定するものに分かれ，学説も類推適用肯定説と類推適用否定説が対立していましたが，最一小決平12.3.10民集54巻3号1040頁は，これを明確に否定し，実務上大きな影響を与えました。

◎最一小決平12.3.10民集54巻3号1040頁（事案＋判旨）

　タクシー会社を設立し社長を務めていた内縁の夫と知り合い交際して，生活費の支払を受けていた内縁の妻が，病気がちとなって入退院を繰り返していた内縁の夫の療養・看護に努めていた（約10年間）ところ，内縁の夫が死亡し，遺産総額約1億8000万円余について長女がその大半を，長男が1000万円を相続したため，内縁の妻から相続人に対し，財産分与義務を相続したとして財産分与の審判の申立てをした事案です。第一審は財産分与規定を類推適用し，2人の相続人に扶養的要素として各々500万円の支払を命じましたが，抗告審が取り消したため，内縁の妻が許可抗告しました。

42

第4　一方当事者の死亡（死別）

　最高裁は，「民法は，法律上の夫婦の婚姻解消時における財産関係の清算及び婚姻解消後の扶養については，離婚による解消と当事者の一方の死亡による解消とを区別し，前者の場合には財産分与の方法を用意し，後者の場合には相続により財産を承継させることでこれを処理するものとしている。」「死亡による内縁解消のときに，相続の開始した遺産につき財産分与の法理による遺産清算の道を開くことは，相続による財産承継の構造の中に異質の契機を持ち込むもので，法の予定しないところである」と判断し，「生存内縁配偶者が死亡内縁配偶者の相続人に対して清算的要素及び扶養的要素を含む財産分与請求権を有するものと解することはできないといわざるを得ない」と判断しました。

（コメント）

　最高裁決定は，類推適用否定説が根拠としていた点，すなわち民法は婚姻の解消の際の財産分与の清算について，配偶者死亡の場合には相続，離婚の場合には財産分与の制度を設けており，現行民法は両者を峻別していると理解し，死別による内縁解消の際に財産分与規定の類推適用を認めることは「制度の体系性を崩す」とする点を主たる論拠としています。これに対して，類推適用肯定説も依然として有力であり，その論拠は，①財産分与も配偶者相続権も夫婦財産の清算と扶養という同一の目的を持つものであるから，内縁関係の生存中の解消に財産分与を認めるのであれば，死亡による解消の際に配偶者相続権が認められない以上，財産分与の類推適用を認めても法体系を崩すとはいえない（犬伏由子ほか『親族・相続法　第2版』(弘文堂，2016)，123頁）。②内縁の生前解消であれば財産分与の類推適用で一定の財産が保障されるのに，終生協力関係にあった死亡による解消の場合には適用が否定されて保護されないというのは不合理・不公平である（二宮周平『家族法　第5版』(新世社，2019)，159頁）としています。

43

Ⅲ　内縁・事実婚当事者の民法上の権利・義務

　類推適用否定説は，共有持分の清算や不当利得等の財産法の法理による解決ができるとしており，裁判例においても，内縁の夫婦が共同経営ともいえる程度の寄与をしている場合については，事業の収益で取得した不動産はたとえ登記名義人が夫にあっても，夫の特有財産とする旨の特段の合意がない以上，夫婦の共有財産として両者に帰属するとして，残された妻に2分の1の共有持分権を認めた裁判例があります（大阪高判昭57.11.30家月36巻1号139頁）。このほかに，共働きの内縁・事実婚カップルについて，死亡した一方当事者名義の預金債権について，他方当事者に持分2分の1の共有持分権を認めた例（名古屋高判昭58.6.15判タ508号112頁），内縁・事実婚カップルの夫婦双方が建築資金を負担して取得した夫名義の不動産について，妻に出資割合に応じた共有持分を認めた裁判例（東京地判平4.1.31判タ793号223頁）があります。

　しかしながら，共同事業による寄与とまではいえない場合や，財産形成に当たって自らの収入等からの拠出金がない場合，すなわち家事・育児・介護等による貢献の場合（典型的には専業主婦型の内縁の妻）には，財産法の法理で内縁配偶者に遺産からの清算を求めることはできません。

【図表2：内縁・事実婚の解消と財産の清算】

財産取得への貢献 ＼ 解消の類型	離　別	死　別
① 共同事業型	○ （財産分与・共有）	○ （共有）
② 出資型／共稼ぎ型	○ （財産分与・共有）	○ （共有）
③ 家事・育児・看護・介護型 片稼ぎ型	○ （財産分与）	×

（注）生前に特別の合意（契約），遺言がない場合の規律

44

第 4　一方当事者の死亡（死別）

　ところで，内縁解消後，財産分与審判中に分与義務者である内縁の夫が死亡した場合には，裁判所は，内縁解消によって財産分与請求権が発生し，内縁の妻が請求の意思表示をしたことによりその具体的内容が審判において形成されるとして，財産分与義務は相続対象になるとし，相続人への受継を認めています（大阪高決平 23.11.15 家月 65 巻 4 号 40 頁）。現在の判例・通説の立場によれば，内縁を解消しない間に分与義務者になり得る内縁の夫の死亡によって解消した場合は，財産分与の規定は適用されません。解消が先か，死亡が先かによって，内縁の妻の財産的地位に大きな違いが生じます。

　この点に関する意見の対立の背景には，婚姻と内縁・事実婚を同視すべきなのか，内縁準婚理論を意識的に継承していくべきなのかどうかをめぐる認識の相違があります。

　一方で，最高裁判例の立場である相続は認めないが財産分与は認めるという線引き自体が妥当とはいえず，むしろ生存中の解消か死亡による解消かにかかわらず，共有持分による清算により問題を処理すべきであるとする立場があります。相続，財産分与によって包括的な処理を行い財産法の法理を用いずに財産問題を処理できる点に「婚姻」の特色があり，婚姻という制度に服していないカップルについて財産関係の清算は精密に行う以外ないとする考え方です。他方，内縁・事実婚を婚姻に準じて取り扱い，精神的・経済的に困難を抱える内縁配偶者（とりわけ妻）に法的保護を与えることを志向する考え方があります。

　このように判例の立場は，内縁・事実婚保護のあり方をめぐる相反する 2 つの立場から批判を受けていますが，裁判実務上は確立しているといえます。

◎契約・遺言・信託の活用

　内縁・事実婚の死亡による解消については，配偶者相続権（民法 890

条）が適用されず，また，財産分与規定（同法768条）の類推適用も否定されることから，残された内縁・事実婚の配偶者の生活保障のためには，死亡前（事前）に契約・遺言・信託など財産法上の手立てを講じておく必要があります（→第6 事前の規律 3 契約・遺言・信託）。

2 居住権（対外関係）

　内縁・事実婚関係にあるカップルの住居について，その所有権や賃借権を単独で有している事実婚の一方当事者が死亡した場合，他方当事者は，所有権や賃借権を配偶者として相続できないため，居住する場所を失うおそれがあります（借地借家法36条1項は，居住用建物の賃貸借について，賃借人が相続人なしに死亡した場合には，賃借人の事実婚配偶者が賃借人の権利義務関係を承継すると定めています。しかしながら，相続人がいない場合はまれであり，当該規定が機能する場面はそう多くないといえましょう）。

　相続人から内縁の妻が住み慣れた住居からの立ち退きを求められ，生活の基盤を失い深刻な事態を招くことがあります。この問題は，「内縁の妻の居住権」の問題として，学説上は活発に議論され，相続権を持たない妻の居住権を保護するため，様々な法律構成が試みられてきました。

　最三小判昭39.10.13民集18巻8号1578頁は，内縁の夫死亡後，内縁の夫が所有していた家屋に居住し続けた内縁の妻に対し，死亡した当事者の相続人（養子）が行った家屋明渡請求について，残された内縁の妻に利益保護の必要性があることや，相続人に当該家屋を独占して使用する差し迫った必要がないこと等から，相続人の請求を，権利濫用であるとして退けています。

　また，最三小判昭42.2.21民集21巻1号155頁は，死亡した家屋賃借人の内縁の妻は，家主に対して，当該家屋賃借人（内縁の夫）の相続人が相続した賃借権を援用して，家屋に居住する権利を主張することができるとしています。

第4　一方当事者の死亡（死別）

　しかしながら，権利濫用法理は各事案の個別事情に応じた判断となる
ため，内縁・事実婚配偶者が保護されるとは限りません。また，相続人
の賃借権を援用する場合，相続人の賃料不払い等により賃貸借契約が解
除されれば，内縁配偶者は家主からの明渡請求を拒むことはできなくな
ります。家主と相続人との間で賃貸借契約の合意解除がなされた場合に
も同様の状況が生じる可能性があります（窪田，138頁）。

　残された内縁当事者の住居を安定的に保障するためには，内縁当事者
自身の権利として，例えば家屋の共有持分権を認めたり，使用貸借権
（無償で家屋を使用できる権利）を認める必要があります。

◎最一小判平 10.2.26 民集 52 巻 1 号 255 頁

　最一小判平 10.2.26 民集 52 巻 1 号 255 頁は，内縁の夫婦が共同で事業
を営み，事業の収益で取得した不動産（住宅＋作業所）について，内縁の
夫の死亡後，相続人である子が不動産の明渡しを求めましたが，別訴で
不動産が内縁の妻と子の共有（共有持分2分の1）である旨の判決が確定
したことから，相続人から内縁の妻に対し，不動産を単独で使用してい
ることにより持分を超える使用により利益を得ているとして，賃料相当
額の2分の1を不当利得として請求した事案です。

　最高裁は以下のように述べて，不当利得を認めた原判決を破棄してい
ます。

　「内縁の夫婦がその共有する不動産を居住又は共同事業のために共同
で使用してきたときは，特段の事情のない限り，両者の間において，そ
の一方が死亡した後は他方が右不動産を単独で使用する旨の合意が成立
していたものと推認するのが相当である。けだし，右のような両者の関
係及び共有不動産の使用状況からすると，一方が死亡した場合に残され
た内縁の配偶者に共有不動産の全面的な使用権を与えて従前と同一の目
的，態様の不動産の無償使用を継続させることが両者の通常の意思に合

47

致するといえるからである」としました。

　ただし，本件の事案で，相続人は共有持分権者として共有物分割請求（民法256条1項）を行うことができます。共有関係が解消されれば，残された内縁配偶者は，不動産全体を無償で使用することができなくなります。

　ところで，近時の裁判例で，内縁・事実婚当事者の一方が単独で所有していた建物について，相続人から他方当事者への明渡請求について，原審（神戸地判平22.4.23判時2108号77頁）が権利濫用法理によりこれを棄却したのに対し，控訴審（大阪高判平22.10.21判時2108号72頁）は，当事者間で他方が死亡するまで無償で使用させる旨の黙示の合意があり，使用貸借契約が成立していたとの法的構成を行い，残された内縁・事実婚当事者の居住を保障した事例があります。

◎大阪高判平22.10.21判時2108号72頁

　事案は，40年にわたり，内縁の妻（70代）が内縁の夫の身の回りの世話をしてきて，その間2度にわたり夫の子を妊娠中絶する経験をしていましたが，十分な経済的基盤を有していなかったところ，夫の死後，唯一の相続人である娘から内縁の妻に対し，生前夫と同居使用してきた夫単独所有の建物の明渡しを求められた事案です。控訴審判決は，内縁の夫が相続人に対し，親族の面前で，「もしものことがあったら，内縁の妻に家をやり，そこに死ぬまでそのまま住まわせて，1500万円を渡してほしい旨申し渡している」事実を認定し，「内縁の夫が内縁の妻を死ぬまで無償で本件建物に住み続けさせる意思を有していたものと優に認めることができる」「他方，内縁の妻においては，上記のような内縁の夫意向を拒否する理由は全くないと認められる」「本件内縁夫の申渡しのあった平成16年ころには，内縁の夫と内縁の妻との間で，黙示的に，内縁の妻が死亡するまで本件建物を無償で使用させる旨の本件使用

貸借契約が成立していたものと認めるのが相当である」として，黙示の
使用貸借契約の成立を認め，相続人の明渡請求を棄却しています（重婚
的内縁関係にあった妻に不動産の使用貸借の黙示による合意の成立が認められた判
例として，名古屋地判平 23.2.25 判時 2118 号 66 頁）。

　近時の裁判例は，権利濫用法理ではなく事実婚当事者の明示若しくは
黙示の合意を方法として，残された事実婚当事者の住居の保障を行う傾
向にあるといえましょう（嵩，114 頁。こうした方法に賛同するものとして，
棚村政行ほか『家族法実務講義』（有斐閣，2013）122 頁）。

◎契約・遺言・信託の活用

　内縁・事実婚の死亡による解消によって残された当事者の住居の確保
のためには，相続人との間で深刻なトラブルになる可能性が高いことか
ら，死亡前に，契約，遺言，信託など財産法上の手立てを講じておく必
要が高いといえましょう（→第 6　事前の規律　3　契約・遺言・信託）。

3　第三者の不法行為による損害賠償（対外関係）（交通事故）

　法律婚の場合，一方配偶者が第三者の不法行為によって死亡した場合
には，その逸失利益についての損害賠償請求権を他方配偶者が死亡した
配偶者より相続して加害者に損害賠償を請求することができます。しか
しながら，事実婚の配偶者には判例上相続権が否定されているため，法
律婚と同様の法律構成で加害者に損害賠償を請求することはできませ
ん。この場合，相続構成ではなく何らかの固有権を侵害されたとする構
成（固有権構成）をとれば，残された内縁・事実婚配偶者は損害賠償請求
を獲得することができます。

　まず，精神的損害については，いわゆる近親者が固有の請求権を取得
するという明文の規定が存在します（民法 711 条）。判例は，ここでいう
近親者を実質的に解していますので（最三小判昭 49.12.17 民集 28 巻 10 号
2040 頁），内縁・事実婚配偶者にも慰藉料請求権が認められます（東京地

Ⅲ　内縁・事実婚当事者の民法上の権利・義務

判昭 36.4.25 下民集 12 巻 4 号 866 頁）。

　次に，判例は，内縁・事実婚当事者に民法 752 条，760 条が準用さ
れ，相互に扶養請求権を有することを前提に，事実婚の一方当事者が死
亡した場合には，他方当事者は扶養請求権の侵害を根拠に第三者に対し
て損害賠償請求ができるとしています（重婚的内縁関係の事案について東京
地判昭 43.12.10 家月 21 巻 6 号 88 頁，同法 752 条，760 条の類推適用には言及せず
に事実上の配偶者として扶養されていたことを根拠として，第三者の不法行為に
よって扶養権を侵害されたとして損害賠償を認める裁判例として，東京地判昭
36.4.25 下民集 12 巻 4 号 866 頁，東京地判平 12.9.13 交民集 33 巻 5 号 1488 頁。ま
た，死亡した事実婚当事者の相続人が請求し得る逸失利益の範囲について，事実婚
の他方配偶者の扶助に充てるべき費用を控除した裁判例として，札幌高判昭 56.2.25
判タ 452 号 156 頁）。

　なお，最三小判平 5.4.6 民集 47 巻 6 号 4505 頁は，自動車損害賠償保
障法による政府保障事業（ひき逃げや無保険車などの被害者を保護する事業）
における「被害者」（自賠法 72 条 1 項）に，扶養利益を喪失した内縁の配
偶者も含むとしています。

一方当事者の死亡（死別）Q & A

一方当事者の死亡（死別）Q & A

Q6 （死亡による解消と財産分与規定の類推）

　約40年にわたり，会社経営者の夫と内縁関係にあり，高齢になって病気がちになった夫の療養看護に努めてきましたが，看病の甲斐なく夫が死亡しました。私には資産がなく，収入らしい収入がありません。夫の相続人に対し，遺産からいくらか支払ってもらうことはできないのでしょうか。

A

　生存内縁配偶者には，配偶者相続権の規定（民法890条），財産分与規定（同法768条）のいずれも類推適用の余地がなく，相続人に対する請求は認められないといわざるを得ません。

〈解　説〉

　内縁・事実婚当事者が死亡した場合，配偶者相続権に関する規定（民法890条）は類推適用されません。死亡した内縁・事実婚当事者に相続人がいる場合，遺産は相続人が取得することになります。

　残された内縁・事実婚当事者が，財産関係の清算や扶養の必要性から，相続人に対し，離婚時の財産分与規定を死別による内縁・事実婚の解消の場合に類推適用して，財産の清算等を求めることができないのかという点が争われてきました。下級審判例や学説には対立がありましたが，最一小決平12.3.10民集54巻3号1040頁は，これを明確に否定し，実務上大きな影響を与えました。

　最高裁決定は，本問と同様の事案で，「内縁の夫婦の一方の死亡により内縁関係が解消した場合に，法律上の夫婦の離婚に伴う財産分与に関する民法768条の規定を類推適用することはできないと解するのが相当

51

Ⅲ　内縁・事実婚当事者の民法上の権利・義務

である。民法は，法律上の夫婦の婚姻解消時における財産関係の清算及び婚姻解消後の扶養については，離婚による解消と当事者の一方の死亡による解消とを区別し，前者の場合には財産分与の方法を用意し，後者の場合には相続により財産を承継させることでこれを処理するものとしている。このことにかんがみると，内縁の夫婦について，離別による内縁解消の場合に民法の財産分与の規定を類推適用することは，準婚的法律関係の保護に適するものとしてその合理性を承認し得るとしても，死亡による内縁解消のときに，相続の開始した遺産につき財産分与の法理による遺産清算の道を開くことは，相続による財産承継の構造の中に異質の契機を持ち込むもので，法の予定しないところである。また，死亡した内縁配偶者の扶養義務が遺産の負担となってその相続人に承継されると解する余地もない」として，「生存内縁配偶者が死亡内縁配偶者の相続人に対して清算的要素及び扶養的要素を含む財産分与請求権を有するものと解することはできない」と判断しています（本件では，遺産総額が1億8000万円余りあり，原々審は扶養的部分として相続人である2人の子に対し，各自500万円の支払を命じましたが，原審は財産分与規定の類推適用を認めませんでした）。

　なお，今般の相続法改正により導入された「特別の寄与」制度（2019年7月1日施行）は，相続人以外の「親族」を対象とする制度であり，内縁・事実婚当事者は対象外とされています（改正民法1050条）。この点については附帯決議がなされたこともあり，今後，類推適用を検討する余地があり得るでしょう（詳しくはQ11）。

52

一方当事者の死亡（死別）Q & A

Q7 （夫婦の共同経営による不動産取得（共有））

- -

　内縁の夫と共同で呉服店を経営し，その収益から不動産を購入しましたが，名義は夫名義にしていました。夫の死亡後，夫の息子が不動産の全てについて相続登記手続をしてしまいました。私には権利がないのでしょうか。

A

- -

　共同して家業を経営し，その収益金で不動産を購入した場合には，夫の特有財産とする旨の特段の合意がない限り，夫婦の共有財産となります。

〈解　説〉

（はじめに）

　内縁・事実婚当事者が死亡した場合，配偶者相続権に関する規定は類推適用されません。また，財産分与に関する規定も，死別の場合は類推適用ができません（最一小決平 12.3.10 民集 54 巻 3 号 1040 頁）。

　判例は，内縁の夫名義で取得した不動産について，これを夫婦「共有」とする法的構成によりこれを相続財産から除外し，内縁の妻を保護しています。

　本問を検討する前に，婚姻中の夫婦が一方名義で取得した不動産の帰属についてみておきましょう。

1　婚姻関係にある夫婦の一方の名義で取得した不動産の帰属

　民法 762 条は第 1 項で「夫婦の一方が婚姻前から有する財産及び婚姻中自己の名で得た財産は，その特有財産（夫婦の一方が単独で有する財産をいう。）とする」と定めるとともに第 2 項で「夫婦のいずれに属するか明らかでない財産は，その共有に属するものと推定する」と定めています。規定の趣旨は明らかであり，夫の物は夫の物，妻の物は妻の物，帰

53

属不明の物は共有ということです。

　しかしながら，ある物が夫又は妻の単独所有であるか，夫婦の共有であるかの判断は簡単ではありません。

　不動産についてみてみると，夫婦の一方が婚姻前から有していた不動産が特有財産であることに問題はありませんが，「婚姻中自己の名で得た財産」とは何かが問題となります。

　具体的には，夫婦の一方の名義で登記されているが，実質的には双方が協力して得たとみられる不動産の取扱いが問題となります。

　この問題にかかる判例として，最三小判昭 34.7.14 民集 13 巻 7 号 1023 頁があります。

　事案は，不動産が，被告（妻）名義でしたが，購入代金は，原告（夫）の旅館営業によって得られたものであると認定されており，それを前提として，最高裁は，登記名義を被告にしただけでは，被告の特有財産にはならないと判示し，不動産は原告に帰属するとしました。

　この判決については，登記名義のみで決するわけではないとする判断は妥当であるが実質的に誰のものであるかという点については批判があります。

　最高裁判決後の裁判例をみると，夫名義で購入した不動産について，その購入代金の一部を妻も負担している場合には，実際に夫婦が拠出した金額を問わずに夫婦の共有（持分 2 分の 1）が認められています（共稼ぎについて：札幌高判昭 61.6.19 判タ 614 号 70 頁など）。ただし，夫婦の一方の扶助が配偶者としての通常の協力・扶助の範囲にとどまる場合には（金銭の出捐を伴わないいわゆる「内助の功」にとどまる場合），夫婦の共有を認めることはできないとしています。

2　内縁夫婦が共同経営によって得た一方名義の不動産の帰属

　大阪高判昭 57.11.30 家月 36 巻 1 号 139 頁は，内縁の妻が 40 数年にわ

たり夫の家業である呉服店の経営に当たり，その貢献度は共同経営ともいうべき実態を備えていたという事案で，事業の収益により購入した夫名義の不動産について，夫婦の共有財産であるとし，共有持分については各2分の1と判断しました。

「正式の婚姻関係であると，内縁関係であるとを問わず，妻が家事に専従しその労働をもつて夫婦の共同生活に寄与している場合とは異なり，夫婦が共同して家業を経営し，その収益から夫婦の共同生活の経済的基礎を構成する財産として不動産を購入した場合には，右購入した不動産は，たとえその登記簿上の所有名義を夫にしていたとしても，夫婦間においてこれを夫の特有財産とする旨の特段の合意がない以上，夫婦の共有財産として同人らに帰属するものと解するのを相当とすべき」である。

「本件各物件は，控訴人（内縁の妻）がA男と内縁の夫婦として共同生活を行う間，その家業である呉服商及び古着商を互いに協力して経営し，その収益をもつて購入したことが明らかであるから，たとえ右各物件の登記簿上の所有名義がA男となつているとしても，控訴人とA男との間において本件各物件をA男の特有財産とする旨の特段の合意のない限り，右両名の共有財産と解するのを相当とすべ」きである。

「控訴人の右持分は民法250条によつてA男のそれと均等の2分の1と認めるのが相当である。」

Ⅲ　内縁・事実婚当事者の民法上の権利・義務

Q8 （共稼ぎ夫婦の預金（準共有））

　私は，Ａ男と知り合い，同居するようになりましたが，Ａ男が高齢で親子ほども歳が離れていたことや，Ａ男の子どもが結婚に反対したことから，婚姻届は出しませんでした。

　私は料理店で調理師として働き，Ａ男は証券会社の外務員をしていました。同居後２年ほどしてＡ男は病気で働けなくなりましたが，家賃収入や年金収入があり，私は仕事を続けながらＡ男の身の回りの世話をしていました。

　私たちは，２人の収入を合わせて生活費とし，余ったお金をＡ男の名義で預金してきました。Ａ男が亡くなると，Ａ男の長男が，預金はＡ男の相続財産なので通帳と印鑑を渡せと言い出し，トラブルになっています。私には何の権利もないのでしょうか。

A

　Ａ男名義の預金の出捐者があなたであれば，たとえ預金口座の名義人がＡ男であっても，預金はあなたとＡ男の共有となり，あなたの持分については，Ａ男の長男にその権利を主張することができます。

〈解　説〉

◎預金は資金の出捐者に帰属する

　一般的にいって，預金の帰属は名義だけによって決まるわけではありません。現在の支配的な考え方は，実際に金銭を出捐した人が預金の主体となるというものです。法律婚の夫婦間においても，内縁・事実婚の夫婦間においても，同様に預金の名義人の所在にかかわらず，出捐者が預金の主体（権利者）とされることになります。

　例えば，共稼ぎの夫婦が家計用口座を夫名義で開設し，生活費を各々入金し，必要に応じて引き出している場合には，口座の資金は夫婦の双

56

方が出捐しているのであり，預金は夫婦の共有（預金債権は連帯債権）となります。ただし，現行の銀行実務上は，夫婦連名の預金は行われていませんので，いずれか一方の名義＝単独名義とするほかないのです。

（裁判例）

名古屋高判昭 58.6.15 判タ 508 号 112 頁は，本件と同様の事案で以下のように述べて預金はＡ男と内縁の妻の「準共有」であると認め，各々の持分は相等しきもの（2分の1）と推定しています。

「Ａ男と被控訴人（内縁の妻）が事実上の夫婦としての生活費を折半・按分・その他如何なる割合で分担するかについて両者間に合意が成立していた事実を認めさせる証拠はない。」

「すると両者は2人の収入を合算しこれらを生活の資とし余剰の分をＡ男の名義の本件預金としていたものと認めるのが相当であり，本件預金中にはＡ男固有の収入分と被控訴人分が混在しており，しかもその額または割合は明らかにすることができないというべきである。」

「すると本件預金債権はＡ男と被控訴人両名の準共有にかかるものというべく，そして準共有者の持分は相等しきものと推定される」

（参照：民法 250 条（共有持分の割合の推定））

Ⅲ　内縁・事実婚当事者の民法上の権利・義務

Q9 (夫婦双方の資金拠出による不動産取得と共有)

　私は，勤務先でＢ男と知り合い，共働きをしながら共同生活を送っていました。私との関係が発覚して，Ｂ男は妻と協議離婚し，子どもたちとも絶縁状態になりました。Ｂ男は蓄財に熱心で，自分の手持ち資金と私の退職金を合わせて，Ｂ男名義でマンションを建築しましたが，急死してしまいました。

　Ｂ男の長男が，マンションを相続したので自分に所有権があると主張しています。私には何の権利もないのでしょうか。

A

　内縁関係であっても，夫婦双方が資金を拠出して不動産を取得した場合は，一方の特有財産とする旨の特段の合意がない限り，夫婦の共有財産となります。

〈解　説〉

　内縁・事実婚当事者が死亡した場合，配偶者相続権に関する規定は類推適用されません。また，財産分与に関する規定も死別の場合は類推適用ができません（最一小決平 12.3.10 民集 54 巻 3 号 1040 頁）。

　一方で，夫婦間で帰属不明の財産に関する共有推定の規定（民法 762条 2 項）は，内縁への類推適用が問題になります。本件と同様の事案で，内縁の妻が 2150 万円，内縁の夫が 1 億 2380 万円を出資して取得した建物について，裁判所は以下のとおりに述べ，内縁の妻に 2150 万円／ 1 億 2380 万円＝ 0.17356 の割合による共有持分を認め，単独相続の登記を行った長男に対し，更正登記手続をするよう命じています（東京地判平 4.1.31 判タ 793 号 223 頁）。

　「正式の婚姻関係であると，内縁関係であるとを問わず，妻が家業に専念しその労働のみをもっていわゆる内助の功として夫婦の共同生活に寄与している場合とは異なり，婚姻中夫婦双方が資金を負担し，その資

58

金によって夫婦の共同生活の経済的基礎を構成する財産として不動産を
取得し，しかも右不動産の取得につき夫婦が一体として互いに協力・寄
与したものと評価し得る場合には，民法762条2項により，右取得不動
産は，たとえその登記簿上の所有名義を夫にしていたとしても，夫婦間
においてこれを夫の特有財産とする旨の特段の合意がない以上，夫婦の
共有財産として同人らに帰属するものと解するのが相当である。」

「しかして，……本件第二建物は，被告A女が亡B男と内縁の夫婦と
して共同生活を行う間，相互に資金を出しあって右両名の老後の生活の
基盤とする趣旨で建築されたことが明らかであるから，たとえ本件第二
建物の登記簿上の所有名義が亡B男となっていたとしても，また，被
告A女の出資割合が前示の程度のものであったとしても，被告A女と
亡B男との間において本件第二建物を亡B男の特有財産とする旨の特
段の合意のない限り，右両名の共有財産と解するのを相当とすべく，本
件全証拠をもってしてもなお右特段の合意を認めることができないか
ら，本件第二建物は右両名がその共有財産として建築所有したものと認
めるべきである。」

Ⅲ　内縁・事実婚当事者の民法上の権利・義務

Q10 （残された内縁当事者（共有者）の居住権）

　内縁の夫と事業を共同で営み，その収益によって夫名義で不動産を取得し，事業所兼自宅として使用してきました。内縁の夫が死亡すると，夫の長男は，不動産の所有権全部を相続したと主張し，所有権確認と建物の明渡し及び賃料相当額の支払いを請求しています。不動産の所有権については，今回の請求の以前に，裁判所が私の貢献・出資を認めてくれ，不動産は内縁の夫との共有財産（持分各2分の1）であるとの判決を下し，確定していますが，今回は，共有持分2分の1しかないのに全部を利用する権限はないとして，建物の明渡しと賃料相当額の2分の1の支払いを求めてきました。
　長男の請求に応じなければならないのでしょうか。

A

　あなたは共有持分に基づき建物を使用する権限があるので，明渡請求に応じる必要はありません。また，内縁の夫との間で，夫が死亡した場合には，あなたが単独で建物を使用する旨の合意が成立していたと推認されますので，賃料を支払う義務もありません。

〈解　説〉

1　残された内縁当事者（共有者）の独占的使用 vs 相続人

　本問は，内縁関係にある夫婦の事例ですが，そもそも夫婦がその一方名義（多くは夫名義）の不動産を居住や家業のため共同で占有使用していたところ，所有名義を有する配偶者が死亡し，生存配偶者がその後単独で不動産を占有・使用する場合に，そのような独占的占有的使用が，他の相続人との関係でどのように取り扱われるのかという問題があります。

　近時の相続法改正において，配偶者の居住権を短期的及び長期的に保護するための方策が講じられ，法改正が提案されているところです

60

（Q11 参照）。

　内縁夫婦の一方が死亡する場合にも，同様の問題が生じます。内縁当事者には2分の1の相続権が認められないので，法律上の配偶者の場合とは問題検討の構図が異なるともいえますが，本問においては，内縁夫婦が共同で占有・使用してきた不動産は，内縁の夫婦の共有に属するものとされていることから，本問の問題枠組みは，遺産共有か通常の共有かの違いを除けば，法律上の夫婦の場合と基本的には同様のものといえましょう。

　共有者である生存配偶者の独占的使用に関しては，①他の相続人がそのような独占的使用を否定して不動産の明渡請求を行うことができるのか，②独占的使用を前提として，生存配偶者の持分を超える使用について，不当利得返還請求をすることができるのか，という2つの問題が生じます。

　①については，生存配偶者以外の相続人の1人が独占的使用をしている事案については，最一小判昭41.5.19民集20巻5号947頁があり，単独で占有使用している者が少数持分権者あっても，多数持分権者からの明渡請求は当然には認められないことを明らかにしています。「少数持分権者は自己の持分によって，共有物を使用収益する権原を有し，これに基づいて共有物を占有するものと認められるから（その根拠は民法249条），多数持分権者が少数持分権者に対して共有物の明渡を求めることができるためには，その明渡を求める理由を主張し立証しなければならない」としています。

　どのような場合に明渡しを求める理由があるかについては，見解の対立がありますが，2分の1の持分を有する生存配偶者が独占使用する場合には，いかなる見解によっても，生存配偶者がその意思に反して使用を否定されることはあり得ません。しかしながら，共有者の1人の独占

的占有が当然に適法なものになるわけではありません。前掲最判昭和
41年も，共有者は「他の共有者との協議を経ないで当然に共有物を単
独で占有する権原を有するものでない」としています。そこで，独占的
使用に対する共有持分を超える部分についての不当利得返還請求権の可
否という②の問題が生じます。

　最一小判平10.2.26民集52巻1号255頁は，本問と同様の事案につい
て，内縁夫婦間の共有関係について，その一方が死亡した場合，他方が
不動産を単独で使用する旨の合意が成立していたものと推認できること
を理由として，不当利得返還請求権が成立しないと判断しました。「内
縁の夫婦がその共有する不動産を居住又は共同事業のために共同で使用
してきたときは，特段の事情のない限り，両者の間において，その一方
が死亡した後は他方が右不動産を単独で使用する旨の合意が成立してい
たものと推認するのが相当である。けだし，右のような両者の関係及び
共有不動産の使用状況からすると，一方が死亡した場合に残された内縁
の配偶者に共有不動産の全面的な使用権を与えて従前と同一の目的，態
様の不動産の無償使用を継続させることが両者の通常の意思に合致する
といえるからである」。

2　被相続人と同居していた共同相続人が子である場合

　被相続人と同居していた共同相続人がいる場合の法律関係について，
被相続人と同居していた共同相続人が子である場合について，最三小判
平8.12.17民集50巻10号2778頁は，「特段の事情のない限り，被相続
人と右同居の相続人との間において，被相続人が死亡し相続が開始した
後も，遺産分割により右建物の所有関係が最終的に確定するまでの間
は，引き続き右同居の相続人にこれを無償で使用させる旨の合意があっ
たものと推認される」として，少なくとも遺産分割の終了までは使用貸
借に基づく無償での独占使用を認めています。前掲最判平成10年は，

最判平成8年の考え方を，共有不動産を共同で占有使用する内縁の夫婦の場合に応用したものといえましょう。

なお，今般の相続法改正では，生存配偶者について遺産分割の終了までの間の「短期居住権」を認める法改正が行われました（改正民法1037条1項1号）。ここでの「配偶者」は，法律婚の配偶者に限定されており，内縁・事実婚当事者に適用される余地はありません。

3 共有物分割請求

残された内縁配偶者は，共有不動産について相続人からの分割請求（民法256条1項）には応じなければなりませんので，共有関係が解消された場合には，残された内縁配偶者が不動産を単独で無償で使用することはできなくなります。

Q11 （相続法改正と内縁・事実婚）

相続法改正により，①配偶者の居住権の保障，②婚姻期間20年以上の夫婦間における居住用不動産の生前贈与・遺贈に対する持戻し免除の意思表示の推定，③相続人以外の者の貢献を考慮する特別の寄与制度等が創設されました。内縁・事実婚当事者には適用されるのでしょうか。

A

今般の改正は，法律婚配偶者保護の観点から行われ，いずれの制度も内縁・事実婚当事者には適用されません。そこで，遺言や事前の契約等をしておく必要があります。

今回の改正では，自筆証書遺言の方式緩和や自筆証書遺言の保管制度の創設など，利用しやすい制度が導入されました。

Ⅲ　内縁・事実婚当事者の民法上の権利・義務

〈解　説〉

（相続法改正）

　2018年7月6日，「民法及び家事事件手続法の一部を改正する法律」
及び「法務局における遺言書の保管等に関する法律」が成立しました。
今回の相続法改正は，婚外子法定相続分違憲決定（最大決平25.9.4民集67
巻6号1320頁），及びこれに伴う民法900条4号ただし書の改正を受け
て，法律婚配偶者保護の観点から相続法制の見直しが求められ，法改正
に至ったものです。

　改正の内容として，(1)配偶者の居住権の保障（改正民法1028条～1037
条）（①終身・無償の使用・収益権，及び②短期居住権―遺産分割時又は相続開始
時点から6か月までのいずれか遅い日までの間の無償の使用権），(2)婚姻期間が
20年以上の夫婦間における居住用不動産の遺贈又は贈与について持戻
し免除の意思表示の推定（民法903条4項），(3)相続人以外の者の貢献を
考慮するための方策として，特別の寄与の制度（同法1050条）があります。

　このほかに重要な改正としては，(1)自筆証書遺言の方式の緩和（民法
968条2項）／自筆証書遺言の保管制度（法務局における遺言書の保管等に関
する法律），(2)遺留分制度に関する見直し―遺留分侵害額に相当する金銭
請求権が発生すること（同法1046条），遺留分を算定するため算入する生
前贈与は，相続人に対するものは相続開始前10年に限られること（同
法1044条）等があります。

　施行日は，自筆証書遺言の方式緩和が2019年1月13日，自筆証書遺
言の保管制度及び配偶者居住権は2020年4月1日，その他の規定が
2019年7月1日となっています。

1　配偶者の居住の保障

⑴　配偶者居住権

　長年住み慣れた家に最期まで住み続けたいという生存配偶者の希望に

応えるため設けられた制度であり，被相続人の財産に属する建物（被相続人が配偶者以外の者と共有していた場合を除きます）に相続開始時に居住していた配偶者は，遺産分割協議（改正民法1028条1項1号），遺産分割審判（同法1029条）で配偶者居住権を取得するとされたとき，又は配偶者居住権が遺贈（同法1028条1項2号。死因贈与契約を含む，民法554条）の目的とされたとき，配偶者居住権を取得することができます。

遺産分割審判で配偶者居住権の取得を認める場合は，①共同相続人間に合意が成立しているとき，又は②配偶者が家庭裁判所に配偶者居住権の取得を希望する旨を申し出た場合において，居住建物の所有者の受ける不利益の程度を考慮してもなお配偶者の生活を維持するために特に必要があるときが要件とされています。

配偶者居住権を取得すると，生存配偶者は，終身の間（ただし，遺産分割，審判，遺言に別段の定めがあるときは，その定めによります），建物の全部について無償で使用・収益をすることができます。ただし，配偶者は，相続時に配偶者居住権の財産的価値に相当する金額を相続したものとされます。そこで，配偶者居住権の財産的評価の方法が問題となります（後記注を参照）。

居住建物の所有者は，配偶者居住権の設定の登記を備えさせる義務を負い，配偶者居住権は登記により第三者に対抗することができます（民法1031条1項）。

配偶者居住権は第三者に譲渡することはできません（民法1032条2項）。

配偶者居住権は，生存配偶者の死亡，存続期間の終了，債務不履行により消滅します。

配偶者居住権については，当初から法律婚配偶者を対象とする制度として設計されており，内縁・事実婚当事者は適用の余地がありません。

Ⅲ　内縁・事実婚当事者の民法上の権利・義務

(2)　配偶者短期居住権

　生存配偶者が，被相続人の所有建物に無償で居住していた場合に，配偶者を含む共同相続人間で遺産分割をするときには，遺産分割により居住建物の帰属が確定した日又は相続開始時から6か月を経過する日のいずれか遅い日までの間，居住建物の所有権を相続又は遺贈により取得した者に対して，居住建物を無償で使用する権利を保障するものです（民法1037条）。遺産分割確定が相続開始から6か月を超える場合には，遺産分割確定時まで無償で使用することができます。遺贈により所有権を取得した者に対しても，相続開始時から6か月を経過する日までの居住権が認められます。

　配偶者短期居住権は，最三小判平8.12.17民集50巻10号2778頁の考え方を元に提案された制度です。

　最三小判平8.12.17民集50巻10号2778頁は，被相続人と同居していた共同相続人が子である場合について，「特段の事情のない限り，被相続人と同居の相続人との間において，被相続人が死亡し相続が開始した後も，遺産分割により建物の所有関係が最終的に確定するまでの間は，引き続き同居の相続人にこれを無償で使用させる旨の合意があったものと推認される」とし，遺産分割終了時までの使用貸借に基づく使用を認めました。

　配偶者短期居住権は最高裁判決の考え方が元になっていますが，意思の「推認」ではなく，被相続人が配偶者短期居住権を認めないとする意思を表示した場合であっても，配偶者に短期居住権を与えるものです。

　配偶者短期居住権も，内縁・事実婚当事者を対象とするものではありません。

(3)　内縁・事実婚当事者の居住の保障

　近時の裁判例は，内縁・事実婚当事者の明示若しくは黙示の意思表示

を根拠として，残された内縁・事実婚当事者の居住の保障を行う傾向があります。

最一小判平 10.2.26 民集 52 巻 1 号 255 頁は，「内縁の夫婦がその共有する不動産を居住又は共同事業のために共同で使用してきたときは，特段の事情がない限り，両者の間において，その一方が死亡した後は他方が不動産を単独で使用する旨の合意が成立していたものと推認するのが相当である」としています。

また，大阪高判平 22.10.21 判時 2108 号 72 頁は，内縁の夫が単独で所有していた建物について，相続人（内縁の夫の子）から内縁の妻に対する明渡請求がなされた事案で，内縁の夫婦の間で「黙示的に，内縁の妻が死亡するまで本件建物を無償で本件使用させる旨の使用貸借契約が成立していたものと認めるのが相当である」として，明渡請求を棄却しています。

残された内縁・事実婚当事者の居住の保障は，判例法理により認められる場合があるでしょう。

2 婚姻期間が20年以上の夫婦間における居住用不動産の遺贈又は贈与に対する持戻し免除の意思表示の推定（持戻し免除推定規定）

居住用不動産が夫婦の主たる遺産であったとき，現行の法定相続分に従い遺産分割がなされると，生存配偶者は，たとえ当該居住用不動産の財産形成に大きな貢献をしていたとしても，住み慣れた生活の場を失う場合があります。婚外子法定相続分違憲決定（最大決平 25.9.4 民集 67 巻 6 号 1320 頁）を契機に婚外子の相続分について民法改正がなされ，相続分が引き上げられたことから，相続法における配偶者保護の必要性が強く主張され，相続法改正の審議が始まりました。

当初，中間試案では，生存配偶者の資産形成・維持に対する貢献を正面から評価するため，配偶者相続分の引き上げ案が提案されました（ex.

Ⅲ　内縁・事実婚当事者の民法上の権利・義務

婚姻期間が20年以上の夫婦について，配偶者と子が相続人の場合は，配偶者の相続分を3分の2とする等の様々な提案がなされた）。しかしながら，パブリックコメントでは反対意見が噴出したことからこれを断念し，これに代わる案として提案されたものが持戻し免除の推定規定です。

　要件は，①婚姻期間が20年以上である夫婦であること，②居住の用に供する建物又はその敷地について遺贈又は贈与をしたこと，です。この場合，被相続人が持戻し免除の意思表示をしたものと推定することになっています（民法903条4項）。

　婚姻期間が長期にわたる夫婦について，財産形成における協力や貢献を評価し，残された配偶者の老後の生活保障，取り分け居住の保障をするという目的で導入された規定です。

　遺産分割時における具体的相続分の計算は，遺贈や生計の資本となるような贈与を受けた者があれば，これを特別受益としてその価額を加算したものを「みなし相続財産」とし，これに法定相続分を乗じた上で，遺贈や特別受益を受けた相続人については，遺贈や贈与の額を控除して算出することになっています（「持戻し」という）。共同相続人間の実質的平等を確保するための制度ですが，被相続人は意思表示により，加算や控除を免除することができます。これを「持戻しの免除」といいます。

　今回の改正により，遺産分割において持戻し免除規定が適用されると，配偶者以外の相続人（ex. 子）について，具体的相続分が相当程度減少することになります。

　このように，本規定は，相続人間における具体的相続分の算定に関する規定であり，「相続人」でない内縁・事実婚当事者は適用の余地がありません。

3　「特別の寄与」制度

　被相続人に対して，無償で療養看護その他労務を提供したことによ

り，被相続人の財産の取得又は増加について特別の寄与をした被相続人の「親族」（相続人を除きます。「特別寄与者」といいます。）は，相続開始後，相続人に対し，寄与に応じた額の金銭（「特別寄与料」）の支払を請求することができるという制度です（民法1050条）。介護をした相続人の配偶者（いわゆる長男の妻）への対応が念頭に置かれています。

　当事者間に協議が調わないとき，又は協議ができないときは，家庭裁判所に協議に代わる処分を請求することができます。ただし，相談開始及び相続人を知ってから6か月，又は相続開始時から1年以内にしなければなりません。対象者は民法上の「親族」に限られるため，内縁・事実婚当事者や同性婚の当事者は対象外とされています。

　被相続人の生前に無償で療養看護等の寄与行為をした場合，療養看護等を全く行わなかった相続人が遺産の分配を受ける一方で，寄与者が相続人でない場合，分配にあずかれないのは不公平であることから，実質的公平を図ることが制度の趣旨であるとされます。制度趣旨から見ると「親族」に限定する必要はなく，内縁・事実婚配偶者も対象とすべきであるとの批判があります。中間試案では，請求権者を「二等親内の親族」とする甲案と，請求権者に制限を設けない乙案が提案され，パブリックコメントでは乙案の方が比較的多数を占めていましたが，相続紛争を複雑化・困難化させるとして，（民法上の）「親族」に限るという改正案が採用されました。この点について「多様な家族の在り方を尊重する観点から，特別の寄与の制度その他の本法の施行状況を踏まえつつ，その保護の在り方について検討する」との附帯決議がなされました。そこで，特別の寄与制度については，内縁・事実婚当事者への類推適用を検討する余地があり得るかと思われます。

4　自筆証書遺言の方式緩和／自筆証書遺言の保管制度創設

　自筆証書遺言に関し，民法968条は，遺言者が，その全文，日付及び

Ⅲ　内縁・事実婚当事者の民法上の権利・義務

氏名を自書し，これに押印することを要求しています。厳格な自署要件は，遺言者の最終意思の確実さを担保しようとする趣旨によるものでありますが，他面において，自筆証書遺言から簡便さという長所を奪うことになります。高齢者に厳格な自署要件を課することは，遺言の無効を招来することになります。

　今回の改正は，自筆証書遺言の利用の促進を図るために自筆証書遺言に自署によらない財産目録の添付を認めるものです（民法968条2項）。また，自筆証書遺言が作成後に紛失したり，隠匿や変造されないよう自筆証書遺言の原本を公的機関が保管する制度が創設されることになりました（「法務局における遺言書の保管等に関する法律」）。

　遺言制度については，性的マイノリティを含む様々な立場にある人が，相続人ではないことから遺産の分配が受けられないことに関連して，遺言の積極的活用により遺言者の意思を尊重した遺産の分配が可能となるよう遺言制度の周知に努めることとする旨の附帯決議がなされています。

5　遺留分制度の見直し

　改正前は遺留分権利者（兄弟姉妹以外の相続人）が遺留分減殺請求権を行使すると，贈与や遺贈は遺留分を侵害する限度で失効し，受贈者，受遺者が取得した権利は，遺留分を侵害する限度で当然に遺留分権利者に帰属すると解されてきました（物権的効果説。最一小判昭41.7.14民集20巻6号1183頁）。そこで，相続財産は遺留分権利者と受遺者，受贈者との間で共有関係となり，共有持分移転登記請求権が発生し，共有物分割をめぐる紛争が生じていました。

　今般の改正では，このような紛争を回避すべく，遺留分請求権を金銭債権（遺留分侵害額請求権）としました。即ち，改正民法1046条は，遺留分権利者は，受遺者又は受贈者に対し，「遺留分侵害額に相当する金銭

70

の支払を請求することができる」と定めています。

　また，遺留分を算定するための財産の価額については，被相続人が相続時に有した財産の価額に生前贈与の価額を加算することになっているところ，従来の判例は，相続人に対する生前贈与がなされた場合，原則として，その全てが遺留分算定の基礎となる財産の価額に算入されるとの考え方に立っていましたが，改正法は相続人に対する贈与についてその範囲を相続開始前の10年間に限定しています（改正民法1044条3項）。なお，遺留分権利者の範囲や遺留分の割合に関する改正はありませんでした。

注：配偶者居住権の評価方法

　建物・土地の時価と法定耐用年数等による簡易な評価方法が法務省の相続法の改正に関するホームページに掲載されています。配偶者居住権の価値は①＋②とされています。

①建物部分評価方法

$$建物時価 - 建物時価 \times \frac{残存耐用年数 - 存続年数}{残存耐用年数} \times 存続年数に応じた複利現価率$$

②敷地利用権の評価方法

　土地時価 － 土地時価 × 存続年数に応じた複利現価率

Ⅲ　内縁・事実婚当事者の民法上の権利・義務

Q12 （内縁当事者の一方の事故死と損害賠償）

　私は，内縁の夫と挙式し，前夫との間にもうけた子とともに夫の収入で生活していましたが，夫が交通事故で死亡してしまいました。私は加害者に損害賠償を請求することができるのでしょうか。前妻との間に実子がいる場合はどうなるのでしょうか。

A

　将来の扶養利益を喪失したことによる損害賠償請求及び近親者固有の慰藉料を請求することができます。

　被害者本人の損害賠償請求権を相続した者からの請求が競合した場合は，権利関係の調整が問題になります。

〈解　説〉

1　財産的損害—扶養請求権の侵害

(1)　扶養利益の喪失

　死亡による逸失利益とは，稼働利益喪失による損害であり，判例は，死亡した被害者が生存していれば得られた収入相当額の損害について，被害者本人が取得する損害賠償請求権を相続人が加害者に請求することができるとしています（相続的構成）。

　一方で，判例は，相続人以外の者が死亡した被害者から扶養を受けていた場合に，被扶養者が扶養請求権の侵害により将来の扶養利益を喪失したことによる損害賠償を請求することを認めています（非相続的構成）。

　内縁当事者には，配偶者相続権に関する規定は類推適用されません。そこで，相続的構成では，損害賠償を請求することはできませんが，内縁の配偶者が他方配偶者の扶養を受けていた場合には，内縁の配偶者は，他方配偶者から受けることができた将来の扶養利益の喪失を損害として加害者にその賠償を請求することができます（非相続的構成）。

72

最三小判平 5.4.6 民集 47 巻 6 号 4505 頁は，自賠法 72 条 1 項（ひき逃げ，無保険車による損害のため保険給付を受けられない被害者に対する政府保険事業に対するてん補請求）の「被害者」に関するものですが，以下のとおり述べています。

自賠「法 72 条 1 項にいう『被害者』とは，保有者に対して損害賠償の請求をすることができる者をいうと解すべきところ，内縁の配偶者が他方の配偶者の扶養を受けている場合において，その他方の配偶者が保有者の自動車の運行によって死亡したときは，内縁の配偶者は，自己が他方の配偶者から受けることができた将来の扶養利益の喪失を損害として，保有者に対してその賠償を請求することができるものというべきであるから，内縁の配偶者は，同項にいう『被害者』に当たると解するのが相当である。」

最判は，生命侵害による財産的損害の賠償請求について，内縁の配偶者に扶養利益の喪失に基づく損害賠償請求権を認めるのが従来の下級審判例の大勢であったところ，この点につき正面から判示した初の最高裁判例として意義があると指摘されています（『最高裁判例解説民事編平成 5 年（下）』649 頁）。

(2) 損害額の算定

被害者の稼働収入の逸失利益算定における基礎収入額の範囲で，現に扶養を受けている金額を認定し，これに被害者の稼働期間内で，現実に扶養を受けたであろう期間を認定し，これから中間利息を控除します。

(3) 相続人からの請求があった場合～権利関係の調整

判例は，相続的構成と非相続的構成の併存を認める立場を採っていますので，相続人と相続人以外の賠償請求権者との間の権利内容における割り付けや権利行使上の調整（加害者による二重払いの防止）が問題になります。

Ⅲ　内縁・事実婚当事者の民法上の権利・義務

　前掲最判は,「死亡被害者の逸失利益は,同人が死亡しなかったとすれば得べかりし利益であるところ,死亡被害者の内縁配偶者の扶養に要する費用は,右利益から支出されるものである」と判示しています。

　そこで,稼働利益の喪失損害を相続したとする相続人からの損害賠償請求と,扶養利益の喪失を理由とする相続人以外の者からの損害賠償請求が競合した場合には,扶養利益の喪失を控除した金額について相続人の請求を認める取扱いとなっています(日弁連交通事故相談センター研究研修委員会編『交通事故損害額算定基準:実務運用と解説(2016年版)』(公益財団法人日弁連交通事故相談センター,2016)158頁)。

　名古屋地判平21.7.29交民集42巻4号945頁は,同居生活が5年間にわたっており,生計も同一にしていた女性を,住民票上の住所が異なり婚姻の予定が必ずしも明確ではないとしても内縁の妻と推認されるとし,被害者の年収を400万円,就労年数を30年,生活費控除を3割として逸失利益を算定し,内縁の妻の扶養侵害について,妻の月収が14万円位,生活費の3分の2は被害者が出していた場合に,扶養料として月額8万円程度(年間100万円)が相当であるとして,被害者が67歳になるまでの30年間の扶養料損害分として1537万円(逸失利益額の3分の1)を認めています。被害者の相続人である子2人については,逸失利益から内縁の妻への扶養利益喪失分を控除した2767万円の損害を認めています。

2　精神的損害(近親者の慰藉料)

　被害者死亡の場合の精神的損害の賠償についても,相続人が被害者の有する損害賠償請求権を相続することを認めるのが判例です(相続的構成)。

　一方で,精神的損害については,財産的損害と異なり,被害者と一定の身分関係にある近親者が固有の慰藉料請求権を取得するとする民法の規定があります(民法711条)。ここでいう「近親者」について,判例は

一方当事者の死亡（死別）Q&A

これを実質的に解しています。交通事故で死亡した妻の夫の妹に対して民法711条の類推適用を認めた最三小判昭49.12.17民集28巻10号2040頁は，「被害者との間に同条所定の者（筆者注：父，母，配偶者，子）と実質的に同視しうべき身分関係が存し，被害者の死亡により甚大な精神的苦痛を受けた者は，同条の類推適用により，加害者に対し直接に固有の慰藉料を請求しうるものと解するのが，相当である」としています。近時の下級審の裁判例は，民法711条の近親者以外の者にも近親者固有の慰藉料を認めたものが相当あり（兄弟姉妹，祖父母，姪，事実上の養子），内縁配偶者にも認めています。

　ところで，死亡による慰藉料は，被害者の年齢，家族構成により異なりますが，原則として一家の支柱の場合，2700万〜3100万円とされています。これは死亡被害者の近親者固有の慰藉料も合わせた死亡被害者1人当たりの合計額とされています。相続人による死亡本人の慰藉料請求と，近親者固有の慰藉料が競合した場合の配分について，目安になるものは現状では見出せないと指摘されています（前掲日弁連交通事故相談センター研究研修委員会，178頁）。前掲名古屋地判は，死亡慰藉料として2800万円を認め，内縁の妻に900万円，被害者本人の慰藉料を相続した子2人に合計1900万円として，慰藉料を配分しています。

Ⅲ　内縁・事実婚当事者の民法上の権利・義務

> ## Q13 （ひき逃げ事故）
> --
> 　内縁の夫がひき逃げ事故で死亡しました。政府の自動車損害賠償保障事業が行う損害のてん補を受けることができるのでしょうか。夫が加入している自動車総合保険から保険金の支払を受けることはできるのでしょうか。
>
> ## A
> --
> 　あなたは，将来の扶養利益の喪失を損害として，保有者に対してその賠償を請求することができるので，自賠法 72 条 1 項にいう「被害者」に当たり，扶養利益の侵害による損害賠償及び遺族としての精神的損害（遺族の慰藉料）のてん補を受けることができます。
> 　他方で，内縁の夫が人身傷害補償保険に加入していても，法定相続人ではないので保険金を請求できないでしょう。

〈解　説〉

1　自賠法 72 条 1 項

(1)　扶養利益の侵害

　自賠法 72 条 1 項の規定により，自動車の保有者が明らかでないため（ひき逃げなど），被害者が自賠法 3 条による損害賠償の請求をすることができない場合は，「被害者」は政府からその受けた損害のてん補を受けることができます。

　内縁の「配偶者」が「被害者」に当たるかどうかが争われた事案で，最三小判平 5.4.6 民集 47 巻 6 号 4505 頁は，「自動車損害賠償保障法 72 条 1 項に定める政府の行う自動車損害賠償保障事業は，自動車の運行によって生命又は身体を害された者がある場合において，その自動車の保有者が明らかでないため被害者が同法 3 条の規定による損害賠償の請求をすることができないときは，政府がその損害をてん補するものであるから，同法 72 条 1 項にいう『被害者』とは，保有者に対して損害賠償

の請求をすることができる者をいうと解すべきところ，内縁の配偶者が他方の配偶者の扶養を受けている場合において，その他方の配偶者が保有者の自動車の運行によって死亡したときは，内縁の配偶者は，自己が他方の配偶者から受けることができた将来の扶養利益の喪失を損害として，保有者に対してその賠償を請求することができるものというべきであるから，内縁の配偶者は，同項にいう『被害者』に当たると解するのが相当である。」，さらに「政府が，同項に基づき，保有者の自動車の運行によって死亡した被害者の相続人の請求により，右死亡による損害をてん補すべき場合において，政府が死亡被害者の内縁の配偶者にその扶養利益の喪失に相当する額を支払い，その損害をてん補したときは，右てん補額は相続人にてん補すべき死亡被害者の逸失利益の額からこれを控除すべきものと解するのが相当である。」としています。

(2) 慰藉料

「自動車損害賠償保障事業が行う損害のてん補の基準」（平成19年国土交通省告示第415号）によれば，死亡による「遺族の慰藉料」については，請求権者を父母，配偶者及び子としており，『自動車損害賠償保障事業委託業務実施の手引き』（国土交通省自動車局保障制度参事官室保障事業室，2017）によれば，「内縁関係にある場合には，遺族慰藉料認定の際，民法上の配偶者に準じて取り扱い，事実上の婚姻と同様の関係にあることを立証する書類（住民票，健康保険証等）の提出を求める」としています。

2 人身傷害補償保険

自動車総合保険（任意保険）には様々な保険が含まれています。大別すると，①対人賠償責任保険，②対物賠償責任保険，③人身傷害補償保険があります。

①対人賠償責任保険と②対物賠償責任保険は，いずれも「被保険者が

Ⅲ　内縁・事実婚当事者の民法上の権利・義務

法律上の賠償責任を負担することによって被る損害」，すなわち「他人」
に与えた損害について賠償すべき金額が保険金として支払われるものです。

　一方で，③人身傷害補償保険は，事故によって生命・身体に損害を
被った者を被保険者とする保険です。被保険自動車（契約車）や他の自
動車に搭乗中，又は歩行中に交通事故で障害を負った場合に，被保険者
の過失割合にかかわらず，「自分」や家族（父母，配偶者，子など）が被っ
た損害をてん補してくれる保険です。約款に定める基準によって算定さ
れた人身損害額が保険金請求権者に払われます。

　保険会社各社の保険約款では，保険金請求者として，人身傷害事故に
よって損害を被った①被保険者本人（死亡した場合は法定相続人とする），
又は②被保険者の父母，配偶者，子が保険金を請求することができると
定めています。保険約款上，「配偶者」の定義としては，ほとんどの約
款が「内縁を含む」としています。

　そこで，内縁の夫が人身傷害補償保険に加入している場合に内縁の妻
であるあなた自身が被った人身損害については保険金を請求できます
が，内縁の夫自身が死亡により被った損害については法定相続人ではな
いので保険会社に保険金を請求することができません。

（注：自賠法72条1項による保険金は「ひき逃げ事故」のみならず「無保険車事
故」も保障の対象としているところ，保険金の支払状況を見ると，死亡・傷害によ
る「ひき逃げ」は平成11年3149件→平成27年610件，「無保険車事故」は平成11
年488件→平成27年237人と，減少傾向にある。）

78

一方当事者の死亡（死別）Q＆A

Q14 （内縁と免責約款）

私の母は，内縁の夫の運転する自家用車に同乗中，夫の過失で起きた交通事故により死亡しました。私は保険会社に保険金を請求することができるのでしょうか。自賠責保険の保険金は払ってもらえますか。

A

対人賠償責任保険には「配偶者（内縁含む）」に対する免責約款があり請求できませんが，自賠責保険（強制保険）は免責約款がないので請求できます。人身傷害補償保険がついている自家用自動車総合保険であれば，保険金が請求できる場合があります。内縁の夫や家族が入っている保険の内容を精査することが肝要です。

〈解　説〉

1　自家用自動車保険 （対人賠償責任保険）

自動車の保険には，各保険会社が売り出している自家用自動車保険（任意保険）と，自賠責保険（強制保険。加入しないで車両を運行すると1年以下の懲役又は罰金が課せられます）があります。「任意保険」は，相手＝他人に与えた損害を賠償するための賠償責任保険であり，①対人賠償責任保険と②対物賠償責任保険があります。自賠責保険も，他人に与えた損害を賠償するための保険ですが，人身損害のみが対象となり，物損は対象となりません。一方で，自分ないし家族が被った損害をてん補する保険として，③人身傷害補償保険があります。

保険会社が売っている自家用自動車総合保険は，一般に①〜③の保険がセットになっていることが多いです。事故に遭ったときは自分や家族の入っている自動車保険の内容を確認することが肝要です。

対人事故によって被保険者の負担する法律上の損害賠償請求権が発生

79

した場合には，損害賠償請求権者は保険会社に対し，直接損害賠償を請求することができます。

　ただし，対人賠償責任保険の保険約款では，被保険者の自動車の使用等に起因して，被保険者の配偶者（又はその父母や子）の生命・身体を害する事故を発生させて損害賠償責任を負担した場合については，保険者は保険金の支払を免れる旨の免責約款が定められています。「配偶者」の定義について保険約款では「内縁を含む」と定めていることから，免責約款の「配偶者」にも内縁関係にある者が含まれます。

　そこで，死亡した内縁配偶者の子は，対人賠償責任保険契約に基づき保険金を支払ってもらうことはできません。なお，最二小判平7.11.10民集49巻9号2918頁は，自家用車自動保険普通保険約款の免責約款が「配偶者」と定められ，内縁・事実婚当事者を含む旨の明文の規定がない時期において，免責約款の「配偶者」に，内縁・事実婚の配偶者が含まれるか否かが争われた事案について，内縁も含まれる旨判断をしました。判決後，対人賠償責任保険約款が改訂され，今日に至っています。

2　自賠責保険

　自賠法3条は「自己のために自動車を運行の用に供する者は，その運行によつて他人の生命又は身体を害したときは，これによつて生じた損害を賠償する責に任ずる。」としており，判例は「被害者が運行供用者の配偶者等であるからといつて，そのことだけで，かかる被害者が右にいう他人に当らないと解すべき論拠はなく，具体的な事実関係のもとにおいて，かかる被害者が他人に当るかどうかを判断すべきである」とし，妻は自動車損害賠償保障法3条にいう運行供用者・運転者若しくは運転補助者といえず，同条にいう他人に当たるとしています（最三小判昭47.5.30民集26巻4号898頁）。

　自賠責保険の約款（自動車損害賠償責任保険普通保険約款）には，配偶者

一方当事者の死亡（死別）Q & A

に対して損害賠償責任を負う場合には，保険会社が免責される旨の約款
はありません。

自賠法16条は，同法3条の責任が発生したときは被害者は保険会社
に直接保険金の請求をすることができると定めていますので，内縁の妻
の子であるあなたは，被害者の法定相続人として自賠責保険契約に基づ
き，保険金請求をすることができます。

3　人身傷害補償保険／搭乗者傷害補償保険

人身傷害補償保険は，事故によって生命・身体に損害を被った者を被
保険者とする保険です。被保険自動車（契約者）や他の自動車に搭乗中
又は歩行中に交通事故で障害を負った場合，「自分」（被保険者）が被っ
た損害をてん補してくれる保険です。ここで「被保険者」とは，保険証
券に記載された「被保険者」（≒保険契約者）のみならず，被保険者の
「配偶者」や「被保険者」又は「配偶者」の同居の親族，別居の未婚の
子を含むと定める保険約款が一般的です。また，約款上，「配偶者」の
定義には「内縁を含む」としています。

そこで，内縁の妻が被保険自動車や他の自動車に搭乗中，交通事故で
傷害を負った場合には，内縁の夫が「被保険者」として加入している人
身傷害補償保険から保険金の支払を受けることができます。

保険金請求権者は人身傷害事故によって損害を被った「被保険者」
（被保険者が死亡した場合は，その法定相続人）とされていますので，あなた
は被保険者の法定相続人として保険金を請求することができます。

なお，搭乗者傷害補償保険は，契約車に搭乗中の者が受けた人身損害
をてん補する保険です。被保険者との間の親族関係は問題となりませ
ん。内縁の夫が搭乗者傷害保険に加入していれば，契約車両に搭乗中の
者全員の損害が保険でてん補されます。この場合もあなたが法定相続人
として保険金を請求できる場合があります。

81

Ⅲ　内縁・事実婚当事者の民法上の権利・義務

　内縁の夫やあなたのお母さん，あなた自身を含む家族が入っている自動車保険等の契約内容を精査することが肝要です。

Q15 （人身傷害補償保険と「配偶者」～同性パートナーの場合）

　同性のパートナーと同居し，家族として暮らしてきました。パートナーが相手の過失による交通事故で大けがをしましたが，相手は無保険車でした。自賠法72条1項に基づいて支払われるだけでは被った損害をてん補することができません。どうしたらよいのでしょうか。

A

　あなたが加入している人身傷害補償保険約款における「配偶者」の定義に，同性カップルが含まれる場合には保険金の支払を受けられます。

〈解　説〉

　人身傷害補償保険においては保険証券に記載されている被保険者が被った損害に限らず，被保険者の家族（一定の身分関係にある者）が被った損害も補償の対象としています。

　被保険者の「配偶者」及び父母，未婚の子を補償の対象者としており，「配偶者」には内縁・事実婚を含むと定めています。近時，これに加えて，「戸籍上の性別が同一であるが，婚姻関係と異ならない程度の実質を備えた状態にある者」を「配偶者」の定義に含めるとする保険約款が売り出されています（損害保険ジャパン日本興亜㈱）。

　パートナーやご自分が加入している人身傷害補償保険の内容を調査することをおすすめします。

一方当事者の死亡（死別）Q＆A

【図表3：人身傷害補償保険約款】

用　語	定　義
記名被保険者	保険証券記載の被保険者
配偶者	配偶者には内縁・事実婚を含む。 戸籍上の性別が同一であるが，婚姻関係と異ならない程度の実質を備える状態にある者を含む約款も登場している（損保ジャパン日本興亜㈱）。
被保険者	保険金の支払対象となる損害を受ける者をいう。 ◎被保険者：補償の対象者の範囲 　①～⑤のいずれかに該当する者 　　① 記名被保険者 　　② 記名被保険者の配偶者 　　③ 記名被保険者またはその配偶者の同居の親族 　　④ 記名被保険者またはその配偶者の別居の未婚の子 　　⑤ ①～④以外の者で，契約自動車に搭乗中の者
保険金請求権者	人身傷害保険によって損害を被った次の①又は②に該当する者をいう。 　①被保険者（被保険者が死亡した場合は，その法定相続人とする。） 　②被保険者の父母，配偶者又は未婚の子
未婚	これまでに法律上の婚姻歴がないことをいう。

Ⅲ　内縁・事実婚当事者の民法上の権利・義務

第5　事実婚の当事者間に生まれた子ども

1　法的父子関係の成立

　婚姻関係にない男女の間に生まれた子どもには，嫡出推定制度の適用がなく（民法772条），父の認知（同法779条）がない限り，父子関係は成立しません（母子関係は懐胎・出産という客観的な事実により当然に成立します。「分娩者＝母」ルール）。父が任意に認知しない場合には，子やその直系卑属又はこれらの者の法定代理人が認知の訴えを提起することができますが，認知の訴えには，父の死亡後3年以内という出訴期限があります（同法787条）。

　ところで，継続的な性関係がある場合には，女性の出産した子どもは，事実の問題として女性のパートナーたる男性の子どもである蓋然性が高いといえます。この経験的事実に基づいて，父に対する認知の訴えに際して，裁判官が事実上の推定を行うことは可能です。このような考え方は，内縁・事実婚のカップルについて，判例により承認されています。最一小判昭29.1.21民集8巻1号87頁は，内縁の子について，立証責任の問題として，父の推定があるという限りで，民法772条が類推適用されるとしています。ただし，この場合でも，認知の訴えを父の死後3年以内に提起しなければならないという制約が働きます（最一小判昭44.11.27民集23巻11号2290頁は，内縁の妻が分娩した子についても，認知の訴えは3年の出訴期限の制約に服するとしています）。

　もっとも，死後3年以内の出訴期限については厳格すぎるとの批判があり，判例では，父とされた者が行方不明となった直後に死亡していたことが後日明らかになったため，それ以前に出された婚姻届，出生届等が無効とされたケースで，認知の訴えを提起しなかったことはやむを得ない事情があるとして「死亡が客観的に明らかになった」時点を出訴期

84

限の起点とすることを認めています（最二小判昭 57.3.19 民集 36 巻 3 号 432 頁）。

2　認知された子の法的地位

(1)　相続

　このように，内縁・事実婚夫婦の間に生まれた子の父子関係は認知により成立し，認知がなされると認知された子は出生時から父との間で父子関係があったことになります（民法 784 条）。子は父の相続人とされます（同法 887 条 1 項）。「嫡出でない子」の相続分は嫡出子の 2 分の 1 とされていましたが（改正前民法 900 条 4 項ただし書前半部分），法の下の平等に反するとして，2013 年 9 月，最高裁判所で違憲判決（最大決平 25.9.4 民集 67 巻 6 号 1320 頁）が下され，2014 年に民法 900 条 4 項ただし書前半部分は削除され，「嫡出でない子」の相続分は，嫡出子と同じになりました。

(2)　養育費

　父が認知した子（「嫡出でない子」）については，認知により法律上の父が存在することになりますので，父母が競合的に扶養義務を負います。「離婚後の子の監護に関する事項の定め等」の規定（民法 766 条）が，認知後の子の監護に関する定めについて準用されますので（同法 788 条），嫡出でない子の養育費も「子の監護に要する費用」として，母が父に請求することができます。また，子自らが申立人となって（「嫡出でない子」は母の単独親権であり，母が法定代理人になる），民法 877 条に基づき扶養料（養育費）の請求をすることができます。

　なお，認知の効果は子の出生時に遡って発生するので（民法 784 条），養育費の支払義務は子の出生時から生じます。そこで，母は父に対し，過去に支出した扶養料の支払を求めることができます。大阪高決平 16.5.19 家月 57 巻 8 号 86 頁は，幼児について認知審判が確定し，その直後に養育費分担調停の申立てがなされた事案について，「認知審判確定前に，被告人が相手方に未成年者の養育費の支払を求める法律上の根

拠はなかったのであるから，上記請求時をもって分担の始期とすることに合理的な根拠があるとは考えられない」として，認知の遡及効の規定に従い，認知された幼児の出生時に遡って養育費を算定しています。

　認知されていない子については，法律上の親は母しかいません。よって，法律上は母のみが扶養義務者とされ，生物学上の父は扶養義務を負いません。よって，家庭裁判所に調停・審判を申し立てることはできません。しかしながら，父に養育費を払う意思がある場合には，父母の合意で養育費について取決めをすることはでき（養育費支払に関する合意），かかる合意は法律上有効であり，契約に基づく扶養義務が発生することになります。

(3)　親権者

　父に認知されていない子については，法律上父が存在しないので，母が親権者となります。認知の結果，親として母の他にも父が存在するに至った「嫡出でない子」について，民法は，父と母が婚姻しておらず，共同生活を営んでいないため，婚姻している父母と異なり，子に対する親権を共同に行使するのは困難であると考え，父母の一方のみが単独で親権を行使すべきであるとしています。

　子が父による認知を受けない間は，母が単独で親権を行使していたので，父の認知があったからといって当然にこの状態が影響を受けるわけではないとされ，原則として母が単独親権者である状態が継続します。

　しかし，父により認知された子について，父に親権を行使させることが妥当な場合もあるので，父母の協議により子の親権者を父と定めることができます（民法819条4項）。戸籍法は，協議により親権者を定めようとする者は，その旨の届出をしなければならないと定めています（戸籍法78条）。父母の協議が調わないときは家庭裁判所が協議に代わる審判をすることができます（民法819条5項）。

第5　事実婚の当事者間に生まれた子ども

　我が国の民法は，親権について，父母が婚姻中の共同行使を定めていますが，離婚後や父母が婚姻していないカップルである場合は，いずれかが単独で行使すると定めており（民法819条1項・4項），婚姻外カップルの間に生まれた子どもについて，父母の共同親権は，法制度上は認められていません。

　ただし，民法は，「親権者」とならなかった方の「親」にも，「親」であることから各種の法的効果が生じるとしています。

　例えば認知した「嫡出でない子」について，親権者である母が特別養子縁組をしようとする場合には，認知した父の同意が必要とされています（血縁上の父が，子を認知するため，親子関係不存在の確認の訴えを提起中に特別養子縁組審判をすることは，手続的正義に反するとした判決として，最二小判平7.7.14民集49巻7号2674頁）。

【図表4：『親』及び『親権者』の地位に伴う法的効果】

地　位	法　的　効　果
「親」 であること	相続（民法887条1項），扶養（877条1項）， 婚姻同意（737条），特別養子縁組同意（819条の6）， 監護権者の普通養子縁組同意（797条2項）， （面会交流（766条の解釈による））
「親権者」 であること	身上監護（820条など），財産管理（824条）， 法律行為への同意（5条）， 普通養子縁組の代諾（子が15歳未満のとき）（797条1項）

出典：久保野恵美子「日本の親権制度と児童の保護」町野朔＝岩瀬徹編『児童虐待の防止』
　　（有斐閣，2012）109頁に加筆

(4)　氏・戸籍

　嫡出でない子は，母の氏を称するとされ（民法790条2項），母の戸籍に入ります（戸籍法18条2項）。また，家庭裁判所の許可の子の氏の審判を得ることで父の氏を名乗ることもできます（民法791条）。この場合，

87

子の氏変更の審判書を添えて市区町村の戸籍係に届け出ることによって，父の戸籍に入籍することができます（戸籍法98条1項）。

重婚的内縁関係にある場合に，生まれた子の氏について父の氏に変更すると，父の戸籍，すなわち法律婚により生まれた子どもたち（「嫡出子」）や，法律上の妻と同じ戸籍に入籍することになることから，家庭裁判所は子の氏変更の審判手続について，利害関係人として婚姻家族の意向を調査することとしています。婚姻家族が子の氏変更に強く反対する場合，家庭裁判所は，子の氏変更により得られる嫡出でない子の利益と婚姻家族側の被る不利益を比較衡量して判断する傾向があります（二宮，85頁）。審判例は，子の氏変更を許可する場合（例えば，大阪高決平9.4.25家月49巻9号116頁）とこれを不許可とする場合（例えば，東京高決昭60.9.19家月38巻3号69頁，高松高決平5.11.10判タ863号268頁）に別れています。

(5) 国籍

国籍法2条1号は，子が出生の時に父又は母が日本国民であるとき，子は日本国民とすると定めています。平成20年における改正前の国籍法は，父が認知した子について子が国籍を取得するためには，父母が婚姻すること（→「準正子」のみ国籍取得を認めていた）を要件としていましたが，最大判平20.6.4民集62巻6号1367頁は，改正前の国籍法の規定を不合理な差別であるとして憲法14条1項に違反すると判断し，これにより国籍法が改正されました（平成21年1月1日施行）。現在は，嫡出子と嫡出でない子（＝非嫡出子）について，国籍取得に関する差別は解消されています（詳しくは，小島妙子『Ｑ＆Ａ親子の法と実務』（日本加除出版，2016）221頁）。

3　未認知の子と損害賠償

判例・通説に従えば，内縁・事実婚から生まれた子については，父の

認知がない限り，法律上の父子関係はないことになります。しかしながら，認知前の子について，父子関係に準ずる地位にあるとして，認知前の子の死亡について，父に近親者の慰藉料を認めた裁判例があります。

すなわち，（子が）「認知前に死亡したため，法律上の親子関係を持つに至らなかつたけれども，社会の実態からすればいわゆる日蔭の子の類でなく，両親の膝下にあつて事実上嫡出の子同然の家族的生活を送っていた」として，認知前の父子について，民法711条（近親者の慰藉料）の損害賠償の特則に関する限り，父子に準ずる地位にあるとして，父の慰藉料請求を認めています（東京高判昭36.7.5高民集14巻5号309頁）。

内縁・事実婚と子どもＱ＆Ａ

Q16 （認知／養育費）

彼と結婚の約束をして同棲している間に子どもが生まれました。子どもが生まれると，「自分の子どもかどうかわからない」などと言って家を出て行ってしまい，認知もしてくれません。せめて養育費は払ってほしいのですが，どうしたらよいでしょうか。

A

認知調停の申立てをするとよいでしょう。相手方が認知に応じない場合には，認知の訴えを起こす必要があります。養育費請求の調停，審判を申し立てるためには，認知審判・判決が必要です。

〈解　説〉

1　父子関係の成立

婚姻中の父母から生まれた子は嫡出子とされ，いわば自然に父との父子関係が成立します。一方で，婚姻していない男女から生まれた子の父

89

Ⅲ　内縁・事実婚当事者の民法上の権利・義務

子関係は，生物学的事実を前提として父の認知により初めて父子関係が成立することになります。

　認知には，父が自由意思に基づいて子どもを自分の子として承認する任意認知と，父の意思にかかわらず，裁判によって父子関係を確定する強制認知があります。

　本問の場合，相手方が生物学上の父であるにもかかわらず任意認知をしないので，子の側は訴訟によって父子関係の存在を確定させることができます（民法787条）。判決によって父子関係が発生し，「対世的効力」をもつとされ，認知の訴えは形成の訴えとされています（判例・通説）。

　認知の訴えを提起しようとする者は，まず認知調停の申立てをする必要があります（家事法257条1項→調停前置主義）。相手方が子の父であることを認め，合意に相当する審判を受けることに合意すれば，家庭裁判所は「合意に相当する審判」をすることができます（家事法277条）。任意認知，認知を認容する人事訴訟判決又はこれに代わる「合意に相当する審判」が，いずれも存在・成立しない場合は，何人も，父子関係の存在を前提として自己の権利・利益を裁判上主張することができません。

　したがって，養育費を任意に支払わない生物学上の父に対し家庭裁判所に養育費請求の調停・審判の申立てをする場合には，まず任意認知を求め，父がこれに応じない場合には家庭裁判所に認知調停を申し立てる必要があります。

2　認知調停

(1)　当事者

　申立人は，子，子の直系卑属又はこれらの者の法定代理人です。子は未成年者であっても，意思能力があれば法定代理人の同意なくして単独で申立てをすることができます（家事法252条1項5号，人訴法13条1項）。

⑵ 合意に相当する審判

　家事調停手続において，たとえ当事者間に合意が成立しても，問題となっている身分関係（父子関係）は当事者が自由に処分し得ないものであるため，そのまま「確定判決と同一の効力」を付与することはできません。そこで，DNA鑑定を行い，生物学上の父子関係を立証する必要があります。認知審判の確定により，人訴判決が確定したのと同様の効果が与えられます（家事法281条）。

　なお，DNA鑑定の結果，父と子の生物学上の親子関係が立証されると，父が任意認知をすることによって事案が解決する場合もあります（調停は取下げで終了します）。

3　認知訴訟

　相手方が自分の子であることを認めない場合は，人事訴訟を提起することになります。人事訴訟は，職権探知主義を採用しており，弁論主義の適用を排除していますので，請求の放棄・認諾や和解はできず，自白や擬制自白の適用もありません。

　認知の訴えにおいて原告が勝訴するためには，原告側が，父とされる者との間に父子関係があることを立証する必要があります。近時の親子関係はDNA鑑定が主流となっており，高い確率（100％に近い）で父子関係の存在が判りますが，相手方がDNA鑑定を拒否した場合には，裁判所がこれを強制する方法はありません。この場合，父子関係の存在（要件事実）を基礎づける間接事実が問題となります。

　子の母が懐胎当時，父と目される者と内縁関係にある場合には，民法772条の類推適用により，特段の事情がない限り，子は内縁の夫の子と推定されます（最一小判昭29.1.21民集8巻1号87頁）。また，最高裁は，①母が子（原告）の懐胎時期に被告と性的関係があり，②被告以外の男性との性的関係が認められず，③血液型の検査の結果も，原告と被告との

Ⅲ　内縁・事実婚当事者の民法上の権利・義務

父子関係が違背しない場合には，父子関係の説明がなされたものと判断
してよいとしています（最二小判昭 32.6.21 民集 11 巻 6 号 1125 頁）。

　しかしながら，懐胎可能時期に他の男性との関係が存在したこと＝子
の父となり得る可能性を有する者が複数存在することが被告側によって
明らかにされた場合には，認知請求は原則として棄却されます。その意
味では「不貞の抗弁」＝「多数当事者の抗弁」は，なお認められている
ことに留意すべきでしょう。

Q17 （死後認知／相続権）

　内縁の夫との間に生まれたばかりの子がいますが，認知をしない
間に夫が急死してしまいました。夫の財産を子どもは相続できるの
でしょうか。

A

　子どもは認知されれば相続権があります。死亡した父に対して
は，死後 3 年間に限って子の側から認知を求めることができます。

〈解　説〉

1　父子関係の成立

　内縁・事実婚関係にある両親の子は，「嫡出でない子」（「非嫡出子」）
となります。民法は「嫡出でない子は，その父又は母がこれを認知する
ことができる。」（同法 779 条）と定めていますが，最高裁は「母とその
非嫡出子との間の親子関係は，原則として，母の認知を俟たず，分娩の
事実により当然発生する」として，母による認知を不要としています
（最二小判昭 37.4.27 民集 16 巻 7 号 1247 頁）。したがって，母子関係は懐胎と
出産（分娩）という事実のみによって成立します。

　一方で，父子関係の成立は，母子関係とは異なり，子が「嫡出子」か

「嫡出でない子」かによって適用されるルールが異なっています。妻が婚姻中に懐胎した子は夫の子と推定され（民法772条1項→嫡出推定制度），父と名指しされた夫が父子関係を否定するためには，子の出生を知ってから1年以内に裁判を起こす必要があります（同法775条，777条）。これを嫡出否認の訴えといいます。

　これ以外の子，例えば母が婚姻することなく懐胎した子（＝内縁・事実婚当事者間に生まれた子）は，父と名指しされた男性が認知することによって父子関係が成立します（民法779条）。父たる男性が任意に認知しない場合には，子の側から認知の訴えを起こす必要があります（同法787条）。

　認知の訴えの原告となり得るのは，子・その直系卑属又はこれらの者の法定代理人です。子の生存中は，直系卑属（孫）は認知の訴えを提起することができません。認知の訴えは，父が死亡している場合は，死後3年間に限られます（民法787条ただし書）。本問で，父の死後3年以内であれば，認知の訴えを提起して父子関係を成立させることができます。

2　死後認知訴訟

　父が死亡した後の被告は，検察官となります（人訴法42条1項後段）。具体的には，訴えを提起する家庭裁判所（子の住所地を管轄する家庭裁判所）に対応する検察庁の検事正を被告とします。

　死後認知の訴えが提起された場合には，裁判所は，その相続人（利害関係人）に対し，訴訟係属の通知をします（人訴法28条，人訴規16条別表6項）。原告は，利害関係人の有無並びにその氏名及び住所又は居所を明らかにするため必要な戸籍謄本その他の書類を訴状に添付しなければなりません（人訴規13条）。

　裁判所は，被告を補助させるために，利害関係人を人事訴訟に参加させることができます（人訴法15条1項）。補助参加した者（子）の同意を

Ⅲ　内縁・事実婚当事者の民法上の権利・義務

得て DNA 鑑定を行い，父子関係の証明をすることになります。

3　認知の効果

　認知がなされると，認知された子は出生の時から父子関係があったことになり（民法 784 条），子は父の相続人となり（同法 887 条 1 項），父に対し扶養を求めることも可能となります。

　また，父を親権者とすること（民法 819 条 4 項。ただし，父母の協議や家庭裁判所の許可を必要とします），父の氏を名乗ることも可能となります（同法 791 条 1 項。ただし，家庭裁判所の許可と届出を必要とします）。なお，その場合でも，第三者が取得した権利を害することはできません（同法 784 条ただし書）。遡及効の制限が特に意味を有するのは，相続との関係です。この点については，相続に関する民法 910 条が「相続の開始後認知によって相続人となった者が遺産の分割を請求しようとする場合において，他の共同相続人が既にその分割その他の処分をしたときは，価額のみによる支払の請求権を有する」との規定を置いています。

4　相続分

　相続人の法定相続分については，被相続人に法律上の妻がおらず，子どもが内縁・事実婚による子のみの場合には，父の財産の全てを相続することになります。他に嫡出子がいる場合には，改正前の民法の規定では「嫡出でない子」の相続分は「嫡出子」の 2 分の 1 とされていましたが（改正前民法 900 条 4 号ただし書前半部分），法の下の平等に反するとして違憲判決が下され（最大決平 25.9.4 民集 67 巻 6 号 1320 頁），2014 年民法 900 条 4 号ただし書前半部分は削除され，現在では相続分は同じとされています。

内縁・事実婚と子ども Q & A

【書式３：訴状 — 死後認知の事案】

訴　　　状

平成○年○月○日

東京家庭裁判所　御中
　　　　　　原告訴訟代理人弁護士　　　　　東　京　太　郎　㊞

　　　本籍　東京都○○区○○町○丁目○番地
　　　住所　〒000-0000　東京都○○区○○町○丁目○番○号
　　　　　　原　　　　　告　　　　　甲　野　英　太　郎
　　　　　　　　　　　　　　　　　　　平成○年○月○日生
　　　本籍及び住所　原告と同じ
　　　　　　原告法定代理人親権者母　　　　甲　野　花　子

　　　　　　〒000-0000　東京都○○区○○町○丁目○番○号○○ビル○○号
　　　　　　　　　　　　　　　　　　　　　　　　（送達場所）

　　　　　　　　　　　　電　話　00-0000-0000
　　　　　　　　　　　　Ｆ Ａ Ｘ　00-0000-0000
　　　　　　原告訴訟代理人弁護士　　　　　東　京　太　郎

　　　住所　〒000-0000　東京都千代田区霞が関１丁目１番１号
　　　　　　被　　　　　告　　　　　東京地方検察庁検事正
　　　　　　　　　　　　　　　　　　　山　本　次　郎

認知請求事件
　　訴訟物の価額　　　　160万円
　　貼用印紙額　　　　１万3000円

第１　請求の趣旨
　１　原告が亡乙野一郎（本籍　東京都○○区○丁目○番地，平成○年○月○
　　日死亡）の子であることを認知する。
　２　訴訟費用は国庫の負担とする。
　　との判決を求める。
第２　請求の原因
　１　当事者等
　（1）　原告の法定代理人親権者母である甲野花子（以下「花子」という。）
　　　は昭和○年○月○日生まれの女性であり，亡乙野一郎（以下「乙野」と
　　　いう。）は，昭和○年○月○日生まれの男性である（甲１，２）。
　（2）　花子は，平成○年○月○日，原告を出産した（甲１）。

Ⅲ　内縁・事実婚当事者の民法上の権利・義務

2　原告が乙野の子であること
⑴　花子は，平成○年○月ころから乙野と性交渉を持つようになり，同年○月ころから乙野と同棲生活をするようになった。そして，同年○月○日，原告を妊娠したことが判明したため，花子は，乙野にその旨を告げ，結婚して欲しいと頼んだところ，乙野は，結婚することはできない，中絶費用を出すから堕胎してくれと言った。結局，花子と被告は結婚や堕胎を巡って口論となり，交際は解消となったが，花子は，平成○年○月○日，原告を出産した（甲1，3，4）。
⑵　花子は，原告を懐胎するまでの間，乙野以外の男性と性的関係を持ったことはない。また，それぞれの血液型は，花子がA型，乙野がO型，原告がA型であり，原告が乙野の子であることに矛盾はない（甲3，4）。
3　花子は，原告を出産した後，乙野の所在を探していたところ，乙野が平成○年○月○日に死亡したことが判明した（甲2）。
4　以上のとおり，原告が乙野の子であることは明らかなので，民法787条，人事訴訟法2条2号，12条3項に基づき，原告が乙野の子であることを認知するとの判決を求める。

証　拠　方　法

甲第1号証　　　戸籍謄本
甲第2号証　　　除籍謄本
甲第3号証　　　陳述書
甲第4号証　　　母子手帳
証拠説明書

添　付　書　類

戸籍謄本
除籍謄本
訴訟委任状

附　属　書　類

訴状（副本）　　　　　　　1通
甲第1ないし4号証（写し）　各1通
証拠説明書（副本）　　　　1通

出典：東京家裁人事訴訟研究会編『書式　人事訴訟の実務』145頁（民事法研究会，2013）

内縁・事実婚と子ども Q & A

Q18 (認知／国籍)

私は外国籍ですが，日本人男性と内縁関係になり，子が生まれました。彼には妻がいるため，結婚はできません。子どもの国籍はどうなるのでしょうか。

A

彼に認知届を出してもらえば，子は日本国籍を取得することができます。子については，新戸籍が編製されます。

〈解　説〉

1　国籍法の定め

国籍法は以下のとおり定めています。

（出生による国籍の取得）

第2条　子は，次の場合には，日本国民とする。

一　出生の時に父又は母が日本国民であるとき。

二　出生前に死亡した父が死亡の時に日本国民であったとき。

三　日本で生まれた場合において，父母がともに知れないとき，又は国籍を有しないとき。

（認知された子の国籍の取得）

第3条　<u>父又は母が認知した子</u>（注）で20歳未満のもの（日本国民であった者を除く。）は，認知をした父又は母が子の出生の時に日本国民であった場合において，その父又は母が現に日本国民であるとき，又はその死亡の時に日本国民であったときは，法務大臣に届け出ることによって，日本の国籍を取得することができる。

97

Ⅲ　内縁・事実婚当事者の民法上の権利・義務

> 　2　前項の規定による届出をした者は，その届出の時に日本の国籍を取得する。
>
> （注）　平成20年国籍法改正以前の3条下線部分は，「父母の婚姻及びその認知により嫡出子たる身分を取得した子」と規定していた。

　あなたの場合，国籍法3条により日本人である子の父が子どもを認知すれば，日本国籍を取得することができます。

　ちなみに，母が日本人の場合，民法の条文上は嫡出でない子について母の認知を認めていますが（民法779条），現行民法の解釈としては，母子関係は，母の認知を要することなく，出産という事実により決定されることになっています（「出産者＝母」ルール。代理母に関する最二小決平19.3.23民集61巻2号619頁）。そこで，嫡出子も嫡出でない子も出生時に法律上の母が決定され，母が日本人であれば国籍法2条1号により出生時に日本国籍を取得することができます。

　問題は父が日本人である場合です。父が日本人であっても，嫡出でない子は胎児認知されていない限り，子の出生時には法律上の父が決定されないことから，国籍法2条1項の「出生の時に父又は母が日本国民であるとき」に該当しないため，出生時生来的に日本国籍を取得することはできません。現行国籍法3条1項は，父の生後認知により父子関係が決定されれば，届出により国籍を取得できるとしています。

2　国籍法違憲判決

　平成20年における改正前の旧国籍法3条1項は，嫡出でない子について日本国籍を取得するためには，認知だけでは足りず，認知した父と母が婚姻し，子が「準正」により嫡出子となることを要するとしていました。

最大判平 20.6.4 民集 62 巻 6 号 1367 頁は，日本国民である父から出生後に認知されたにとどまる嫡出でない子のみが，日本国籍取得について著しい差別的取扱いを受けているとして，旧国籍法 3 条 1 項は憲法に違反すると判断しました。これを受けて国籍法が改正され（平成 21 年 1 月 1 日施行），父が認知した子について父母の婚姻要件が削除され，現行法の規定になりました。同時に，血縁関係がない日本人父が子に国籍を取得される目的で行われる虚偽の認知届出を防止するため，罰則（国籍法 20 条）が新設されています。

3 国籍取得の手続及び戸籍の届出

国籍取得の届出をしようとする者は，住所地を管轄する法務局等に出頭し，書面による届出をしなければなりません（国籍法施行規則 1 条）。届出のときに日本国籍を取得します。国籍を取得した届出人に対し，法務局長等から国籍取得証明書が発行されます。

国籍を取得した者は，取得日から 1 か月以内に国籍取得の届出をしなければなりません（戸籍法 102 条 1 項）。子が 15 歳未満の場合は，母から所在地の市区町村長に届出をすることになります。母が外国人の場合，国籍取得者が入るべき戸籍がありませんので，子について新戸籍が編製されます。

Ⅲ　内縁・事実婚当事者の民法上の権利・義務

【書式4：国籍取得届】

国 籍 取 得 届	受理 平成 26 年 11 月 28 日　第　　　5100　　号	発送 平成　年　月　日
	送付 平成　年　月　日　第　　　　　　　号	長印
平成 26 年 11 月 28 日　届出		
東京都千代田区 長 殿	書類調査㊞　戸籍記載　記載調査㊞　附　票　住民票　通　知	

	（よみかた）	こう の　　　　　まり こ	平成 21 年 12 月 25 日生
氏　　　名		氏 甲　野　　　名 マリ子	
	（従前の氏名）	氏 ルイサ　　　名 マリア	

住　　　　所	東京都千代田区平河町1丁目4	番地番 10 号	

父　　母の　氏　名	父 氏 甲　野　　名 義太郎	父母との続き柄	
	母 氏 ルイサ　　名 ベルナール	長 ☐男 ☑女	

(1)	父母の本籍（外国人のときは国籍だけを書いてください）	父 東京都千代田区平河町1丁目4	番地番	筆頭者の氏名 甲野幸雄
		母 国籍 フィリピン共和国	番地番	筆頭者の氏名
	国籍取得の年　月　日	平成 26 年 11 月 4 日	国籍取得の際の外国の国籍	フィリピン共和国

(2)	氏を同一とする時の父又は母の本籍		番地番	筆頭者の氏名	

(3)	婚姻しているときは配偶者の氏名、本籍（外国人のときは国籍）	（配偶者）氏　　　名			年　月　日生
			番地番	筆頭者の氏名	
		（婚姻の年月日）　　　　　年　　　月　　　日			

(4)	養子となっているときは養親の氏名、本籍（外国人のときは国籍）	（養父）氏　　　名			年　月　日生
		（養母）氏　　　名			年　月　日生
			番地番	筆頭者の氏名	
		（養子縁組の年月日）　　年　月　日	養親との続き柄	☐養子 ☐養女	

国 籍 取 得後　の　本　籍	☑ 下記の新しい戸籍をつくる
	☐ (1)の戸籍に入る
	☐ (2)の戸籍に入った後下記の新しい戸籍をつくる
	☐ 下記のとおり
	新本籍 東京都千代田区平河町1丁目4　番地番　筆頭者の氏名 甲野マリ子

内縁・事実婚と子どもＱ＆Ａ

住民となった 年　月　日	平成　21　年　12　月　25　日
住所を定めた 年　月　日	平成　21　年　12　月　25　日
世帯主・世 帯員の別	□世帯主　☑世帯員 世帯主 の氏名（　甲野　義太郎　）　世帯主と（未届の妻の子） の続き柄
そ の 他	国籍取得事項のほかに記載すべき身分事項は，別添「国籍取得証明書」の とおりです。
届　出　人 署　名　押　印	印

届　　出　　人 （国籍を取得した人が十五歳未満のときに書いてください。届出人となる未成年後見人が３人以上のときは，ここに書くこと ができない未成年後見人について，その他欄又は別紙（様式任意。届出人全員の契印が必要）に書いてください。）			
資　　　　　格	親権者（□父　□養父）□未成年後見人	親権者（☑母　□養母）□未成年後見人	
署　　　名 押　　　印	印	ルイサ　ベルナール　印	
生　年　月　日	年　　月　　日	西暦1985年1月7日	
住　　　　　所	番地 　　　　　番　　　　号	東京都千代田区平河町 １丁目４　番地10号 　　　　　番	
本　　　　　籍	番地　　筆頭者 　　番　　　の氏名	フィリピン共和国 　　番地　　筆頭者 　　番　　　の氏名	

連　　署　　人 （国籍を取得した人の配偶者が日本人のときに書いてください）	
□夫　　　□妻	
住　　　所	番地 　　　　　　　　　　　番　　　号
本　　　籍	番地　　筆頭者 　　番　　　の氏名
署　　　名 押　　　印	印　　　　年　　月　　日生

出典：戸籍実務研究会編『改訂新版第六訂　初任者のための戸籍実務
　　　の手引き』（日本加除出版，2012）

Ⅲ　内縁・事実婚当事者の民法上の権利・義務

Q19 （子の氏／戸籍／重婚的内縁／住民票）

　内縁の夫との間に生まれた子の氏，戸籍，住民票はどうなるのでしょうか。父である夫の氏を名乗ることはできないのでしょうか。夫に戸籍上の妻がいる場合はどうなるのでしょうか。

A

　子は，母の氏を名乗り，あなたの戸籍に入ります。家庭裁判所の許可があれば認知した父の氏に変更し，父の戸籍に入ることができます。なお，夫に戸籍上の妻や嫡出子がいて，氏の変更に反対している場合は，父の氏への変更が認められない場合があります。住民票は，氏が異なっていても世帯単位で作成され，内縁の夫が世帯主であれば続柄欄には世帯主の「子」と記載されます。

〈解　説〉

1　嫡出でない子の氏，戸籍

　嫡出でない子は母の氏を称し（民法790条2項），母の戸籍に入ります（戸籍法18条2項）。嫡出でない子の氏，戸籍は，父の認知があっても当然には変動しません。ただし，認知された子は，家庭裁判所の許可を得て父の氏に変更することができます（民法791条1項）。子の氏を父の氏に変更すると，子は父の戸籍に入ります（戸籍法18条2項）。

2　重婚的内縁当事者間の子の氏変更

　認知された子（婚外子）について家庭裁判所に子の氏変更を申し立てると，夫の戸籍上の妻や子（嫡出子）が氏の変更に強く反対する場合があります。子の氏を父の氏に変更すると，婚外子は父の戸籍に入ることになるため，戸籍上の妻や嫡出子は，婚外子が同一の戸籍に入ることによる心理的抵抗（「同じ戸籍に載っているのが『家族』であり，婚外子は『家族』じゃない！」）や生活上の不利益（「就職，結婚などで不利になる！」）を被る

102

おそれから，婚外子の同籍に反対する場合があるのです。

　裁判例の多くは子の氏変更を許可するか否かを決するに当たっては，嫡出でない子と父及びその母との共同生活の有無・実態，婚姻関係の破綻の程度とその原因，氏の変更が父の妻や嫡出子等の婚姻関係者に与える影響，父の妻や嫡出子の反対の実質的な理由とその程度，申立ての動機などを総合的に考慮しているといえます。すなわち，氏の変更を申立てる側の保護の必要性（特に子の利益・福祉）と父の婚姻関係者側の保護の必要性を比較衡量し，双方の立場や利害を調整しつつ決すべきとの立場に立って判断しているのが実務上の扱いです。

　例えば，東京高決昭60.9.19家月38巻3号69頁は，婚外子の年齢等に鑑みると，直ちに氏の変更を許さなければその福祉が保たれないという必然性に乏しく，むしろ，戸籍上の妻の強固な反発や嫡出子への微妙な影響等を考慮すると，かえって婚外子の福祉が危うくされるおそれがないとはいえないとし，今後の婚外子の成長，婚外子と父母の共同生活及び婚姻家族の共同生活の帰趨，戸籍上の妻子の感情の変化等を見定めて判断すべきであるとして，子の氏変更を認めませんでした。一方で，大阪高決平9.4.25家月49巻9号116頁は，小学校入学を機に氏の変更を申し立てた事案について，子が父の戸籍に入籍する利益は大きいとし，嫡出子に生活上の支障を来す可能性や重大な心理的影響を与える可能性は少なく，申立てを許可しても離婚訴訟等に影響を与える可能性も大きくないとして子の氏変更を認めています（近時の許可例として，札幌高決平20.1.11家月60巻12号42頁）。

　子の氏変更を認めた家庭裁判所の審理では，申立人である子及び父母の陳述を聴取するほか，父の戸籍上の妻や嫡出子などの関係者の意向を聴取した上で判断しています。子が未成年である場合には監護状況等の調査なども実施する場合もあるとのことです（裁判所職員総合研修所『家事

Ⅲ　内縁・事実婚当事者の民法上の権利・義務

事件手続法下における書記官事務の運用に関する実証的研究―別表第一事件を中心に―』（司法協会，2017）395頁）。

　このような家裁実務に対しては，「氏が，自己の人格を象徴するものだとすれば子の氏の変更に際して第三者が異議を唱える余地はない。子の氏変更による子の福祉と婚姻家族側の反対感情は異質のものであり，比較衡量はできないであろう」とする批判があります（二宮，91頁）。

3　嫡出でない子の住民票

　住民基本台帳は世帯ごとに作成されます。居住と生計を共にしていれば氏が異なっても同一世帯に属する世帯員として扱われます。住民票には世帯主との続柄を記載することになっています。嫡出でない子に関する「世帯主との続柄」の記載は，嫡出子と同様に「子」と記載されます（Q36参照）。

　従前は，嫡出子について「長男」「長女」，嫡出でない子について「子」と記載していましたが，嫡出でない子に対する差別的取扱いであるとの批判を受け，平成6年，住民基本台帳事務処理要領が改正され，上記の表記方法へと改められました。

内縁・事実婚と子ども Q & A

Q20 （性同一性障害者の婚姻と父子関係）

性同一性障害者の性別の取扱いの特例に関する法律により男性に性別を変更し，結婚しました。妻が AID により生んだ子を嫡出子として届け出ることはできるのでしょうか。

A

生物学上の父子関係はありませんが，嫡出子として届け出ることができます。

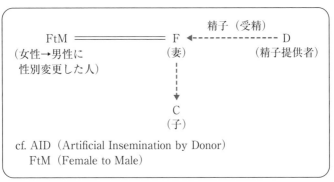

〈解　説〉

1　性同一性障害（GID）・性的違和（GD）

　性同一性障害（Gender Identity Disorder＝GID）又は性的違和（Gender Dysphoria＝GD）とは，自分の性（生物学的性別＝「身体」としての性）が本来あるべき性（心理的性別＝「精神」としての性）でないと認識している場合（性自認）であり，WHO が定める疾病分類である ICD-10，アメリカ精神疾患の精神疾患マニュアル DSM-Ⅴにも掲載されている医学的疾患です。

　わが国では「性同一性障害者の性別の取扱いの特例に関する法律」（以下，「性同一性障害者性別特例法」，「特例法」ともいいます。）により「性同一性障害者」が定義されていますが，国際的には精神疾患の診断，治療

Ⅲ　内縁・事実婚当事者の民法上の権利・義務

に関して「障害」という言葉の持つ差別やスティグマへの配慮から「性同一性障害」という用語を廃し，性的違和（Gender Dysphoria＝GD）という用語に変更されていることに注目する必要があります。

性同一性障害を有する人は，諸外国における統計から男性3万人に1人，女性10万人に1人が存在すると推計されています。このような人は，自らの同一性を維持するため，身体的・社会的・法的な外観（表示）を心理的性別に一致させたい（性転換したい）と望みます。

かつて日本では，性転換手術について，優生保護法違反として刑事責任が問われましたが（東京高判昭45.11.11高刑23巻4号759頁），1997（平成9）年，日本精神神経学会・性同一性障害に関する特別委員会が作成した「性同一性障害に関する診断と治療に関するガイドライン」が公表され，1998（平成10）年には，埼玉大学において，わが国で初めてガイドラインに従った正当な医療行為として，性別適合手術が行われました。ちなみに，FtMは，性転換について，身体的性別が女性から男性への性転換を，MtFは，身体的性別が男性から女性への性転換を意味します。

2　性同一性障害者性別特例法

戸籍上の性別変更，すなわち民事身分としての性別変更について，2003（平成15）年5月，「性同一性障害者の性別の取扱いの特例に関する法律」が成立しました（平成16年7月施行）。この法律により，精神医学上「性同一性障害者」とされる者のうち，一定の要件を満たす者について，その者の請求により民法その他の「法令上の性別の取扱い」を将来に向けて変更することを原則として認めることになりました。この結果，性別取扱いの変更後は，新たな性別に基づいて婚姻が可能となりました。

性同一性障害者性別特例法の内容は，以下のとおりです。

特例法 1 条は，この法律は「性同一性障害者に関する法令上の性別の取扱いの特例」を定めるものであることを示した上で，同 2 条において「生物学的には性別が明らかであるにもかかわらず，心理的にはそれとは別の性別であるとの持続的な確信」を持ち，これに加えて「自己を身体的及び社会的に他の性別に適合させようとする意思」を持ち，「そのことについてその診断を的確に行うために必要な知識及び経験を有する二人以上の医師の一般に認められている医学的知見に基づき行う診断が一致している」ものが，「性同一性障害者」にあたると定義しています。

そして，この要件に該当する「性同一性障害者」は，特例法 3 条 1 項各号所定の要件—①20 歳以上であること，②現に婚姻をしていないこと，③現に未成年の子がいないこと（平成 20 年改正），④生殖腺がないこと又は生殖腺の機能を永続的に欠く状態にあること，⑤その身体について他の性別に係る身体の性器に係る部分に近似する外観を備えていること—を満たす場合には「性別取扱いの変更の審判」を求めることができるとしています（家事法別表 1 の 126）。この審判を受けた者は，特例法 4 条 1 項により「民法その他の法令の規定の適用」について，「他の性別に変わったものとみなす」とされています。ただし，法律に別段の定めがある場合は別であり，また変更の効果は「審判前に生じた身分関係及び権利義務に影響を及ぼすものではない」と定められています（同条 2 項）。

ところで，最二小決平 31.1.23 裁判所時報 1716 号 4 頁は，性別変更の要件として「生殖腺がないこと又は生殖腺の機能を永続的に欠く状態にあること」を求める特例法 3 条 1 項 4 号の規定について，その意思に反して身体への侵襲を受けない自由を制約する面もあることは否定できないとし，当該規定の憲法適合性については不断の検討を要するものであるが現時点では，憲法 13 条，14 条 1 項に違反するものとはいえないとする初めての判断を示しました。

Ⅲ　内縁・事実婚当事者の民法上の権利・義務

特例法の定める要件については，かねてより人権侵害ではないかとする批判があり，2名の裁判官が補足意見において違憲の疑いが生じていると述べていることが注目されます。特例法施行後，今日まで約7,000人が性別変更の審判を受けていますが，要件の見直しに向けた検討がなされるべきものと思われます。

3　性同一性障害者の婚姻と親子関係

近時，特例法に基づき女性から男性に性別を変更した人（FtM）が婚姻し，第三者から提供された精子を用いた非配偶者間人工授精（AID）により生まれた子どもの親子関係が問題となりました。

従来，市区町村の戸籍係は，嫡出子出生届を受理しないという取扱いをしていました。法務省は，「当該子について，性別の取扱い変更の審判を受けた者との間で民法772条による嫡出推定を及ぼすことはできないので，性別変更を受けた者の実子として法律上，父子関係があると認めることはできず，嫡出子であるとの出生届を受理することはできない」としていました。特例法により性別変更した者の戸籍の記載については，審判後，裁判所書記官による嘱託が行われ，その者の戸籍には身分事項欄に性別の取扱いの変更に関する事項が記載されるので，実質的審査権を有しない戸籍係（戸籍事務管掌者）であっても，夫婦の一方が性同一性障害を理由とする性別変更を行ったことがわかるという事情があります。

ここで，AID（Artificial Insemination by Donor）は，日本産科婦人科学会が「非配偶者間人工授精に関する見解」（平成27年6月，会告の表現を「提供精子を用いた人工授精に関する見解」に修正）により不妊治療として行われており，婚姻している夫婦が夫婦双方の同意を得ている場合に限り実施されているところ，AIDにより生まれた子の父子関係についてこれを定める法律はありません。裁判例として「夫の同意を得て人工授精が行われた場合には，人工授精子は嫡出推定の及ぶ嫡出子である」とする判

例があり（東京高決平 10.9.16 家月 51 巻 3 号 165 頁），一方で妻の人工授精等による妊娠・出産について，夫による事前の包括的な承認がなかった事例では，夫からの嫡出否認の訴えが認容されており（大阪地判平 10.12.18 家月 51 巻 9 号 71 頁），夫の同意ないし事前の承認があれば，AID 子の法律上の父は夫とされているといってよいでしょう。

　ちなみに，2003（平成 15）年 7 月に，法制審議会生殖補助医療関連親子法制部会が公表した「精子・卵子・胚の提供等による生殖補助医療により出生した子の親子関係に関する民法の特例に関する要綱中間試案」も，妻が夫の同意を得て夫以外の男性の精子を用いて生殖補助医療により子を懐胎したときは，その夫を子の父とするとしています。また，2015 年 8 月に公表された自由民主党案も AID に同意した夫は生まれた子の父であることを否認できない，としていました。

　戸籍係に実質的審査権がないことから，実務上，AID 子については，嫡出子としての届出ができるのに，性別変更者の AID 子について取扱いが異なるのは性同一性障害者性別特例法の趣旨に反するのではないか，性同一性障害者に対する差別的取扱いではないか等，批判がなされました。この問題に答える初の最高裁判決が登場し，「嫡出子」としての届出を認めるとする判決を受けて，法務省は従前の取扱いを改め，「嫡出子」としての届出が受け付けられることになりました（平成 26 年 1 月 27 日付法務省民一第 77 号民事局長通達）。

4　最三小決平 25.12.10 民集 67 巻 9 号 1847 頁

　本件事案は「性同一性障害者の性別の取扱いの特例に関する法律」により男性への性別取扱いの変更審判を受けた者（X1）が，女性（X2）と婚姻し，X1 の同意の下，X2 が AID により懐胎出産した A について，X1・X2 の嫡出子として出生届をしたところ，当該市区町村長（戸籍事務管掌者）が，嫡出推定を受けないことを前提に父の欄を空欄として X2

Ⅲ　内縁・事実婚当事者の民法上の権利・義務

の長男とする戸籍の記載をしたことから，戸籍訂正の許可を求める旨の審判の申立てをしたという事案です。最高裁は，戸籍の訂正を許可すべきであるとして，原決定及び原々審判を取り消し，申立てを認容しました。

法廷意見は，「性別の取扱いの変更の審判を受けた者については，妻との性的関係によって子をもうけることはおよそ想定できないものの，一方でそのような者に婚姻することを認めながら，他方で，その主要な効果である同条による嫡出の推定についての規定の適用を，妻との性的関係の結果もうけた子であり得ないことを理由に認めないとすることは相当でない」と判断しています。

寺田逸郎裁判官の補足意見は，「『夫婦』を成り立たせる婚姻は，単なる男女カップルの公認に止まらず，夫婦間に生まれた子をその嫡出子とする仕組みと強く結び付いているのであって，その存在を通じて次の世代への承継を予定した家族関係を作ろうとする趣旨を中心に据えた制度である」「嫡出子，なかでも嫡出否認を含めた意味での嫡出推定の仕組みこそが婚姻制度を支える柱となって」いるとして，民法の嫡出推定の適用を認めることこそ特例法の立法の趣旨に沿うとしています。

法廷意見は，民法772条の嫡出推定を受けない子について従来の判例を踏襲した上で，「Aが実質的に同条（民法772条）の推定を受けない事情，すなわち夫婦の実態が失われていたことが明らかなことその他の事情もうかがわれない」として，Aについて嫡出子としての戸籍の届出が認められるべきである，と判断しています。

これに対して2名の反対意見があり，岡部喜代子裁判官は「特例法は親子関係の成否に関して何ら触れるところがない」「子を儲ける可能性のない婚姻を認めたことによって当然に嫡出親子関係が成立するというものではない」「本件はそもそも（筆者傍点）推定を論ずるまでもなく実親子関係を結ぶことはできないと解することも不可能ではない」と指摘

しつつ，本件では嫡出推定が及ばないとしています。その理由として，「本件のような場合は，社会生活上の外観以上に性的関係を持つ機会のないことが明らかな場合といえる事情である。さらにその事情は特例法2条によって明らかにされている」「血縁関係は存在しないが民法772条によって父と推定される場合もあるが，それは……例外的事象といい得るのであって，本件の場合と同一に論じることはできない。以上の解釈は，原則として血縁のあるところに実親子関係を認めようとする民法の原則に従うものであり，かつ，上述した特例法の趣旨にも沿うものである」と述べています。

（意見の対立点）

この問題については以下の3点を検討する必要があるでしょう（大村敦志「パクスその後」水野紀子編『社会法制・家族法制における国家の介入』（有斐閣，2013）115頁）。①X1・X2間の婚姻が通常の男女間の婚姻と同じなのか，②X1・X2間の婚姻には嫡出推定の規定が適用されるのか，③子について嫡出推定が及ばないのか。

①の点につき，これを否定するならば，特例法は異性婚とは別に，（同性婚ではない）特殊な類型の婚姻を認めたことになります。これを前提とすると，この婚姻に関する限り，②について否定することは可能でしょう。つまり，特例法により実親子関係とは切断された婚姻＝従来の異性婚とは制度性に差のある別の類型の婚姻が創出されたということになります。岡部反対意見はこの立場であろうと思われます。そうすると，③については問題になりませんが，岡部意見は③について，念のため「推定は及ばない」とする意見を述べています。

一方で，法廷意見・寺田補足意見は，①についてX1・X2の婚姻を通常の男女間の婚姻と同じとした上で，②について嫡出推定の規定が適用されるとし，③については子について嫡出推定が及ぶとしています。こ

の立場は，自然生殖による親子関係があり得ないのに嫡出推定が及ぶと
していることから，親子関係は自然の生殖とは切り離された形で当事者
の婚姻の意思によって設定されるという考え方に与しているといえま
しょう。その意味では「婚姻の基礎づけが変化を被っている」と理解す
ることが可能ではないでしょうか。

　岡部反対意見と法廷意見の対立は，特例法の制定により認められるに
至った性別変更者による婚姻について，(a) 異性による婚姻とは制度性
に差のある別の類型の婚姻と捉えるのか，あるいは (b) 性別変更者に
よる婚姻を認めることによって，婚姻自体の基礎づけが変化を被ったと
考えるのか，という点に関する見解の相違といえましょう。

　本判決については，不妊の夫による AID 子と同様に，性別変更によ
る AID 子も嫡出推定を受けることとした初めての決定として，不安定
であった AID 子の法的地位を決定づけるという点で意義ある判決だと
評価することもできますが（鈴木伸智「性別変更者の妻が AID によって出産し
た子と嫡出推定（最高裁平成 25 年 12 月 10 日決定）」法学教室 410 号 78 頁），よ
り根本的な問題として，特例法により性別変更者による婚姻を認めると
した法制度が，婚姻と親子関係の結びつきについて，従来の考え方に変
容を迫る内容をもつ制度であることを示した判決として大きな意義があ
ると考えられます。

第6　事前の規律

　内縁・事実婚を含む婚姻外のカップルについて法が事後的に付与して
いる保護について説明しましたが，より積極的に婚姻外カップルが自分
たちの法律関係をデザインすることができないのかについて検討してみ
ます。当事者としての関係とその間に生まれる子との関係について見て

いきましょう。

1 当事者間の関係

(1) 財産面

当事者間の財産的関係は，合意（契約）による規律が可能です。例えば，婚姻費用については分担割合を決める，不動産や動産の帰属についてもそれぞれ合意をしておくことがよいでしょう。例えば，住居を購入する場合，二人の出資分に応じて共有持分登記をすればよく，家財道具についても共有とする合意をしておけば当事者間では有効でしょう。

一方で，財産関係については完全に別産制とし，婚姻費用を分離し，日常家事債務の連帯責任も負わない約束をしたり，関係解消時に財産分与等財産関係の清算を一切行わない旨の合意（契約）をすることもできます。ただし，当事者の関係性など諸事情により公序良俗に反すると判断されれば合意が無効とされる場合もあります（民法90条）。また，債権者など第三者に対する効力が問題になる場合もあるでしょう。この場合，争いになれば裁判所の判断を仰ぐ必要が出てきます。

(2) 人格面

当事者間の人格的関係は契約で規律することができるのでしょうか。婚姻であれば生ずる権利・義務について，どこまでが契約によって達成可能であり，どこからが不可能となるのでしょうか。同居義務，扶助義務については，契約をしても強制履行ができないことは婚姻した場合と同様です。ただし，一方の所有する不動産に他方も居住する権利や，一方が所有する動産を他方も使用する権限を合意しておけば，関係解消時に使用料等をめぐる紛争の発生を防止することができます。

貞操義務についても強制履行ができない点は婚姻の場合と同様ですが，これを定めること自体はできます。しかし，第三者に対して対抗できるのかについては別の問題です。婚姻の場合には，排他的性関係の存

Ⅲ　内縁・事実婚当事者の民法上の権利・義務

在は第三者に対抗可能なものとして「公示」されていますが，婚姻外カップルの場合はそうではありません。婚姻外カップルA，Bの一方Aと第三者Cが性関係を持つことによってA，B関係に割り込んでも，CがBの存在を知っていたというだけでは不法行為にならないでしょう（仮に「同居」していたとしても結論は変わらないのではないでしょうか）。

　一方で，婚姻とは異なり，同居協力・扶助義務を負わない契約（排他的な性関係を持つというだけの合意）や貞操義務を負わないという契約（性関係をどうするかは別にして共同生活を営むことだけを目的とする合意）も不可能ではありません。

　そもそも，当事者間の人格的関係についてどのような内容の義務を設定しても，そのような義務を生み出す契約自体について十分な存続保障を得ることは難しいでしょう。すなわち，期限の定めのない契約は，将来に向けて解約自由であるのが民法上の原則であり（ex. 民法678条（組合員の脱退）），期限の定めのない契約をして同居協力・扶助義務や貞操義務を設定したとしても，当事者の一方がいやになれば契約関係から離脱できるということになりましょう。とりわけ，財産的な関係を伴わない場合は，契約の無償性という要素により，解消の自由は補強されるでしょう（ex. 使用貸借につき，民法598条）。ここで例えば「終身」という定めを置いたとしても，期間の定めがない契約（＝いつでも解消できる）と同じ扱いになるでしょう。一定期間，例えば10年，20年という期間を定めても，例えば委任の場合には期間を定めても契約解消は可能です（民法651条）。信頼関係が損なわれれば，いつでも解消できるということになります。組合の場合でも，解消の要件は離婚の場合よりも緩く，一方にやむを得ない事由があればよいとされています（民法678条）。このように，婚姻と同様の存続保障を手に入れることは難しいでしょう。

　もっとも，契約の解消を禁止若しくは制限する特約を置くことも考え

114

られます。しかし，婚姻と同じ義務を設定し，婚姻以上に強い存続保障をする契約（解消不能の合意。相手方有責の場合にのみ解消可能とする合意）は，過度に人身を拘束するものとして無効とされるでしょう。

そもそも，その安定に一定の配慮が図られている婚姻ですら，離婚という解消の仕組みが用意されているのであり，契約としての当事者の関係において，仮に解消が認められないという合意をしたとしても，婚姻以上の拘束力があると解することはできないでしょう。

このように，財産面も人格面も併せて見ると，婚姻外カップルの法律関係を契約ベースで規律することは不可能ではありませんが，その合意は婚姻のような包括的な合意ではなく，個別の合意の集積となります。また，契約ベースの合意の存続保障は，婚姻に比べると「弱い」といわざるを得ません。カップルの関係は現在の集積でしかなく，将来を展望しにくいものといえます（大村，242頁）。

これに比して，婚姻というのは，当事者の関係を包括的・継続的に保障するものといえます。

2　親子間の関係

婚姻外カップルの相互の関係を離れて，当事者間に生まれる子との関係を見てみましょう。婚姻外カップルは親子関係を事前に合意により規律することはできるのでしょうか。

(1)　成立

婚姻外の親子関係（父子関係）の場合，その成立は認知によります。婚姻外カップルの間に子が生まれた場合には認知がなされるのが通常です。子が生まれたら認知するという合意を事前にしてもらう場合もあります。

子が生まれたが，事前の合意にもかかわらず父が認知しない場合には，事前の合意にはどのような意味が認められるのでしょうか。この場

Ⅲ　内縁・事実婚当事者の民法上の権利・義務

合には，父子関係を成立させるためには，認知の訴えを提起する必要が
あります。事前の合意の存在は，父子関係を事実上推定させる1つの証
拠となるにすぎません。認知は，子が懐胎して初めてなし得る行為であ
り（民法783条1項），将来懐胎されるであろう子をあらかじめ認知する
ことはできないと考えられています。

　当事者が同居を始める前に，男性パートナーに署名捺印をした認知届
を書かせておく方法がありますが，提出された認知届について，男性が
子の懐胎前に作成されたものである事実を証明すれば，認知届出自体は
無効とされるでしょう。

(2)　**効果**

　親子関係が成立すれば，婚姻外の親子関係においても扶養義務や相続
という法律関係が成立します。

3　契約・遺言・信託

(中高年齢者の再婚カップル～婚姻の意思がないパートナーシップ関係)

　超高齢化社会の到来に伴い，中高齢年齢者が離別・死別によりパート
ナーを失い単身となった後に，その後の長い老年期を過ごすに当たり，
新しいパートナーを得て共同生活を送るという例が増えています。「再
婚」すると，当事者以外の子をはじめとする親族との姻族関係が生じた
り，配偶者相続権が発生すること，婚姻による氏の変更や祭祀の承継問
題があること，万一不仲となった際，離婚が難しく，財産分与などの問
題が生じること，再婚により遺族年金受給権を失うなどの不利益を受け
ること等の諸事情から，婚姻の届出を避け，共同生活を送る婚姻外の
カップルが存在します。

　婚姻の届出をしないことについて当事者双方にそれ相応の意味があ
り，意識的に婚姻の届出を行わずに共同生活を送るカップルに婚姻法の
類推適用が一律に認められるわけではありません。財産法，契約法によ

第6　事前の規律

る救済，法的保護にも限度があります。

　このような場合，当事者間において，財産関係について事前に契約による取決めや遺言，信託等を行っておけば，関係解消時（離婚，死別）における当事者間や子などの相続人（第三者）との間の紛争を予防することができます。

　同時に特有財産が少なく，離別，死別後の生活に不安が大きい方の当事者（多くは女性）の法的保護が図られることになります。死別の場合には，残されたパートナーは「相続人」ではなく，財産分与規定の類推適用も認められないことから，「遺産」について相続人とトラブルになることが多く，パートナーの死亡後ただちに，自宅建物を相続した者により住居からの立ち退きを要求されるなど深刻な問題が生じる恐れがあります。住居の使用貸借を含む「パートナーシップ契約」を取り交わしておくこと，遺言公正証書等を作成しておくことが必要でしょう。

4　任意後見契約

　認知症等を発症し判断能力が衰えた場合に，子などの親族ではなくパートナーに財産管理を任せたいという場合には，任意後見契約を締結しておく必要があります。パートナーシップ契約締結の当初から任意後見契約を結んでおくこともできますが，同居を開始した後，お互いの関係が安定してきた頃に任意後見契約を結ぶこともできます。任意後見契約は，委任者が受任者に対して精神上の障害により事理を弁識する能力が不十分な状況における自己の生活，療養看護及び財産の管理に関する事務の全部又は一部を委任し，委任に関わる事務について代理権を与える委任契約であり，公正証書を作成し，登記することが必要です（渋谷区のパートナーシップ制度では，同性間の「パートナーシップ証明書」を発行する要件として，任意後見契約に係る公正証書を作成し，かつ登記を行っていることが必要であるとしています）。

117

Ⅲ　内縁・事実婚当事者の民法上の権利・義務

【図表5：任意後見契約登記の利用状況】

	平成 22 年	平成 23 年	平成 24 年	平成 25 年	平成 26 年
任意後見契約登記	8,904	8,289	9,091	9,219	9,791
任意後見監督人選任審判申立	602	645	685	716	738
参考・後見開始審判申立	24,905	25,905	28,472	28,040	27,515

平成 27 年	平成 28 年	平成 29 年	平成 30 年
10,704	10,616	12,045	12,599
816	791	804	764
27,521	26,836	27,798	27,989

事前の規律 Q & A

Q21 （パートナーシップ契約）

　前妻と数年前に死別した後，共通の趣味を通じて知り合った女性と同居しています。子どもたちが結婚に反対しており，婚姻の意思はありません。今後のトラブル防止のため，財産関係について取り決めておきたいのですが，どのような方法がありますか。

A

　パートナーシップ契約を締結し，財産管理の方法や，あなたが亡くなった後の住居の使用や生活費の確保について取り決めをしておくとよいでしょう。遺贈や民事信託を利用すれば，相続人との間のトラブルを防止できます。

〈解　説〉

1　財産管理─固有財産と共有財産の管理・処分方法（契約）

　中高齢者のパートナーは，各々が相当額の資産（固有財産）を有して

いることが多く，死亡後は，各々の財産を子や孫に承継させたい（家産承継）と望み，婚姻届を出さないという場合があります。

一方で，パートナーに対しても安心して生活ができるように，一部財産を遺したいという場合があります。

この場合，まずは固有財産と共有財産を分け，固有財産については各々が管理・処分できるようにしておき，一方で共同生活から生じる費用については一方の名義で銀行預金口座を開設しておき，各パートナーが定められた金額の生活費を入金し，これを共同生活に要する費用に充てることとするなど取り決めをしておきます（後掲「パートナーシップ契約書」参照）。

関係解消時は，残高を2分の1ルールで清算し，死別時には残されたパートナーに遺贈することとし，遺言公正証書を作成しておくとよいでしょう。

2　一方当事者の死亡後の他方の生活保障と遺言・信託

残されたパートナーは「相続人」ではなく，あなたの死後，ただちに生活に困る場合があります。パートナーの生活を保障するためには，死亡後の財産の帰属について事前に一定の手当てをしておく必要があります。

パートナーに一定の財産を遺したい場合には，遺言や信託を利用するとよいでしょう。一定の預金・株式等について，パートナーに遺贈することとし，その旨遺言公正証書を作成しておく方法があります。また，一定額の預金を信託財産として信託銀行等（受託者）に預けておき，信託財産からパートナーが一定の生活費を受領できるようにしておくこともできます。

なお，遺贈若しくは信託によりパートナーに財産を遺す場合には，相続人（子や父母）から遺留分侵害額請求権を行使されるおそれがあること，相続税における配偶者の軽減措置の対象外である点に留意する必要があります。

Ⅲ　内縁・事実婚当事者の民法上の権利・義務

【書式５：パートナーシップ契約書】

パートナーシップ契約書

１（固有財産）

(1)　甲乙が，同居開始以前に所有する財産は，各々の固有財産とする。

(2)　同居開始以後に各々が取得した年金，株式配当金などの収入は，各々の固有財産とする。

(3)　同居開始以後に相続，贈与で取得した財産は，各々の固有財産とする。

(4)　固有財産の管理・処分は，各々が行う。

２（共有財産）

(1)　共同生活から生じる費用を賄うため，甲名義で銀行口座を開設する（以下「共同生活費用口座」という）。

　　同居開始時に，甲は○○万円，乙は○○万円を口座に入金する。

　　同居開始後は，毎月○日までに，甲は○○万円，乙は○○万円を口座に入金する。

(2)　共同生活費用口座の預金で共同生活が賄えない場合には，それぞれの特有財産から負担することとし，金額や割合については協議する。

(3)　共同生活費用口座から支出して購入した動産は，甲及び乙の共有財産とする。

(4)　共同生活解消時点において，２(1)の銀行口座に残高があれば，その２分の１に相当する金額を，甲は乙に支払う。

　　また，共有動産については協議してその帰属を決める。

(5)　一方が死亡したときは，２(1)の銀行口座の預金及び共有動産は，他方に遺贈する。

(6)　甲及び乙は，上記(5)について，別途公正証書遺言を行う。

３（債務の負担）

(1)　同居開始後に，一方が日常家事に関して第三者と法律行為をしたときは，他の一方はこれによって生じた債務について，連帯してその責任を行う。

(2)　上記(1)に定める外，一方の債務について，他方は責任を負わないことを確認する。

事前の規律 Q & A

4（任意後見契約）

　甲及び乙は，別途，任意後見契約を締結する。

5（共同生活の解消）

⑴　同居生活が解消したときは，パートナー関係は解消したものとする。

⑵　甲乙の一方が施設入所した場合，パートナー契約の存続については双方で協議する。

⑶　関係解消が，一方の不貞行為による場合を除き，互いに慰藉料は請求しない。

6（死亡後の財産）

⑴　甲が死亡した場合，別途契約する信託契約により，乙は受益者として信託財産から毎年 120 万円を受けとる。

⑵　甲が死亡した場合，乙は，甲名義の建物に，甲の死亡後 6 か月間は無償で居住することができる。

7（契約の変更・廃止）

⑴　甲及び乙は，書面による合意により本契約を変更し，もしくは廃止することができる。

8（遺言公正証書，信託）

⑴　甲及び乙は，別途，本契約の趣旨にしたがって遺言公正証書を作成する。

⑵　甲は，別途，○○信託銀行と，受益者を乙とする金銭信託契約を締結する。

　　　　　　　　　　　　　　　　　　年　　　月　　　日

　　　　　　　　　　　　　甲　　　　　　　　　㊞

　　　　　　　　　　　　　乙　　　　　　　　　㊞

（注）床谷文雄監修，大阪司法書士会家族法研究会著『超高齢社会の家族と法律実務』（日本加除出版，2018）154〜157 頁を参照した。

Ⅲ　内縁・事実婚当事者の民法上の権利・義務

Q22 （内縁・事実婚・同性婚と相続～遺言の活用）

　長年，パートナーと夫婦同然の生活をしてきました。主にパートナーの収入で生活しており，私名義の預貯金はほとんどなく，現在住んでいるマンションもパートナーが所有名義人になっています。パートナーの親や子，兄弟たちは，私とパートナーの関係をうとましく思っており，ほとんど行き来していません。

　パートナーに万が一のことがあったらと思うと心配です。

A

　あなたに財産を遺贈する旨の遺言書を作成してもらうとよいでしょう。

〈解　説〉

1　内縁・事実婚・同性婚と相続

　内縁・事実婚であれ，同性婚であれ，一方当事者が死亡した場合，配偶者相続権に関する民法の規定は類推適用されません。また，内縁・事実婚当事者について，財産分与に関する規定は，離別の場合には類推適用されますが，死別の場合は類推適用ができません（最一小決平 12.3.10 民集 54 巻 3 号 1040 頁）。同性婚当事者について判例はありませんが，同様に解されるものと思われます。

　したがって，一方当事者が死亡した場合，相続によって財産を取得することはできません。

2　「共有」，「準共有」

　判例は，内縁・事実婚当事者が，①共同で事業を営んでおり，事業の収益により購入した一方名義の不動産，②共働きで得た収入から出捐した一方名義の預貯金については，夫婦の「共有」，「準共有」財産と解しています。一方で，財産の取得について，家事・育児や看護・介護など

122

の貢献があったにすぎない場合は，「共有」，「準共有」財産とは認めません。同性婚当事者について判例はありませんが，同様に解されるものと思われます。

　したがって，あなたの場合，パートナー名義の財産について「共有」，「準共有」と認めてもらうのは難しいでしょう。

　事前に贈与契約，遺言，信託等の何らかの手立てを講じておかないと，パートナー名義の財産を取得することはできません。

3　内縁・事実婚・同性婚と相続法改正

　今般の相続法改正に当たって，残された配偶者について，遺産分割の終了までの間の「短期居住権」が認められましたが，内縁・事実婚当事者を対象とするものではありません。また，被相続人を介護したなど相続人以外の者による特別の寄与の制度（改正民法1050条1項）も，民法上の「親族」に限られるため，内縁・事実婚当事者や同性婚の当事者は対象外となっています（類推適用の余地についてはQ11（3）参照）。

4　遺贈

　パートナーの死亡後，マンションの明け渡しを求められたり，預金通帳の引き渡しを求められるおそれがあります。パートナーに，あなたに財産を遺贈する旨の遺言書を作成してもらうとよいでしょう。

　今回，自筆証書遺言の利用の促進を図るため，自筆証書遺言に自署によらない財産目録の添付を認め（改正民法968条2項），さらに法務局における遺言書の保管に関する制度が創設されました。

　今回の相続法改正に当たり，遺言制度について，性的マイノリティを含む様々な立場にある人が，相続人でないことから遺産の分配を受けられないことに関連して，遺言の積極的活用により遺言者の意思を尊重した遺産の分配が可能となるように遺言制度の周知に努めることとする旨の附帯決議がなされており，注目されます。

Ⅲ　内縁・事実婚当事者の民法上の権利・義務

5　遺留分，公正証書遺言

　内縁・事実婚当事者や同性婚パートナーに遺留分権利者（父母，子，法律婚配偶者）がいる場合には，遺留分を請求される可能性があるので，遺留分に配慮した遺言書を作成しておくと相続人とのトラブルを防止できます。

　今般，自筆証書遺言はその方式が緩和される等して利用しやすい制度にはなりましたが，自筆証書遺言は，家庭裁判所における検認手続が必要であること，公正証書遺言と比べると遺言の成立や内容をめぐり相続人との間で争いとなることが多いことから，公正証書遺言を作成し，遺言執行者（受遺者又は専門職）を定めておくことをお勧めします。ちなみに，今回の改正で遺言執行者の権限及び法的地位を明確にする改正がなされました（改正民法 1012 条 1 項，1015 条）。

6　相続税

　相続・遺贈により財産を取得した者は，相続税を納める義務があります（相続税法 1 条の 3）。内縁・事実婚・同性婚当事者が遺贈を受けた場合は，相続税を納める義務があります。

　法律上の「配偶者」は，相続税が軽減されますが，内縁・事実婚・同性婚当事者は，相続税の軽減措置の対象になりません。そればかりか，相続税が 2 割の割り増しとなりますので留意してください（相続税法 18 条 1 項）。

事前の規律 Q & A

> ### Q23 （民事信託～同性カップル）
>
> -
>
> 　私は，同性パートナーと，私が所有するマンションで10年余り同居しています。
>
> 　私が死亡したり，認知症になって介護施設に入ることになった後もパートナーが私のマンションに住み続けられるようにしたいのですが，どのような方法がありますか。
>
> ### A
>
> -
>
> 　信頼できる第三者にマンションを委託するという方法（民事信託）があります。

〈解　説〉

1　信託とは

　信託とは，ある人（委託者）が自分の有する一定の財産を信頼できる人（受託者）に託して名義を移し，受託者がその財産を一定の目的に従って管理活用し，その中で託された財産や運用益を受益者に給付し，その目的を達成する制度です。信託は，遺言・相続・成年後見制度等に代替する機能を有する仕組みです。これまでの法制度では，財産を遺す（「承継」「帰属」させる）という法的仕組み（「遺産の承継」）は，遺言・相続・贈与などの法制度により，また，家族の中で判断能力が不十分な人の財産を「守る（管理する）」「活かす（活用する）」という法的仕組み（「後見的な財産管理」）は，多くは成年後見制度や任意の財産管理等の委任契約によって達成されてきましたが，民事信託は，これらの制度に代替する機能を有するものであり，従来の法的制度では達成できない様々な支援や手配等を行うことができる制度です。支援を必要とする人（受益者）のニーズに合ったスキームを選択して自由に組み立てることや，他の制度と組み合わせることができます。つまり，仕組みを考え，形にす

125

Ⅲ　内縁・事実婚当事者の民法上の権利・義務

ることができます（遠藤英嗣『全訂　新しい家族信託』（日本加除出版，2019）12頁）。

　民事信託は，高齢者や障害を持つ子どもの生活費を支援するためや，後継者に事業用不動産や自社株式を承継させたい経営者に活用されてきましたが，これに限らず，事実婚カップル，同性カップルなどの婚姻外カップルの財産管理・財産承継のために活用することができる制度です。民事信託を利用することにより，事実婚・内縁カップルや同性カップルは，財産管理・財産承継について，信託法の規定に従って行う限り，自らの考え方を反映した仕組みを自由に作ることができます。民事信託を事実婚や同性カップルの財産管理のために活用する場合，これを「親愛信託」と呼ぶことがあります（松尾陽子『カップルのための「親愛信託」』（日本法令，2017））。

2　信託の仕組み

　民事信託は，信託銀行等が信託業法の規制の下に行う「商事信託」とは異なり，信頼のおける者（家族や専門職など）との間に行うものであり，信託法という法律に基づいて行われます。「信託」について，信託法は，「特定の者が一定の目的に従い財産の管理又は処分及びその他の当該目的の達成のために必要な行為をすべきものとすることをいう」と定めています（信託法2条1項）。信託には3つの方法があり，①信託契約，②遺言，③公正証書等による意思表示があります（同法3条1～3号）。

事前の規律 Q & A

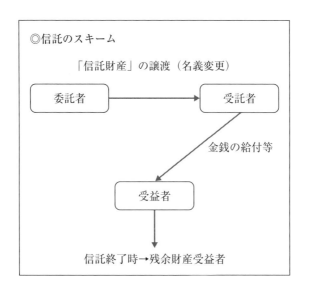

　信託を行うと，委託者の財産が「信託財産」として受託者に移転することになります。そこで，委託者が死亡しても，委託者の相続人が信託財産を相続することはできません。一方で，信託財産は受託者の名義になりますが，受託者は定められたルールに従って管理や処分をすることになります。受託者は，信託財産と固有財産を分別して管理しなければならないとされています（信託法34条1項）。ある財産が信託財産に属することは登記又は登録しなければ第三者に対抗できないとされており（同法14条），受託者には登記又は登録義務が課せられています（同法34条2項）。

　委託者が死亡したり，認知症などになって判断能力がなくなっても，信託が終了することはありません。

　あなたがマンションに住めなくなると困るので，あなたが元気なうちは受益者をあなた自身とし（「自己信託」），あなたが死亡後ないし施設入所後の受益者（第2次受益者）をパートナーと定めておけば，あなたの死

127

亡後やあなたが認知症になって施設に入所しても，相続人や成年後見人によってパートナーがマンションを追い出されることはありません。

このように，信託の仕組みは，同性パートナーとの関係をよく理解していない親族がいる場合，特に効果を発揮します（LGBT 支援法律家ネットワーク出版プロジェクト編『セクシュアル・マイノリティ Q&A』（弘文堂，2016）235 頁）。

なお，認知症等になる場合に備えて，任意後見契約を併せて締結しておくとよいでしょう。

3 信頼できる受託者の選定・遺留分・相続税

信託は，受益者のニーズに合ったスキームを自由に組み立てることができますが，信託を選ぶべきか，どのような仕組みとするのか，について慎重に検討する必要があります。民事信託を行う場合は，弁護士や司法書士など法律専門職に相談すること，特に財産の移転が絡むので課税問題が起きることを想定し，税理士等のアドバイスは不可欠です。

信託は，「信託利益」を受ける者＝「受益者」に対する課税（贈与税）がなされます。

また，信託を行う場合には，何よりも信頼できる受託者を選ぶことが大切です。

親族から遺留分侵害額請求権を行使される可能性もありますので，その点も考慮に入れて仕組みを考える必要があります（遺留分が請求できない民事信託の方法として，受益権をパートナーと推定相続人（子ども）の間で分配する方法，即ち，信託財産の管理・運用によって生ずる利益（「収益受益権」）と信託財産自体を受ける権利（「元本受益権」）を分ける方法などが提案されています（前掲遠藤，454 頁））。

事前の規律 Q & A

Q24 （内縁・事実婚と家産承継型信託）

　前妻と死別後，知り合った女性と一緒に暮らしています。私たちが婚姻し，法定相続人となることは前妻の子どもたちが反対しており，再婚することは難しいです。

　自分の死亡後も，彼女が生きている限りは今いる住居に住み続けることができるようにしてあげたいのですが，彼女の死亡後は不動産を子（や孫）に引き継がせたいと考えています。どのような方法があるのでしょうか。

A

　居住用不動産を信託財産とする遺言信託を行い，内縁・事実婚の妻を第一次受益者として，居住用不動産を生涯住居として使用できるようにし，内縁・事実婚の妻が死亡後は，子（や孫）を残余財産受益者と定めておく方法があります。

〈解　説〉

（家産承継型信託）

　信託は，遺言や相続あるいは贈与という法制度によらずに，相続財産を円滑に承継させる仕組みを有しています。家産承継型信託には，後添えの妻の生活を確保するとともに，妻死亡後は，子（ないし孫）に遺産（家産）を承継させるための信託です。受益者の受益権を収益受益権と元本受益権に複層化し，妻には収益受益権を，子や孫には元本受益権を帰属させる仕組みを作ることができます（前掲遠藤，445頁）。

　具体的には，あなたが委託者（遺言者）となり，自宅の不動産を信託財産とする遺言を行います。信頼できる親族あるいは弁護士，司法書士などを受託者とし，内縁の妻を第一次受益者，第一次受益者の死後残余の信託財産の給付を受ける残余財産受益者（第二次受益者）を子（ないし孫）と定めます。

129

Ⅲ　内縁・事実婚当事者の民法上の権利・義務

　遺言で内縁の妻に財産を遺贈すると，内縁の妻が死亡後は，その相続人（ex. 子）が財産を承継していくことになりますが，信託という仕組みを利用すると，これを回避することができます。

　ただし，複雑な課税（相続税）がなされますので，信託を利用する際は税理士等の専門家に相談する必要があります。

Ⅳ 内縁・事実婚当事者の社会保障法における地位

第1 「配偶者」に事実婚当事者を含むことが明示されている制度

1 事実婚への法適用と実務

(1) 直接適用

　社会法（特に社会保障法）では，完全に個人を独立に取り扱うことは少なく，個人の親族関係，とりわけ婚姻関係に応じて権利・義務関係を規律する仕組みがほとんどです。例えば，国民年金法では，第2号被保険者（被用者）の被扶養配偶者のうち，20歳以上60歳未満の者を第3号被保険者とし（国年法7条1項3号），保険料の納付義務を負うことなく（国年法94条の6），保険給付の受給権を得るとされています。また，死亡した被保険者等の配偶者は，各種の遺族年金の受給権者となります（国年法37条，厚年法59条1項，労災法16条の2第1号等）。健康保険法では，被保険者（被用者）の配偶者で主としてその被保険者により生計を維持するものは，被扶養者（健保法3条7項1号）として家族療養費等（同法110条〜114条）の保障が及びます。

　また，社会法の領域では，戦前から法律の適用を受ける配偶者に内縁・事実婚当事者を含める旨が明文の規定で定められてきました。現行法でも，社会法領域の制定法において「配偶者」「夫」「妻」には「婚姻の届出をしていないが，事実上婚姻関係と同様の事情にある者」が含まれるとの規定（又はこれと同旨の規定）が多数あります（国年法5条7号，厚年法3条2項，健保法3条7項1号，労基法施行規則42条1項，労災法11条1項，16条の2第1項，育介法2条4号，厚年法施行規則78条，78条の14）。

　こうした明文の規定がある場合には，事実婚関係が認定されると，そ

131

Ⅳ　内縁・事実婚当事者の社会保障法における地位

の当事者に対し諸種の規定が直接適用されることになり，内縁準婚理論のように法律婚のための規定を類推適用する必要はありません。

(2)　行政実務における内縁・事実婚の認定と「生計維持要件」

　行政実務上は，「婚姻の届出をしていないが，事実上婚姻関係と同様の事情にある者」に該当し，法の適用を受ける場合とはどのような関係をいうのかについて，行政通達等により事実婚の認定基準を示しています。

　例えば，公的年金の行政実務では，事実婚関係にある者とは，以下の要件を備えることを要するとされています。

---

①当事者間に，社会通念上，夫婦の共同生活と認められる事実関係を成立させようとする合意があること。

②当事者間に，社会通念上，夫婦の共同生活と認められる事実関係が存在すること。

（平 23.3.23 年発 0323 第 1 号）

　ここで「配偶者」（事実婚含む）が遺族厚生年金受給権を取得するためには，被保険者によって生計を維持していたことが要件とされ（＝「生計維持要件」），生計維持要件が認められるためには 2 つの要件，すなわち，①収入要件（年収 850 万円未満であること），②生計同一要件を満たすことが必要とされます。

　「配偶者」（事実婚含む）について，「生計同一要件」が認められる者とは，以下の者とされています。

132

ア 住民票上同一世帯に属しているとき

イ 住民票上世帯を異にしているが，住所が住民票上同一である
　とき

ウ 住所が住民票上異なっているが，次のいずれかに該当するとき

　(ア) 現に起居を共にし，かつ，消費生活上の家計を一つにして
　　いると認められるとき

　(イ) 単身赴任，就学又は病気療養等の止むを得ない事情により
　　住所が住民票上異なっているが，次のような事実が認めら
　　れ，その事情が消滅したときは，起居を共にし，消費生活上
　　の家計を一つにすると認められるとき

　　(ア) 生活費，療養費等の経済的な援助が行われていること

　　(イ) 定期的に音信，訪問が行われていること

(平 23.3.23 年発 0323 第 1 号)

　このように，年金行政実務では，婚姻外のカップルの中でも「内縁・
事実婚関係」が成立し，かつ「生計維持要件」を充足する関係にある当
事者に限り，「配偶者」としての権利が認められることになります。

2 婚姻障害のある内縁・事実婚の場合

　「配偶者」に事実婚当事者が含まれる旨が明文で規定されている場合
であっても，民法が定める婚姻障害のある事実婚の場合に，社会保障法
上の権利が認められるのかが問題となります（重婚的内縁については後述）。

　近親婚規定（民法 734 条，735 条，736 条）に抵触する事実婚関係につい
て，最一小判昭 60.2.14 訟月 31 巻 9 号 2204 頁は，死亡した厚生年金保
険の被保険者と直系姻族の関係にあった者は，仮に当該被保険者と内縁

Ⅳ　内縁・事実婚当事者の社会保障法における地位

関係にあったとしても，厚生年金保険法3条2項の規定にいう「婚姻の届出をしていないが，事実上婚姻関係と同様の事情にある者」には当たらないと判断しています（夫の死後，夫の連れ子Ａと同棲し，3人の子をもうけ，Ａの死亡までＡの収入により生計を維持していた者の遺族厚生年金の受給権が争われた事案）。

　一方で，叔父・姪間（3親等の傍系血族間）の内縁関係について，最一小判平19.3.8民集61巻2号518頁は，民法734条1項によって婚姻が禁止されている近親者間における内縁関係は，一般的に反倫理性，反公益性の大きい関係というべきであり，3親等の傍系血族間の内縁関係も，基本的には厚生年金保険法3条2項によって保護される配偶者には当たらないが，農業後継者の確保等の要請等「社会的，時代的背景の下に形成された3親等の傍系血族間の内縁関係については，それが形成されるに至った経緯，周囲や地域社会の受け止め方，共同生活期間の長短，子の有無，夫婦生活の安定性等に照らし，反倫理性，反公益性が婚姻法秩序維持等の観点から問題とする必要がない程度に著しく低いと認められる場合には，上記近親者間における婚姻を禁止すべき公益的要請よりも遺族の生活の安定と福祉の向上に寄与するという法の目的を優先させるべき特段の事情があるものというべきである」とし，そうした事情が認められる場合には，当該内縁関係の当事者は「婚姻の届出をしていないが，事実上婚姻関係と同様の事情にある者」に該当すると判断しました。

　社会保障立法は，現実の要保障性（ニーズ）を基本原理とするため，現実の生活実態にのみ着目して要件該当性を判断することもできますが，最高裁は，それが保険料や国庫負担によって財源が賄われる公的制度であることから，婚姻法秩序の尊重を基本的に優先させています。一方で最高裁は，特段の事情がある事案については当事者の要保護性を優先させることとしており，社会保障立法の要請と婚姻法秩序との調整を

134

図っているといえましょう。

　近親者間の事実婚については，「特段の事情」をある程度緩やかに解しても，重婚的内縁関係とは異なり，権利について競合する者がいないため，現実にはあまり問題は生じないでしょう。

　行政実務においては，事実婚の要件を満たす場合であっても，民法が禁止する近親婚関係（民法734条，735条，736条）にあるときは，原則として事実婚関係にある者とは認定されませんが，上記最高裁判決を踏まえて通達が改正され，以下の要件を全て満たした者については「過去の判例を踏まえ，日本年金機構本部及び厚生労働省年金局に対し，その取扱いについて協議を行うものとする」として，事実婚関係にある者と認定される可能性を認めています。

---

①三親等の傍系血族間の内縁関係にあること
②内縁関係が形成されるに至った経緯が，内縁関係が開始された当時の社会的・時代的背景に照らして不当ではないこと
③地域社会や周囲に抵抗感なく受け入れられてきた内縁関係であること
④内縁関係が長期間（おおむね40年程度以上）にわたって安定的に継続されてきたものであること

（平23.3.23年発0323第1号）

第2 「配偶者」に事実婚当事者を含むことが明示されていない制度

　法律上「配偶者」に事実婚当事者が含まれる旨が明示されていない場

合には，これに事実婚当事者が含まれるか否かが解釈上問題となります。

最一小判昭60.1.31裁判集民144号75頁は，法律上の規定ではありませんが，大学法人の退職金規程に，死亡退職金について単に「遺族に支給する」と定められていたケースについて，同規程がその後改正されて「遺族の範囲及び順位は，私立学校教職員共済組合法25条の規定を準用する」との規程が追加され，これにより国家公務員共済組合法2条，43条が準用されることとなり，死亡退職金を受給できる遺族に事実婚当事者も含まれることになったとの事情を踏まえ，改正前の規程についても，受給権者たる遺族の具体的な範囲及び順位については，これらの法律の規定の定めるところを当然の前提としていたのであり，当該改正は，単にそのことを明確にしたにすぎないと解して，事実婚当事者に死亡退職金の受給権を肯定しています。

これに対し，最二小判平7.3.24判時1525号55頁は，他の社会保障法の規定と異なり，恩給法72条1項の「配偶者」には，事実婚当事者を含む旨の定めがないことから，事実婚当事者については，扶助料の受給権を否定しました。

第3 世帯に着目した制度

社会法においては，親族関係ではなく現実の生活実態に照らして世帯単位で負担や給付について制度設計がなされる場合があります。国民健康保険法では，他の公的医療制度の対象者以外の全ての者が被保険者となる仕組みであり，被保険者に関する届出（国保法9条1項）や，保険料の徴収（同法76条1項），一部の金銭給付（同法52条）について，被保険者の属する世帯の世帯主が義務を課されており，給付の受給者となります。また，生活保護法でも，受給権は各人に帰属するものの，原則とし

社会保障と事実婚 Q & A

て保護の要否や程度の判断は世帯単位でなされています（生保法10条）。こうした制度では，事実婚の当事者であっても，同一世帯に属している場合には同一世帯を形成する法律婚夫婦と同様に制度が適用されることになります。

社会保障と事実婚 Q & A

Q25 （事実婚と遺族年金）

入籍を予定していた彼が急死しました。遺族年金をもらうことはできるのでしょうか。一緒に住んでいた場合はどうでしょうか。

A

あなたが婚約していただけでは遺族年金は受給できませんが，事実婚関係が認定され，生計維持要件を満たせば支給される場合があります。

〈解　説〉

1　遺族年金

遺族年金は，国民年金法（37条の2第1項），厚生年金保険法（49条1項，59条）等に基づき，被保険者が死亡したときに残された遺族に支給される公的年金であり，遺族基礎年金，遺族厚生年金，死亡一時金，寡婦年金など様々なものがあります。

このうち，遺族基礎年金の受給権者は，死亡した者によって生計を維持されていた「子のある配偶者」又は「子」とされており（国年法37条，37条の2），「配偶者」には事実婚も含むものとされています（同法5条7項）。（ちなみに遺族基礎年金は，もともと母子家庭の母（とその子）にしか支給されませんでしたが，東日本大震災を契機に父子家庭への支給が求められるようになり，年金機能強化法（公的年金の財政基盤の強化を図り，生活を支える機能を

IV 内縁・事実婚当事者の社会保障法における地位

強化するための法律）により平成26年4月1日以降父子家庭の父（とその子）にも支給されるようになりました。）

したがって，本問では，彼との間に子どもがあり，①事実婚関係，②生計維持関係が認定されれば，あなたには遺族基礎年金が支給されます。

遺族厚生年金は，死亡した者によって生計を維持されていた者で，①配偶者（事実婚を含む。子のない配偶者も受給できる。夫には年齢制限がある）と子（子に対する年金は配偶者が受給権を有する期間は支給停止。厚年法66条1項）→②父母→③孫→④祖父母の順で受給資格をもつことになります（厚年法59条1項，3条2項）。

本問では，彼との間に子どもがいなくても，①事実婚関係と，②生計維持要件を満たせば遺族厚生年金が支給されます。

なお，遺族基礎年金・遺族厚生年金の受給権者は別表のとおりです（図表6）。

ところで，死亡一時金は，遺族基礎年金を支給されない場合に，厚生年金と同様の順序で受けることができます（国年法52条の2）。このほかに寡婦年金もあります（同法49条）。いずれも所定の要件を満たせば事実婚の場合でも支給されます。

社会保障と事実婚 Q & A

【図表6：遺族年金の受給権者】

年金の種類	受給権者[1][2]
遺族基礎年金 (国年法37条，37条の2)	子のある配偶者と子 　＊子は，配偶者が受給権を有するとき支給停止 　＊子は，18歳到達年度末までの者
遺族厚生年金 (厚年法58条，59条)	①　配偶者，②子，③父母，④孫，⑤祖父母 　＊①→④の順で受給権を有する。 　＊子，孫については，18歳到達年度末までの者 　＊夫，父母，祖父母については，被保険者死亡時，55歳以上であること（年金支給開始は60歳から）。 　＊夫死亡時，30歳未満であった子のない妻は，5年間で受給権を失う。

[1] 被保険者死亡時，その者によって生計を維持されていた者に限る。
[2] 「配偶者」「夫」「妻」には，婚姻届出をしていないが，事実上婚姻関係と同様の事情にある者を含む（国年法5条7項，厚年法3条2項）。

2　内縁・事実婚関係，生計維持関係の認定

　内縁・事実婚関係の認定は，必ずしも容易なものではありません。また，遺族給付は死亡した被保険者と生計維持関係にあった者に限り支給されることになっています。

　行政実務上は，「事実婚関係」の認定及び「生計維持関係」の認定について行政通達が取扱いの基準を示しています（平23.3.23年発0323第1号）。

　「事実婚関係」は，①当事者間に，社会通念上，夫婦の共同生活と認められる事実関係を成立させようとする合意があること，②当事者間に，社会通念上，夫婦の共同生活と認められる事実関係が存在する場合に認められます。

　また，「生計維持関係」は，①収入要件（年収850万円未満）と②生計

139

Ⅳ　内縁・事実婚当事者の社会保障法における地位

同一要件を満たす場合に認められます。

　生計同一要件は，以下に該当する者はこれを満たすとされています。

ア　住民票上同一世帯に属する

イ　住民票上世帯を異にしているが，住所が住民票上同一

ウ　住所が住民票上異なっている場合は，

　㈠　現に起居を共にし，かつ，消費生活上の家計を一つにしている場合，又は

　㈡　単身赴任等のため止むを得ない事情により住所が住民票上異なっているが，生活費等の援助が行われ，定期的に音信，訪問があり，その事情が消滅したときは，起居を共にし，消費生活上の家計を一つにすると認められる場合

　本問の場合，婚約していただけでは，遺族年金は受給できません。一緒に住んでいた場合は，住民票上の住所が同一であれば問題ありませんが，住民票上の住所が異なる場合には，起居を共にし，消費生活上の家計を一つにしている場合及びこれに準ずる場合に限り，要件を満たすことになります。

Q26 （重婚的内縁と遺族年金）

　法律上の妻がいる人と一緒に生活していましたが，相手が病気で亡くなりました。遺族年金をもらうことはできるのでしょうか。

A

　法律婚が形骸化し，事実上の離婚状態にある場合には「配偶者」に該当し，遺族年金を受給することができます。

社会保障と事実婚 Q & A

〈解　説〉

1　遺族年金受給権の要件―「配偶者」要件

社会保障法でいう「配偶者」には，法律上の配偶者のみならず，内縁配偶者も含まれます（国年法5条7項，厚年法3条2項）。もっとも，法律婚と内縁配偶者（＝重婚的内縁配偶者）が競合する場合には，遺族給付（遺族年金）の支給要件（①配偶者該当性，②生計維持要件）に照らして受給権者がどちらか一方に絞られることになります。

公的年金制度では，遺族給付の受給権者となる「配偶者」は当然に一人であることが前提となっているからです。

2　重婚的内縁配偶者の「配偶者」要件該当性〜行政通達

従来から，行政通達（昭55.5.16庁保発15号及び同日庁保発13号）は，配偶者該当性（要件①）の判断によって遺族給付の帰属を決してきました。すなわち，重婚的内縁配偶者を厚生年金保険法等にいう「配偶者」として認定する場合を「届出による婚姻関係がその実体を全く失った」場合に限るとしています。具体的には，㋐当事者が離婚の合意に基づいて夫婦としての共同生活を廃止していると認められるが戸籍上離婚の届出をしていないとき，㋑一方の悪意の遺棄によって夫婦としての共同生活が行われていない場合であって，その状態が長期間（おおむね10年以上）継続し，当事者双方の生活関係がそのまま固定していると認められるとき，のいずれかに該当する場合としています。

そして，「夫婦として共同生活の状態にない」といい得るためには，㋐当事者が住居を異にすること，㋑当事者間に経済的な依存関係が反復して存在していないこと，㋒当事者間の意思の疎通をあらわす音信・訪問等の事実が反復して存在していないこと，の全ての要件に該当することを要するとしています（現在の運用は，従前の通達をそのまま引き継いでいる平成23年3月23日年発0323第1号によっています）。

141

Ⅳ　内縁・事実婚当事者の社会保障法における地位

3　最一小判昭 58.4.14 民集 37 巻 3 号 270 頁

　最一小判昭 58.4.14 民集 37 巻 3 号 270 頁（以下,「昭和 58 年判決」とい
う）は, 重婚的内縁配偶者の遺族年金受給権が問題となった最初の最高
裁判決であり, その内容は従来の行政通達におおむね沿ったものでし
た。案件は, 農業漁業団体職員共済組合法に定める遺族給付について,
同法 24 条 1 項の定める「配偶者」該当性が争われたものです。

　最高裁判所は,「24 条 1 項の定める配偶者の概念は, 必ずしも民法上
の配偶者の概念と同一のものとみなければならないものではなく, 本件
共済組合法の有する社会保障法的理念ないし目的に照らし, これに適合
した解釈をほどこす余地があると解される」とし,「共済組合は同一の
事業に従事する者の強制加入によつて設立される相互扶助団体であり,
組合が給付する遺族給付は, 組合員又は組合員であつた者が死亡した場
合に家族の生活を保障する目的で給付されるものであつて, これにより
遺族の生活の安定と福祉の向上を図り, ひいて業務の能率的運営に資す
ることを目的とする社会保障的性格を有する公的給付であることなどを
勘案すると, 右遺族の範囲は組合員等の実態に即し, 現実的な観点から
理解すべきであつて, 遺族に属する配偶者についても, 組合員等との関
係において, 互いに協力して社会通念上夫婦としての共同生活を現実に
営んでいた者をいうものと解するのが相当であり, 戸籍上届出のある配
偶者であつても, その婚姻関係が実体を失つて形骸化し, かつ, その状
態が固定化して近い将来解消される見込のないとき, すなわち, 事実上
の離婚状態にある場合には, もはや右遺族給付を受けるべき配偶者に該
当しないものというべきである」と判示しました。

　最高裁は, 原審が, ①事実上婚姻関係を解消することを合意して別居
を繰り返してきたこと（離婚の合意の存在）, ②法律婚の配偶者に対する
経済的給付が離婚給付としての性格を有していたとみられること, ③別

142

居後は，婚姻関係を継続する意思がなかったと認められる旨を認定した上で，事実上の離婚状態にあったものと判断し，原告（法律婚配偶者）について遺族給付を受けることができる「配偶者」には該当しないと判断したことを，「正当として是認することができる」としています。

昭和58年判決は，法律婚配偶者でも配偶者該当性が否定される場合があり得ることを述べるにとどまり，重婚的内縁配偶者への受給権の帰属は直接的には明らかにしていませんでしたが，最一小判平17.4.21判時1895号50頁は，昭和58年判決を踏襲して，重婚的内縁配偶者に遺族共済年金の受給権を認めています。

4　社会保障的性格と婚姻法秩序との調整

遺族給付は，共済組合の組合員や厚生年金の被保険者等の死亡により所得の喪失・減少を被る家族の生活の安定を目的としているため，その目的にのみ着目すれば，重婚的内縁関係が存在すれば生計維持要件に重点を置いた解釈もあります。すなわち，法律婚配偶者も重婚的内縁配偶者も，独立に配偶者要件を満たすことを前提にして，組合員等に生計を維持されていた程度の高い者（要保護性の高い者）を選び，そちらに受給権を認めるという枠組みをとることもできます。

しかしながら，最高裁はこのような判断枠組みをとらず，「配偶者」要件に焦点を当て，給付の社会保障的性格から実態に即した「配偶者」の解釈をすべきとしつつ，法律婚配偶者につき，配偶者該当性が否定される場合を，事実上の離婚状態の場合に限定することで給付の社会保障的性格と婚姻秩序との調整を図っているといえましょう（嵩さやか「遺族給付の重婚的内縁配偶者への帰属」『民法判例百選Ⅲ（親族・相続）』53頁）。

最高裁は，婚姻法秩序を尊重して，これに反する反倫理性，反公益的な内縁関係にある配偶者の配偶者該当性を原則として否定しつつ，内縁関係の反倫理性，反公益性が著しく低い一定の場合，すなわち法律婚が

事実上の離婚状態にあるなどには，例外的にこれを肯定する立場である
といえましょう。

5 「事実上の離婚状態」の認定～離婚の合意の要否

昭和 58 年判決は，「事実上の離婚状態」について，別居の事実や経済
的・人的交流の欠如という法律婚の客観的破綻だけでなく，離婚の合意
などの主観的要件も必要であるとしています。

その後の裁判例でも，離婚の合意の有無を重視し，外形的に婚姻関係
が形骸化していても，離婚の合意がないとして，法律上の配偶者の配偶
者該当性を肯定するもの（東京高判平 5.3.22 訟月 39 巻 11 号 2388 頁），一般
論において離婚の合意など主観的要件を明示するものもみられます（浦
和地判平 6.9.6 判自 133 号 46 頁，東京地判平 7.10.19 判タ 915 号 90 頁，東京高判平
19.7.11 判時 1991 号 67 頁など）。

一方で，離婚の合意は判断要素の 1 つであり要件でないとする裁判例
もあり（東京地判平 5.3.3 判タ 859 号 129 頁，東京地判平 25.3.19（平 23（行ウ）
690 号）ウエストロー・ジャパン，名古屋高判平 29.11.2 判時 2365 号 37 頁），この
点に関する裁判例の見解は必ずしも一致していません。

（あなたの場合）

あなたの場合，届出による婚姻関係がその実体を全く失ったものと
なっているとき＝事実上の離婚状態にあると認定されれば，「配偶者」
として遺族年金を受給することができます。亡くなった方が法律婚配偶
者に生活費の仕送りをしていたり，時には連絡を取り合ったり，宿泊・
訪問するなどしている場合には，「事実上の離婚状態」が認定されず，
遺族年金が受給できない場合がありますので，留意してください。

社会保障と事実婚 Q & A

Q27 （事実婚と死亡退職金）

内縁の夫が亡くなりました。会社に退職金を請求したところ，「夫の父母から請求されているので支払えない」と言われました。この場合，退職金を受け取ることができるのでしょうか。

A

内縁の妻に相続権はありませんが，夫が在職中に死亡した場合には，死亡退職金は死亡した人の収入によって生活を維持している人のために支給されるものであることから，判例上，内縁の妻に受給権を認める傾向があります。ただし，夫が退職後に死亡した場合には，退職金請求権は相続財産となり，相続人（本件では，夫の父母）が相続します。

〈解　説〉

1　死亡退職金の法的性質

労働者が退職する際に支給される退職金の受給権は，退職者本人であり，退職後死亡した場合には，退職金請求権が現に発生している以上，その債権については相続財産に属することになります。

ところが，労働者が退職前に死亡した場合に支給される死亡退職金については，それが生前に退職したときに受給する退職金の場合と同じ性質のものとして相続財産に属するのか，あるいは生前に受け取る退職金とは別の観点から受給権者が定められ，受給権者（多くは「遺族」）とされた者の固有の財産となるのかが問題となります。

公務員の退職手当に関する法律や条例，若しくは民間企業における就業規則（退職金規程）などで定めている受給権者（「遺族」）の範囲や順序が，相続人の範囲・順序等とは異なることから争いになることが多いのです（「遺族」≠「相続人」）。

145

Ⅳ　内縁・事実婚当事者の社会保障法における地位

この問題は，退職金の性質を，①社会保障の不備を補う目的で，使用者が死亡退職者の家族の生活保障という観点から行う支給であるとする考え方をとれば，死亡退職金を受給権者（多くは「遺族」）の固有の財産と解する立場と結びつきやすくなり，他方，②在職中に受け取るべきはずの賃金の後払いであるとする考え方をとれば，死亡退職金が相続財産に属するという立場に結びつきやすくなり，実務上も，退職金の性質をめぐり争われてきました。

【図表7：「死亡退職金」の法的性質】

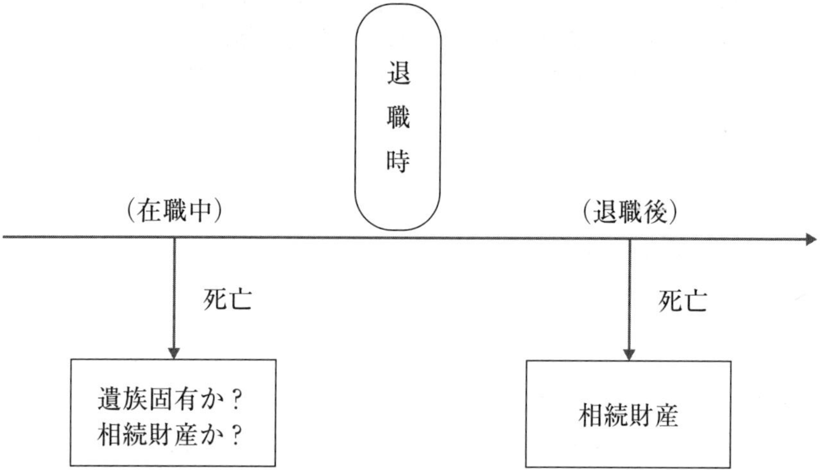

出典：水谷英夫『QA　労働・家族・ケアと法—真の WLB の実現のために—』273頁（信山社，2016)

2　死亡退職金の取扱い

行政解釈は，労働者が「死亡したときの退職金の支払いについて別段の定めがない場合には，民法の一般原則による遺産相続人に支払う趣旨と解されるが，労働協約，就業規則等において，民法の遺産相続の順位によらず，労基法施行規則第42条，第43条の順位による旨定めても違

法ではない。したがって，この順位によって支払った場合には，その支払いは有効である。同順位の相続人が数人いる場合についても，その支払いについて別段の定めがあればこの定めにより，別段の定めがない時は，共同分割による趣旨と解される」（昭 25.7.7 基収 1786 号）としています。

【遺族補償の受給権者（労基法施行規則 42 条）】

第 42 条　遺族補償を受けるべき者は，労働者の配偶者（婚姻の届出をしなくとも事実上婚姻と同様の関係にある者を含む。以下同じ。）とする。
2　配偶者がない場合には，遺族補償を受けるべき者は，労働者の子，父母，孫及び祖父母で，労働者の死亡当時その収入によつて生計を維持していた者又は労働者の死亡当時これと生計を一にしていた者とし，その順位は，前段に掲げる順序による。この場合において，父母については，養父母を先にし実父母を後にする。

　すなわち，退職金規程などに遺族などの受給権者の定めがあれば，その固有の権利となり，退職金規程の定めがなければ民法の一般原則の通り相続財産となるという考え方といえます。

　他方，判例はむしろ，退職金規程の有無にかかわらず，配偶者など遺族固有の権利とする傾向にあります。

⑴　**退職金規程に定めがある場合**

　最一小判昭 55.11.27 民集 34 巻 6 号 815 頁は，特殊法人の職員が死亡し，受給権者である遺族・相続人が共にいなかったことから，相続財産管理人が特殊法人に退職金請求をしたところ，相続財産に属しないとして支払を拒否されたケースです。

　判決は，退職金規程が「専ら職員の収入に依拠していた遺族の生活保

障を目的とし，民法とは別の立場で受給権者を定めたもので，受給権者た
る遺族は，相続人としてではなく，右規程の定めにより直接これを自己固
有の権利として取得するものと解するのが相当であ」るとし，死亡退職金
の受給権は相続財産ではないとして相続財産管理人の請求を退けています。

(2) 退職金規程に定めがない場合

判例は，受給権者に関する規程はおろか，死亡退職金に関する規程自
体がない場合でも，受給権は相続財産に属さず，配偶者（妻）個人に属
すると判断する傾向にあります。

例えば，死亡退職金の支給規程のない財団が，死亡した理事長の妻に
死亡退職金を支払ったところ（2000万円），先妻の子が相続財産として持
分の支払を求めたケースについて，最三小判昭62.3.3判時1232号103
頁は，「死亡退職金は，理事長の相続財産として相続人の代表者として
の被上告人（筆者注：妻）に支結されたものではなく，相続という関係を
離れて理事長の配偶者であつた妻個人に対して支給されたものである」
と述べて，子からの請求を退けています。

(あなたの場合)

退職金規程上，死亡退職金受給権者の先順位に「配偶者（婚姻の届出を
していないが，事実上婚姻関係と同様の事情にある者を含む)」が定められてお
り，その後に他の「親族」（子，父母など）が規程されている場合には，
死亡退職金は受給権者固有の権利としてその受給権が発生します。死亡
した社員の内縁・事実婚の妻は民法上同人の相続人としての地位はあり
ませんが，死亡退職金については，退職金規程により，その請求権を取
得することになります。

判例は，「遺族にこれを支給する」とだけ規程していた退職金の受給
権者について，死亡した従業員の内縁の妻と従業員の養子との間で争わ
れたケースにおいて，同規程は，「専ら職員の収入に依拠していた遺族

の生活保障を目的とし，民法とは別の立場で受給権者を定めたもので，受給権者たる遺族は，相続人としてではなく，右規程の定めにより直接これを自己固有の権利として取得するものと解するのが相当である」と述べて，内縁の妻に退職金受給権を認めています（最一小判昭 60.1.31 裁判集民 144 号 75 頁）。

Q28 （重婚的内縁と死亡退職金）

内縁の夫が在職中に死亡しました。夫には，10 年以上別居している戸籍上の妻がいます。会社に退職金を請求したところ，「戸籍上の妻から請求されているので支払えない」と言われました。退職金を受け取ることができるのでしょうか。

A

法律婚が形骸化し，事実上の離婚状態にある等，特段の事情がある場合には，内縁の妻に受給権が認められる場合があります。

〈解　説〉

◎死亡退職金の法的性質

死亡退職金の法的性質について，判例は「専ら職員の収入に依拠していた遺族の生活保障を目的とし，民法とは別の立場で受給権者を定めたもので，受給権者たる遺族は，相続人としてではなく，右（筆者注：退職金）規程の定めにより直接これを自己固有の権利として取得するものと解するのが相当である」として，相続財産に属さないとしています（最一小判昭 55.11.27 民集 34 巻 6 号 815 頁）。

したがって，内縁の妻は相続人ではありませんが，退職金規程（「配偶者（内縁含む）」）に基づき自己固有の権利として受給権を取得し得る可能性があります。一方で，法律上の妻もまた，「配偶者」としての受給権

149

Ⅳ　内縁・事実婚当事者の社会保障法における地位

を取得し得る地位にあり，いずれを優先させるのかが問題となります。

　行政解釈は，労働者が死亡したときの退職金の支払について，「労働協約，就業規則等において，民法の遺産相続の順位によらず，労基法施行規則第42条，第43条の順位による旨定めても違法ではない」としています。今日，多くの企業において，退職金規程では，職員が死亡により退職した場合には退職金を「遺族」に支給する旨定めており，「遺族」の範囲及び順位については労基法施行規則42条ないし45条の遺族補償の順位に従うと定めています。行政解釈は，労基法施行規則42条の「『配偶者（婚姻の届出をしなくとも事実上婚姻と同様の関係にある者を含む）』にいう内縁の妻を含むとは，民法にいう配偶者といえないものであっても，受給権者として認めてよいという趣旨にとどまり，死亡退職者に法律上の妻はあるがその妻と事実上別離し，他の女性と同棲していた場合には，その女性との生活関係が夫婦と同様なものであっても，この場合における遺族補償の受給権者は，法律上の妻すなわち離別中の妻」としています（昭23.5.14基収第1642号）。

　裁判例でも同様に，労基法施行規則42条は「他に法律上の配偶者のいない通常の場合を予定しているものと解せられるから，本件のように苟も法律上の妻がいるときは，これがすでに死亡労働者と事実上の離婚をしているという特段の事由がある場合を除いては，内縁の妻には受給権がないと考えるのが相当である」とし，「原告（戸籍上の妻）とA（夫）とは15年弱も別居し，両者間には夫婦共同生活の実体が存在しなくなっていたものではあるが，原告はあくまでAの帰宅を望んでいて，その所在を捜したこともあり，Aからの離婚の申出に対してもはっきりと拒否していたのであって，離婚の合意はなされていないことが明らかであるから，両者が事実上の離婚をしていたと解する余地はない」と認定して，法律上の妻を死亡退職金の受給権者と判断しています（東京地

150

判昭 53.2.13 判時 895 号 118 頁（工学院大学賃金請求事件））。

（あなたの場合）

　法律婚が事実上の離婚状態にある等，特段の事情があると認められれば，「配偶者」として死亡退職金を受給することができます。

Q29 （近親婚と遺族年金）

　私は，叔父の先妻の子が十分な世話を受けられないことに同情し，祖父にすすめられて叔父との結婚を決意し，内縁関係に入りました。私たちは，2人の子をもうけ，家族5人で暮らし，夫の勤務先にも親戚や地域の人々にも夫婦として認められ，42年間円満に暮らしてきましたが，このたび夫が亡くなりました。私は遺族年金をもらえるのでしょうか。

A

　三親等内の傍系血族間の内縁関係は，民法734条により近親婚が禁止されていることから，反倫理的な内縁関係であるとされ，原則として「配偶者」に当たらないとされていますが，①内縁関係が形成されるに至った経緯が，内縁関係が開始された当時の社会的・時代的背景に照らして不当でないこと，②地域社会や周囲に抵抗なく受け入れられた内縁であること，③内縁関係がおおむね40年以上にわたって安定的に継続されてきたものである等の特段の事情がある場合には，「配偶者」として遺族年金が受給できる場合があります。

〈解　説〉

1　遺族年金受給権の「要件」─「配偶者」要件

　死亡した被保険者の「配偶者」は，各種遺族年金の受給権者となります（国年法37条，厚年法59条1項，労災法16条の2第1項など）。社会法の領域では，法律の適用を受ける「配偶者」に「婚姻の届出をしていないが，事実上婚姻関係と同様の事情にある者」が含まれることについて明

Ⅳ　内縁・事実婚当事者の社会保障法における地位

文の規定がもうけられています（ex. 国年法5条7項，厚年法3条2項）。このように「配偶者」に事実婚当事者が含まれる明文の規定がある場合であっても，民法が定める婚姻障害がある事実婚がこれに含まれるが否かが問題とされてきました（重婚的内縁関係についてはQ26参照）。

本問では，民法で婚姻が禁止される近親者間の内縁・事実婚関係について，「配偶者」として年金受給権が認められるのかが問題となります。

2　最一小判平19.3.8民集61巻2号518頁

最一小判平19.3.8は，民法734条1項によって婚姻が禁止されている三親等内の傍系血族関係にある内縁・事実婚配偶者について，例外的に遺族厚生年金受給権を認めた最初の最高裁判決であり，これにより，近親者間の内縁配偶者に年金受給権を認めなかった従来の行政通達が改められました（現在の運用は平成23年3月23日年発0323第1号によっています）。

事案は，叔父Aの先妻の子がやせ細り，衣類も汚れたままになっていたことに同情し，祖父のすすめにより子どもの養育のため叔父との結婚を決意した原告が，叔父と同居生活を始め，親族に結婚を祝う会を開いてもらう，町長からは結婚を証する書面をもらう，Aを世帯主とする健康保険証に氏名を記載される，税務上は配偶者控除の対象者となる，Aの勤務先の共済組合から出産費用が支給されるなどして，Aが死亡するまで約42年間にわたって夫婦として生活を送っていたものです。両名の間には2名の子が生まれ，Aは子を認知し，原告は家事を担当し，Aの収入から生活費を支出し，子らと5人で円満な家庭生活を送り，原告はAの葬式の際にはAの妻としてあいさつを行うなど，共同生活を始めた当初からAの死亡に至るまでの間，事実上の妻としての役割を果たしてきたというものです。

A死亡後，原告が遺族厚生年金の裁定を請求したところ，社会保険庁長官から「遺族に該当しないため。（近親婚にあたり内縁の妻として認められ

ない）」として不支給処分を受けたため，原告は処分の取消しを求め，訴えを提起しました。

最高裁は，本件処分を適法とした原審判決を取り消し，以下の理由を述べて，原告は遺族厚生年金の支給を受けることができる「配偶者」に当たると判断しました。

(1)　「法が，このように遺族厚生年金の支給を受けることができる地位を内縁の配偶者にも認めることとしたのは，労働者の死亡について保険給付を行い，その遺族の生活の安定と福祉の向上に寄与するという法の目的にかんがみ，遺族厚生年金の受給権者である配偶者について，必ずしも民法上の配偶者の概念と同一のものとしなければならないものではなく，被保険者等との関係において，互いに協力して社会通念上夫婦としての共同生活を現実に営んでいた者にこれを支給することが，遺族厚生年金の社会保障的な性格や法の上記目的にも適合すると考えられたことによるものと解される。」

「他方，厚生年金保険制度が政府の管掌する公的年金制度（法1条，2条）であり，被保険者及び事業主の意思にかかわりなく強制的に徴収される保険料に国庫負担を加えた財源によって賄われていること（法80条，82条）を考慮すると，民法の定める婚姻法秩序に反するような内縁関係にある者まで，一般的に遺族厚生年金の支給を受けることができる配偶者に当たると解することはできない。」

(2)　「民法734条1項によって婚姻が禁止される近親者間の内縁関係は，時の経過ないし事情の変化によって婚姻障害事由が消滅ないし減退することがあり得ない性質のものである。しかも，上記近親者間で婚姻が禁止されるのは，社会倫理的配慮及び優生学的配慮という公益的要請を理由とするものであるから，上記近親者間における内縁関係は，一般的に反倫理性，反公益性の大きい関係というべきである。殊に，直系血

族間，二親等の傍系血族間の内縁関係は，我が国の現在の婚姻法秩序又は社会通念を前提とする限り，反倫理性，反公益性が極めて大きいと考えられるのであって，いかにその当事者が社会通念上夫婦としての共同生活を営んでいたとしても，法3条2項によって保護される配偶者には当たらないものと解される。そして，三親等の傍系血族間の内縁関係も，このような反倫理性，反公益性という観点からみれば，基本的にはこれと変わりがないものというべきである。」

(3)「もっとも，我が国では，かつて，農業後継者の確保等の要請から親族間の結婚が少なからず行われていたことは公知の事実であり，前記事実関係によれば，上告人の周囲でも，前記のような地域的特性から親族間の結婚が比較的多く行われるとともに，おじと姪との間の内縁も散見されたというのであって，そのような関係が地域社会や親族内において抵抗感なく受け容れられている例も存在したことがうかがわれるのである。」

「このような社会的，時代的背景の下に形成された三親等の傍系血族間の内縁関係については，それが形成されるに至った経緯，周囲や地域社会の受け止め方，共同生活期間の長短，子の有無，夫婦生活の安定性等に照らし，反倫理性，反公益性が婚姻法秩序維持等の観点から問題とする必要がない程度に著しく低いと認められる場合には，上記近親者間における婚姻を禁止すべき公益的要請よりも遺族の生活の安定と福祉の向上に寄与するという法の目的を優先させるべき特段の事情があるものというべきである。したがって，このような事情が認められる場合，その内縁関係が民法により婚姻が禁止される近親者間におけるものであるという一事をもって遺族厚生年金の受給権を否定することは許されず，上記内縁関係の当事者は法3条2項にいう『婚姻の届出をしていないが，事実上婚姻関係と同様の事情にある者』に該当すると解するのが相

当である。」

その後の下級審裁判例では，三親等の傍系血族間の事実婚関係について，最高裁の判断枠組みが踏襲されています（さいたま地判平 23.3.23 判自 362 号 93 頁）。なお，厚生年金保険の被保険者（死亡した者）と直系姻族関係にあった者が，被保険者と内縁関係にあった事案で（前妻との間にできた子と，後妻との内縁関係＝姻族一親等），最一小判昭 60.2.14 訟月 31 巻 9 号 2204 頁は，「配偶者」に当たらないとして遺族年金受給権を認めませんでした。

(4)　社会保障立法の要請と婚姻法秩序との調整

遺族年金を受給する「配偶者」の解釈に当たっては，遺族年金の目的（被保険者等の死亡により所得の喪失・減少を被る家族の生活の安定）のみに着目し，婚姻法上の秩序は考慮しないという考え方もありますが，最高裁は，遺族年金制度が保険料や国庫負担によって財源が賄われる公的年金制度であることから，婚姻法秩序を基本的に優先させ，これに反する反倫理的，反公益的な内縁関係にある配偶者の遺族年金における配偶者該当性を原則的に否定しつつ，内縁関係の反倫理性・反公益性が著しく低い限定的なケースについては，当事者のニーズを優先させ，遺族年金の受給権を認めるという柔軟な解釈をしています。このようにして，最高裁は，社会保障立法の要請と婚姻法秩序との調整を図っているといえましょう（同様の調整は，重婚的内縁当事者の遺族年金受給権の「配偶者」要件の解釈においても行われています）。

3　行政実務（平成 23.3.23 年発 0323 第 1 号）

行政実務においては，民法が禁止する近親婚者の内縁関係は原則として厚年法，国年法が定める「事実婚関係にある者」から除外する取扱いをしていますが，最高裁判決を踏まえ，一定の要件を満たす場合には「事実婚関係にある者」と認定する余地を残す取扱いをしています。

Ⅳ　内縁・事実婚当事者の社会保障法における地位

5　事実婚関係

(2)　除外の範囲

　当該内縁関係が反倫理的な内縁関係である場合，すなわち，民法第734条（近親婚の制限），第735条（直系姻族間の婚姻禁止）又は第736条（養親子関係者間の婚姻禁止）の規定のいずれかに違反することとなるような内縁関係にある者（以下「近親婚者」という。）については，これを事実婚関係にある者とは認定しないものとすること。

　ただし，厚生年金保険法，国民年金法，船員保険法による死亡を支給事由とする給付（未支給の保険給付及び未支給年金を含む。）及び加給年金額並びに振替加算の生計維持認定対象者及び生計同一認定対象者に係る生計維持関係等の認定において，次に掲げるすべての要件に該当する近親婚者については，過去の判例を踏まえ，日本年金機構本部及び厚生労働省年金局に対し，その取扱いについて協議を行うものとすること。

　①　三親等の傍系血族間の内縁関係にあること。

　②　内縁関係が形成されるに至った経緯が，内縁関係が開始された当時の社会的，時代的背景に照らして不当ではないこと。

　③　地域社会や周囲に抵抗感なく受け入れられてきた内縁関係であること。

　④　内縁関係が長期間（おおむね40年程度以上）にわたって安定的に継続されてきたものであること。

社会保障と事実婚 Q & A

Q30 （遺族補償年金（労災，国公災，地公災））

内縁（事実婚）の夫が労災事故で死亡しました。私は遺族補償年金を受給することができるのでしょうか。また，戸籍上の妻がいる場合はどうなるのでしょうか。

A

事実婚関係が認定され，生計維持要件を満たせば遺族補償年金を受給することができます。法律婚が形骸化し，事実上の離婚状態にある場合には「配偶者」に該当し，あなたが遺族補償年金を受給できます。

〈解　説〉

1　労災補償

労働者が労働災害の被害を受けた場合，労働者若しくは遺族になされる補償には様々なものが考えられますが，我が国の労基法並びに労災法が補償の対象としている災害は，「業務上の事由又は通勤による」労働者の負傷，疾病，障害，死亡等とされています（労基法75条～80条，労災法1条。なお，公務員の災害，疾病である公務労災については，国家公務員災害補償法，地方公務員災害補償法によるものとされ，その内容はほぼ労災法による労災保険に対応するものです）。

労災保険の保険者は国であり（労災法2条），原則として労働者を1人でも使用する事業所との間に当然に保険関係が成立し，そこで働く労働者は全て保険の対象となり（同法3条），使用者が労災保険料を支払っていなくても労働者は保険給付を受けることができ，後日，政府が使用者から保険料を徴収することになっています（同法31条）。

労災の申請は，労働基準監督署に対し，請求書に必要事項を記載し，事業主の証明を受けた上で提出するとされています（労災法施行規則12条）。

157

Ⅳ　内縁・事実婚当事者の社会保障法における地位

2　業務上の災害

　業務上の災害であるためには，①業務と傷病による損害との間に一定の因果関係が存在すること，すなわち，労働者が労働契約に基づき使用者の支配下にある状態で発生したものであること（「業務遂行性」），②業務と傷病との間に経験則に照らして認められる客観的因果関係が存在すること（「業務起因性」）が必要とされます。

　ここでの使用者の責任は，負傷，傷病が業務上生じたことから当然に生じる無過失責任とされ，これらが労働者の重大な過失によって引き起こされた場合でも，使用者は原則として免責されません（ただし，休業補償，障害補償は免責されます。労基法 78 条）。

　また，補償給付は実損害と無関係に定量的に定められており，民法上の損害賠償とは大きく異なっています。

　業務上の災害であるためには，上記①②の要件が必要とされており，これまでおびただしい数の認定・裁判例が蓄積されていますが，認定基準としては，一般に，労働者が事業主の支配ないし管理下にある中で「労働者が労働契約にもとづく事業主の支配下にあること」に伴う危険が現実化したものと経験則上認められることとされています（最三小判昭 59.5.29 労判 431 号 52 頁）。

3　遺族補償給付の受給権者＝「遺族」

　労働者が死亡した場合は，その「遺族」に遺族補償年金が支給されます。遺族補償年金を受け取ることができる資格のある遺族の範囲について労災法 16 条の 2 は，以下のとおり定めています。

社会保障と事実婚 Q & A

1　遺族補償年金を受けることができる遺族は，労働者の配偶者，子，父母，孫，祖父母及び兄弟姉妹であって，労働者の死亡の当時その収入によって生計を維持していたものとする。ただし，妻（婚姻の届出をしていないが，事実上婚姻関係と同様の事情にあった者を含む。）以外の者にあっては，労働者の死亡の当時次の各号に掲げる要件に該当した場合に限るものとする。

　　一　夫（婚姻の届出をしていないが，事実上婚姻関係と同様の事情にあった者を含む。以下，同じ。），父母又は祖父母については，60歳以上（注）であること。

　　二　子又は孫については，18歳に達する日以後の最初の3月31日までの間にあること。

　　三　兄弟姉妹については，18歳に達する日以後の最初の3月31日までの間にあること又は60歳以上（注）であること。

　　四　前3号の要件に該当しない夫，子，父母，孫，祖父母又は兄弟姉妹については，厚生労働省令で定める障害の状態にあること。

2　労働者の死亡の当時胎児であった子が出生したときは，前項の規定の適用については，将来に向かって，その子は，労働者の死亡の当時その収入によって生計を維持していた子とみなす。

3　遺族補償年金を受けるべき遺族の順位は，配偶者，子，父母，孫，祖父母及び兄弟姉妹の順序とする。

　（注）昭和40年改正附則43条は，当分の間，55歳以上60歳未満の夫，父母，祖父母，兄弟姉妹についても受給権をこれらの順序で与えています。

159

IV　内縁・事実婚当事者の社会保障法における地位

ここで，配偶者には内縁・事実婚配偶者が含まれ，第1順位の受給権者となりますが，夫についてのみ「60歳以上」（当分の間55歳以上）とする年齢要件を付加している点が注目されます。この点については，同様の年齢要件を設けている地公災法32条1項ただし書が法の下の平等を定めた憲法14条1項に違反するかどうかが争われた事件で，最高裁は，平成29年3月21日，地方公務員災害補償法の規定を合憲と判断しています（地公災基金大阪府支部長事件，最三小判平29.3.21判時2341号65頁）。

4　遺族補償給付の内容

遺族補償年金の額は，受給権者及びその者と生計を同じくしている受給権者となり得る者の人数に応じて，その人数が1人であれば給付基礎日額の153日分（「遺族」の人数に応じて最大245日分まで）とされています。また，遺族補償年金の受給権者は，社会復帰促進等事業として，遺族補償年金と同日分の「遺族特別年金」を受給できます（労働者災害補償保険特別支給金支給規則9条）。さらに，遺族特別支給金（一時金300万円）が支給されます。

以上に対し，労働者の死亡当時，遺族補償年金の受給資格者が1人もいなかった場合には，給付基礎日額の1000日分の遺族補償一時金が「遺族」に支給されます（労災法16条の7）。なお，この外に葬祭料も支給されます（同法17条）。

5　重婚的内縁配偶者の「配偶者」要件該当性

重婚的内縁配偶者の遺族補償年金受給権が問題となった裁判例として，東京地判平10.5.27労判739号65頁があります。

同判決は，労災法16条の2が，遺族補償年金受給権者について，民法の相続の規定に委ねることなく，自ら受給権者の範囲及びその順位を規定していること，及び，受給権者の要件として「労働者の死亡の当時その収入によって生計を維持していたもの」と規定していることを指摘

し、「このような規定内容と，労働者の死亡によって失われた同人に扶養されていた家族の被扶養利益を補てんすることを目的とする同条の趣旨とに照らして考えると，同条にいう配偶者とは，原則として，婚姻の届出をした者を意味するが，婚姻関係が実体を失って形骸化し，かつ，その状態が固定化して近い将来解消される見込のないとき，すなわち，事実上の離婚状態にある場合には，婚姻の届出をした者であってももはや同条にいう配偶者には当たらず，重婚的内縁関係にある者が同条にいう『婚姻の届出をしていないが，事実上婚姻関係と同様の事情にあつた者』に該当し得るものと解するのが相当である」と判断しました。

さらに同判決は，「この判断に当たり，被災者と婚姻の届出をした者との間に婚姻関係を解消することについての合意があることは，必ずしも要件となるものではなく，別居に至る経緯，別居期間，婚姻関係を維持する意思の有無，婚姻関係を修復するための努力の有無，経済的依存関係の有無・程度，別居後の音信，訪問の有無・頻度等を総合考慮して右の判断を行うべきである」としています（なお，広島高判昭56.7.30労民32巻3・4号510頁は，重婚的内縁配偶者は原則として「配偶者」に該当しないとする一方で，被災者の婚姻関係が「実質的には法律上の離婚があつたのと同視し得るような状況の場合は」，重婚的内縁配偶者について配偶者該当性を「考慮しうるもの」と判示していますが，後述最判昭和58年以前の裁判例である点に留意するべきでしょう。）。

重婚的内縁配偶者の遺族厚生年金（旧共済年金を含む）受給権については，行政通達（平成23年3月23日年発0323第1号）がこれを「配偶者」として認定する場合を「届出による婚姻関係がその実体を全く失った場合に限る」としており，この問題に関する最初の最高裁判決である最一小判昭58.4.14民集37巻3号270頁は，戸籍上届出のある配偶者であっても事実上の離婚状態にある場合には遺族給付を受けるべき配偶者に該当

Ⅳ　内縁・事実婚当事者の社会保障法における地位

しないとしています。

　本判決は，昭和58年最高裁判決を受けて，労災による遺族補償年金について，事実上の離婚状態にある場合には「婚姻の届出をした者であっても」「配偶者」に該当しないと判断したものです。本判決が「事実上の離婚状態」の認定に当たり，「婚姻関係を解消することの合意」（＝離婚の合意）を要しないとしている点について，遺族厚生年金の「配偶者」要件該当性をめぐる裁判例では，「離婚の合意」がないとして法律上の配偶者に「配偶者」要件該当性を認める裁判例と，「離婚の合意」は判断要素の1つであり要件ではないとする裁判例があり，この点に関する見解は必ずしも一致していない点に留意する必要があります（Q26「重婚的内縁と遺族年金」参照）。

　なお，平成10年10月30日に労災保険に関する新たな通達（基発627号）が発せられ，重婚的内縁関係における「配偶者」の解釈について，「原則として届出による婚姻関係にあった者とするが，届出による婚姻関係がその実体を失って形骸化し，かつ，その状態が固定化して近い将来解消される見込みがなかった場合に限り，事実上の婚姻関係にあった者とする」とし，その運用基準について「婚姻の届出はあるものの，当事者間に社会通念上夫婦の共同生活と認められる事実関係を維持しようとする合意がなくなっており，かつ，当事者間に社会通念上夫婦の共同生活と認められる事実関係が存続しなくなった場合」を挙げています（増田幸弘「重婚的内縁配偶者の遺族補償金受給資格」別冊ジュリスト153号（有斐閣，2000）120頁）。

社会保障と事実婚Ｑ＆Ａ

Q31 （離婚時年金分割）

長年連れ添った事実婚の夫と別れることになりました。年金分割を請求することはできるのでしょうか。夫に戸籍上の妻がいる場合にはどうなるのでしょうか。

A

事実婚の夫の第３号被保険者になっていれば「第３号被保険者期間」に限り，年金分割を請求することができます。重婚的内縁の場合，事実婚の夫の「第３号被保険者」になっていれば，「第３号被保険者期間」に限り，戸籍上の妻に優先して年金分割を請求することができます。

〈解　説〉

1　離婚時年金分割制度〜「合意分割」「３号分割」

離婚したときに，婚姻期間中の保険料の納付記録（厚生年金保険料の納付記録）を夫と妻の間で分割することができる制度であり，当事者間の合意又は家裁の決定を必要とする「合意分割」の制度と，当事者の一方が単独で請求できる「３号分割」の制度があります。以下では，まず「合意分割」について解説します。なお，年金分割制度は，厚生年金保険についての分割であり，夫が国民年金保険にのみ加入している場合（ex. 自営業者）は本制度の対象外となります。

2　厚生年金保険法施行規則 78 条，78 条の 2

厚生年金保険法 78 条の 2 は，「離婚等（離婚（婚姻の届出をしていないが事実上婚姻関係と同様の事情にあつた者について，当該事情が解消した場合を除く。），婚姻の取消その他厚生労働省令で定める事由をいう……）をした場合」に年金分割を請求することができると定めています。

同法を受けた厚生年金保険法施行規則 78 条が「その他厚生労働省令

163

Ⅳ　内縁・事実婚当事者の社会保障法における地位

で定める事由」について定めており，「婚姻の届出をしていないが事実上婚姻関係と同様の事情にあつた当事者」について，当事者の一方の被扶養配偶者（国年法7条1項3号に規定する「被扶養配偶者」）である第3号被保険者であった者について，①第3号被保険者の被保険者資格を喪失し，かつ②事実婚関係が解消したと認められる場合に，年金分割の請求ができると定めています。

　また，この場合の年金分割の「対象期間」については，当事者の一方が他方の被扶養配偶者である第3号被保険者期間（「事実婚第3号被保険者期間」）とすると定めています（厚年法施行規則78条の2第1項3号）。

　さて，「第3号被保険者」とは，国年法7条1項3号に定める者であり，①厚生年金保険の第2号被保険者たるサラリーマンや公務員の「配偶者（事実婚含む）」であり，かつ，②第2号被保険者の収入により生計を維持する者（以下「被扶養配偶者」という）をいいます（ex. 専業主婦など）。

　ここで，婚姻関係にある当事者間の年金分割は，「第2号被保険者」同士（共稼ぎ）でも標準報酬総額（所得）の低い方から高い方に対して年金分割の請求をすることができ，年金分割を請求する当事者が「第1号被保険者」（自営業者など）でも分割請求ができます。また，対象となる期間は原則として婚姻期間中の全期間となっています（ただし，当事者の一方が重婚的内縁関係にある場合については，後述5参照）。

　これに対し，事実婚関係にある当事者が分割請求できるのは，請求者が「第3号被保険者」に限られ，かつ対象期間も事実婚関係にあった期間のうち「第3号被保険者期間」に限られます。

　婚姻の解消（離婚）の場合と，事実婚の解消では，年金分割ができる要件が相当異なっている点が注目されます。これは，婚姻は成立（届出による）及び解消（離婚）の時期が明確であるため，分割対象期間の特定が容易であるのに対し，事実婚関係の成立及び解消については認定が難

社会保障と事実婚Q&A

しく，対象期間の特定が困難であるため，期間の特定ができる「第3号被保険者期間」に限り分割対象としたというものです。

3 事実婚関係が解消した場合（厚生年金保険法施行規則78条の2第1項3号）

事実婚についての年金分割は，第3号被保険者の資格を喪失し，かつ事実婚関係が解消したと認められれば，事実婚関係にあった期間のうち，第3号被保険者に認定されていた期間についてのみ分割することができます。事実婚が解消しない間に第3号被保険者であった期間が複数ある場合には，これらの期間を通算した期間になります（図表：ケース1）。

【ケース1　事実婚関係が解消したと認められた場合】

出典：公的年金実務テキスト「年金分割」10頁（マネーマーケット社，2006）を基に作成

4 事実婚関係にある者が婚姻の届出を行い，婚姻が成立した場合（厚生年金保険法施行規則78条の2第2項）

連続する「事実婚」（第3号被保険者期間のみ）と「法律婚」については，両者を通算して1つの対象期間として請求します（図表：ケース2）。

165

Ⅳ　内縁・事実婚当事者の社会保障法における地位

【ケース2　事実婚関係にある者が婚姻の届出を行い婚姻が成立した場合】

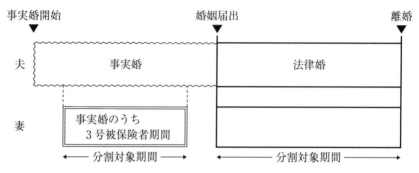

出典：前掲「年金分割」10頁を基に作成

5　当事者の一方が重婚的内縁関係にある場合（厚生年金保険法施行規則78条の2第1項）

　法律婚関係にあった当事者（ex. 夫A，妻B）の法律婚期間中に，当事者以外の者（C）が，当事者の一方（A）の被扶養配偶者として第3号被保険者であった期間（事実婚第3号被保険者期間）があると認められる場合には，当該事実婚期間は当事者（A, B）間の対象期間から除外され（厚年法施行規則78条の2第1項但書），同期間に係るA及びBそれぞれの被保険者期間の標準報酬はAB間では改定等がされません。

　その一方で，当該事実婚第3号被保険者期間は，AC間の事実婚年金分割の対象期間となることから，当該期間に係るAの標準報酬はAC間で改定されることになります。

　すなわち，同一期間に同一人（A）との間で法律婚に係る配偶者（B）と事実婚に係る被扶養配偶者（C）が併存すると認められる場合には，離婚時年金分割との関係では後者（C）が優先し，同期間に係るAの標準報酬はCとの間でのみ改定がされることになります（図表：ケース3）。

社会保障と事実婚Q&A

【ケース3　重婚的内縁関係にある場合】

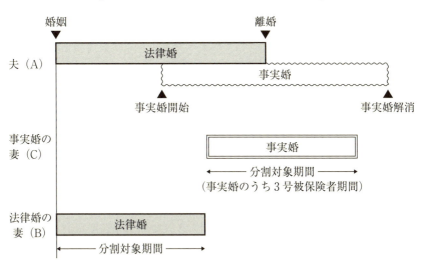

　重婚的内縁当事者の一方の死亡による遺族年金受給権については，遺族給付の受給権者となる「配偶者」は1人であることが当然の前提とされ，かつ「婚姻法秩序」を尊重する立場から法律婚配偶者が優先し，法律婚が事実上の離婚状態にある場合に限って，重婚的内縁配偶者が保護され，遺族年金の受給権を認める取扱いとなっています。

　一方で，離婚時年金分割制度においては，法律婚配偶者と重婚的内縁当事者が併存する場合，重婚的内縁当事者が「第3号被保険者」になっている限り，当該期間については当然に法律婚配偶者に優先して年金分割が受けられることになっています。このように，重婚的内縁当事者の年金受給権については，離婚時年金分割制度と遺族年金制度における取扱いが異なっている点が注目されます。

Ⅳ　内縁・事実婚当事者の社会保障法における地位

6　年金分割（「合意分割」）の手続

　年金分割を請求するためには，まず年金事務所から「年金分割のための情報通知書」の交付を受けるとよいでしょう。これにより，年金分割の請求ができるのか否かが明確になります。また，50歳以上の人は，希望すれば「年金分割を行った場合の年金見込額のお知らせ」の交付も受けられます。

　年金事務所には，①年金手帳，②事実婚期間を明らかにすることができる書類（住民票など），③第3号被保険者（被扶養配偶者）であることを明らかにすることができる書類（健康保険証など），④印鑑を持参する必要があります。

　年金分割について相手が同意すれば，2人で年金事務所に行って年金分割の手続（改定請求）をするか，若しくは公正証書を作成して，当事者の一方が年金事務所に行って改定請求を行うことになります。

　一方で，年金分割について相手が同意しない場合には，家庭裁判所の調停・審判手続を利用することができます。

　年金分割は，第3号被保険者の資格を喪失し，かつ事実婚関係が解消した日の翌日から2年を経過した場合には請求することができなくなり，権利を失いますので留意してください（離婚時年金分割制度について詳しくは，小島妙子『Q & A　財産分与と離婚時年金分割の法律実務』（民事法研究会，2018）156頁以下）。

7　「3号分割」

　「3号分割」は，厚生年金保険の第2号被保険者たるサラリーマンや公務員の「配偶者（事実婚含む）」であり，第2号被保険者の収入により生計を維持する者（「被扶養配偶者」）が離婚した場合に，被扶養期間（＝第3号被保険者期間）の保険料納付記録について，2分の1の割合（法定）で強制的に分割することができる制度です（厚年法78条の14）。「合意分

168

割」と異なり，当事者の合意又は家庭裁判所の決定は不要とされ，一方当事者が年金事務所に請求することによって行われる年金分割です（同条）。対象となる期間は，2008年4月1日以降の「被扶養配偶者期間」に限られます。

厚生年金保険法施行規則78条の14は，婚姻の届出をしていないが事実上婚姻関係と同様の事情にあった「被扶養配偶者」が，①「第3号被保険者」の資格を喪失し，かつ②事実婚関係を解消した場合も，「3号分割」を請求することができる旨定めています。年金分割を求める「3号被保険者期間」が2008年4月1日以降の期間だけである場合には，「3号分割」制度を利用すれば足ります。

Ⅳ　内縁・事実婚当事者の社会保障法における地位

【書式６：離婚時年金分割の審判申立書（事実婚の解消の場合）】

受付印	家　事	□　調　停 ☑　審　判	申 立 書　事件名（請求すべき按分割合）

（この欄に申立て１件あたり収入印紙1,200円分を貼ってください。）

収 入 印 紙	1,200 円
予納郵便切手	△△△ 円

（貼った印紙に押印しないでください。）

仙 台 家 庭 裁 判 所 　　　　　　　　　　御 中 令和 元 年 ○○ 月 ○○ 日	申　立　人 （又は法定代理人など） の 記 名 押 印	甲野　　花子　　㊞

添付書類	（審理のために必要な場合は，追加書類の提出をお願いすることがあります。） ☑ 年金分割のための情報通知書	準 □ 頭

申 立 人	住　　　所	〒○○○－○○○○ 仙台市○○区○○１丁目２番３号	
	フリガナ 氏　　　名	コウノ　　　ハナコ 甲野　　花子	昭和○○年○○月○○日生 （ ○○ 歳）
相 手 方	住　　　所	〒○○○－○○○○ 仙台市○○区△△４丁目５番６号	
	フリガナ 氏　　　名	オツヤマ　　イチロウ 乙山　　一郎	昭和○○年○○月○○日生 （ ○○ 歳）

申 立 て の 趣 旨

申立人と相手方との間の別紙（☆）記載の情報に係る年金分割についての請求すべき按分割合を，
（☑ 0.5 ／ □ （ 　　　　　　　　　　 ）） と定めるとの（□ 調停 ／ ☑ 審判 ）を求めます。

申 立 て の 理 由

1 申立人と相手方は，共同して婚姻生活を営み夫婦として生活していたが，
　（□ 離婚 ／ ☑ 事実婚関係を解消）した。
2 申立人と相手方との間の（□ 離婚成立日 ／ ☑ 事実婚関係が解消したと認められる日），
離婚時年金分割制度に係る第一号改定者及び第二号改定者の別，対象期間及び按分割合の範囲は，
別紙のとおりである。

　（注）　太枠の中だけ記入してください。　□の部分は，該当するものにチェックしてください。
☆　年金分割のための情報通知書の写しをとり，別紙として添付してください（その写しも相手方に送付されます。）。

年金分割（1/2）

170

社会保障と事実婚 Q & A

Q32（家族療養費（健康保険））

内縁（事実婚）の夫の扶養家族として健康保険に入れてもらうことはできるのでしょうか。私の連れ子や父母はどうでしょうか。夫に戸籍上の妻がいる場合はどうなるのでしょうか。

A

内縁（事実婚）関係が認定され，生計維持要件を満たせば，健康保険の「被扶養者」として家族療養費の対象となります。あなたの子や父母も家計を同一にすれば，扶養家族として家族療養費の対象となります。

重婚的内縁の場合は，「被扶養者」と認定されるのは難しいでしょう。

〈解　説〉

1　健康保険とは

健康保険とは，健康保険法に基づき，民間企業の被用者（従業員）に適用される公的医療保険制度です。公的医療保険制度には，このほかに各種共済組合法に基づき公務員や私学教員が加入する各種共済組合による医療保険制度，自営業者や学生，無職の人が加入する国民健康保険法に基づき実施される国民健康保険制度があります。

健康保険は，被保険者（民間企業の被用者）の業務外の事由による「疾病」「負傷」「死亡」「出産」に関し保険給付を行う制度ですが，被保険者の「被扶養者」（＝扶養家族）に対しても保険給付を行います。「被扶養者」は，保険料（健康保険料）を負担することなく，保険給付を受けることができます（被扶養者は国民健康保険に加入する義務がありません）。被扶養者と認定されると，健康保険被扶養者証が発行され，医療機関から療養を受けたときは家族療養費が支給されます（ただし，医療機関が代理受領

171

する）。家族出産育児一時金や家族埋葬料なども支給されます（健康保険法110条〜114条）。

健康保険法が，このように被用者＝従業員個人だけでなく生計維持関係にある「被扶養者」を広く保険給付の対象とするのは，これにより労働者の生活の安定や福祉の向上を図るためです。

2 「被扶養者」認定の要件

健康保険法3条7項は，「家族療養費」の対象となる「被扶養者」について，以下の定義規定を置いています。

---

① 被保険者の直系尊属，配偶者（届出をしていないが，事実上婚姻関係と同様の事情にある者を含む。），子，孫及び兄弟姉妹であって，主としてその被保険者により生計を維持するもの

② 被保険者の三親等内の親族で前号に掲げる者以外のものであって，その被保険者と同一の世帯に属し，主としてその被保険者により生計を維持するもの

③ 被保険者の配偶者で届出をしていないが事実上婚姻関係と同様の事情にあるものの父母及び子であって，その被保険者と同一の世帯に属し，主としてその被保険者により生計を維持するもの

④ 前号の配偶者の死亡後におけるその父母及び子であって，引き続きその被保険者と同一の世帯に属し，主としてその被保険者により生計を維持するもの

民法上の「親族」とは，六親等内の血族，配偶者（婚姻の届出をした者），三親等内の姻族をいいます（民法725条）。健康保険法が家族療養費の支給対象とする「家族」＝「被扶養者」の範囲は，民法の「親族」の範囲と異なっている点が注目されます。

民法上は，内縁・事実婚の「配偶者」について，婚姻法の類推適用をしているものの，内縁・事実婚「配偶者」の子（連れ子）や父母との間には法的権利義務関係がない，いわば「他人」として扱われています（ちなみに，健康保険法は，制定当初（大正11年）は被扶養者に対する保険給付を行っていませんでしたが，昭和14年の改正により，家族の疾病又は負傷に対しても療養費の補給をなし得るとし，昭和17年改正により，被扶養者に対する保険給付は法定給付となり，これに伴い勅令第826号により被扶養者の範囲が「被保険者の配偶者（届出ヲ為サザルモ事実上婚姻関係ト同様ノ事情ニ在ル者ヲ含ム）及ビ子ニシテ専ラ其ノ者ニ依リ生計ヲ維持スルモノ並ニ被保険者ト同一世帯ニ属シ，専ラ其ノ者ニ依リ生計ヲ維持スルモノトス」と定められました。昭和32年改正により，「被扶養者」の範囲を明確にするという趣旨から「三親等内の親族」とされました）。

(1)　事実婚関係の認定基準について

認定基準に関する行政通知・通達はありません。したがって，保険者（全国健康保険協会や各健康保険組合）の判断に委ねられることになります。この点について『健康保険法の解釈と運用　平成29年度版』（法研，2017）は，「いわゆる内縁関係の者は，配偶者と認められる。しかし，たとえば法律上の妻はいるけれども別居しており他の女性と同棲しているような場合，たとえ，その状態が長期に及び法律上の妻は単に形式上妻であるにすぎないような場合であっても，法律上の妻以外の女性について，内縁関係にある者として配偶者と認めることは絶対にできない。これは重婚が民法732条で禁止されていることと同趣旨によるものである」と解説しています（同書165頁）。

事実婚の認定は，①当事者間に，社会通念上，夫婦の共同生活と認められる事実関係を成立させようとする合意があること，②当事者間に，社会通念上，夫婦の共同生活と認められる事実関係が存在すること等の要件が必要であると解されます（cf. 年金通達（平成23年3月23日年発0323

Ⅳ　内縁・事実婚当事者の社会保障法における地位

第 1 号））。

　事実婚を認定してもらうためには，当事者が住民票上同一世帯に属する
ることが「絶対条件」との指摘もあります（今井多恵子ほか『事実婚・内縁
同性婚 2 人のためのお金と法律』（日本法令，2015）131 頁）。

(2)　重婚的内縁関係

　重婚的内縁関係については，実務上「被扶養者」として健康保険に加
入させることは相当困難であると思われます。

(3)　生計維持要件について

　その生計の基礎を被保険者に置くという意味であるとされています
（昭和 15 年 6 月 26 日社発第 7 号，昭和 18 年 4 月 5 日保発第 905 号，昭和 27 年 6
月 23 日保文発第 3533 号）。

　また，収入がある者について「被扶養者」の認定基準については，認
定対象者の年収が 130 万円未満であれば原則として「被扶養者」と認定
されます（平成 5 年 3 月 5 日保発第 15 号，庁保発第 4 号）。

(4)　「同一世帯」要件について

　「同一世帯に属する」の解釈について行政通達は，「被保険者と住居及
び家計を共同することである。この場合，同一戸籍内にあることは必ず
しも必要とせず，又被保険者が必ずしも世帯主たることを必要としな
い」（昭和 15 年 6 月 26 日社発第 7 号，昭和 18 年 4 月 5 日保発第 905 号，昭和 27
年 6 月 23 日保文発第 3533 号）としています。また，前掲『健康保険法の解
釈と運用　平成 29 年度版』は，「世帯とは種々の定義が行われている
が，健康保険においては住居及び家計を共にする者の集まりという解釈
の上に立つ」と指摘しています（同書 175 頁）。

社会保障と事実婚 Q & A

Q33 (育児・介護休業)

① 妻（事実婚）が出産した子について，育児休業を取得することはできますか。

② 夫（事実婚）の父が要介護状態になりました。介護休業を取得することはできますか。

A

① 妻が出産した子を認知すれば，子が1歳に達するまで育児休業を取得できます。事実婚が認定されれば，1歳2か月までの間の育児休業（パパ・ママ育休プラス）を取ることができます。雇用保険に加入していれば，月額賃金の67％が育児休業給付金として支給されます。

② 事実婚配偶者の父母も介護休業の「対象家族」になりますので，原則93日間の介護休業を取得できます。雇用保険に加入していれば，月額賃金の67％が介護休業給付金として支給されます。

〈解　説〉

1　育児休業制度

(1)　育児休業及びその対象となる子

　育児休業は，労働者の申出により，生後1歳未満の子を養育するためにする休業で，子が生まれてから原則として1歳に達するまで男女を問わず休業できる制度です（育介法5条）。事業主は，育児休業の申出があった場合，原則としてこれを拒むことはできません（同法6条）。

　育児休業の対象となる「子」については，労働者と法律上の親子関係がある子（実子又は養子縁組をしている養子）とされていましたが，育介法改正（平成29年1月1日施行）により，これに加えて，①特別養子縁組を成立させるために養親となる者が養子となる者を6か月以上の期間現実

175

に監護しているときの当該期間にある者，②養子縁組里親に委託されている者等に拡大されています。

内縁・事実婚の当事者間に生まれた「嫡出でない子」については，母が育児休業を取得する場合は，分娩により法律上の親子関係（母子関係）が成立しますので問題がありませんが，内縁・事実婚の妻が産んだ子について，夫（父）が育児休業を取得する場合には，父の認知により親子関係（父子関係）を成立させる必要があります。なお，内縁・事実婚当事者の連れ子について育児休業を取得する場合には，養子縁組（普通養子縁組，民法798条）をする必要があります。

(2) 同一の子について「配偶者」が育児休業をする場合の特例（パパ・ママ育休プラス）

実際に育児休業を取得するのは圧倒的に女性であることから，主に男性の育児休業取得を向上させることを目的として父母がともに育児休業を取得する場合には，原則として1歳2か月までの間に育児休業を取得することができます（育介法9条の2）。

育介法9条の2は「労働者が養育する子について，当該労働者の配偶者」が育児休業をする場合として，「パパ・ママ育休プラス」の特例を規定していますが，ここにいう「配偶者」には「婚姻の届出をしていないが事実上婚姻関係と同様の事情にある者」が含まれています。

(3) 育児休業給付金

育児休業期間中の所得保障は，雇用保険法に基づいて育児休業給付金が支給されます（雇用保険法61条の4）。すなわち，雇用保険の被保険者が育児休業をした場合，休業開始前の2年間に賃金支払基礎日数が11日以上ある月が12か月以上ある人には，原則として当分の間，育児休業開始から180日までは休業開始前の賃金の67％が，それ以降は休業開始前の賃金の50％相当額が支給されます。

社会保障と事実婚Q & A

2　介護休業

(1)　介護休業及びその対象となる家族

　介護休業とは，要介護状態にある家族を介護するために原則93日を上限に休業できる制度です（育介法11条）。事業主は，介護休業の申出があった場合，原則としてこれを拒むことはできません（同法12条）。

　「要介護状態」とは，負傷，疾病又は身体上若しくは精神上の障害により，2週間以上の期間にわたって常時介護を必要とする状態をいいます（育介法2条，同法施行規則1条）。また，介護休業の「対象となる家族」について，育介法2条4号及び同法施行規則3条が以下のとおり定めています。

〈育介法2条〉

> 　四　対象家族　配偶者（婚姻の届出をしていないが，事実上婚姻関係と同様の事情にある者を含む。以下同じ。），父母及び子（これらの者に準ずる者として厚生労働省令で定めるもの（筆者注：育介法施行規則3条により祖父母，兄弟姉妹，孫とされる）を含む。）並びに配偶者の父母をいう。

　ここで「配偶者」には事実婚が含まれます。また，「父母」「子」とは，労働者と法律上の親子関係がある「父母」「子」の意味であり，実父母の外，養父母，養子が含まれます。従来，祖父母，兄弟姉妹，孫については，同居し，かつ，扶養していることが要件とされていましたが，この要件は削除されました（平成29年1月1日施行）。

(2)　介護休業給付金

　介護休業中の所得保障は，雇用保険法に基づいて，雇用保険の被保険者であり，介護休業開始前2年間に賃金支払基礎日数11日以上ある月

177

Ⅳ　内縁・事実婚当事者の社会保障法における地位

が12か月以上ある人には，原則として当分の間，休業開始時点の賃金
日額×支給日数の67％が介護休業給付金として支給されます。従来，
介護休業給付金は，「休業開始時点の賃金日数に支給日数を乗じて得た
額の100分の40に相当する額」とされていましたが，これを当分の
間，育児休業給付金の額に合わせて100分の67にまで引き上げられま
した（平成28年8月1日施行）。

Q34 （児童扶養手当の受給資格）

- -

①　事実婚の夫と別れました。夫との間に生まれた子について児童
扶養手当を受給することができるのでしょうか。

②　交際相手の子どもを出産しましたが，彼には妻子があり，一緒
に住んだこともなく，子の養育費ももらったことがありません。
認知だけはしてもらいましたが，児童扶養手当を受給することが
できるのでしょうか。

A

- -

児童扶養手当は，主に一人親世帯の児童を対象とする手当であ
り，離婚に限らず事実婚を解消して一人親となった場合や，母が婚
姻（事実婚含む）によらないで懐胎した児童も対象となります。ただ
し，夫とよりを戻したり，彼と同棲すると受給権を失います。

〈解　説〉

1　児童扶養手当とは

児童扶養手当は，主として，一人親世帯の児童を対象とする手当で
す。従来は，母子家庭の母に支給されていましたが，平成22年8月1
日から父子家庭も対象となりました。

児童扶養手当法の目的は，「父又は母と生計を同じくしていない児童
が育成される家庭の生活の安定と自立の促進に寄与」し，「児童の福祉

の増進を図ること」を目的とするとされています（児童扶養手当法 1 条）。
支給の対象となる「児童」は，18 歳に達する日以後の最初の 3 月 31 日
までの間にある者又は 20 歳未満で政令で定める程度の障害の状態にあ
る者を指します（同法 3 条 1 項）。

2　児童扶養手当の受給資格

　児童扶養手当法 4 条 1 項は，児童扶養手当の支給対象について以下の
とおり定めています。

〈母子家庭（児童扶養手当法 4 条 1 項 1 号）〉

　一　次のイからホまでのいずれかに該当する児童の母が当該児童
　　を監護する場合　当該母
　　　イ　父母が婚姻を解消した児童
　　　ロ　父が死亡した児童
　　　ハ　父が政令で定める程度の障害の状態にある児童
　　　ニ　父の生死が明らかでない児童
　　　ホ　その他イからニまでに準ずる状態にある児童で政令で定
　　　　めるもの

(注)「婚姻」には，婚姻の届出をしていないが，事実上婚姻関係と
同様の事情にある場合を含む（3 条 3 項の定義による）。

Ⅳ　内縁・事実婚当事者の社会保障法における地位

〈1号ホの政令で定める児童（児童扶養手当法施行令1条の2）〉

一　父（母が児童を懐胎した当時婚姻の届出をしていないが，その母と事実
　　上婚姻関係と同様の事情にあった者を含む。以下同じ。）が引き続き1年
　　以上遺棄している児童
二　父が配偶者暴力防止法10条1項の規定による命令（保護命令）
　　を受けた児童
三　父が法令により引き続き1年以上拘禁されている児童
四　母が婚姻（婚姻の届出をしていないが事実上婚姻関係と同様の事情に
　　ある場合を含む。以下同じ。）によらないで懐胎した児童
五　前号に該当するかどうかが明らかでない児童

〈父子家庭（児童扶養手当法4条1項2号）〉

二　次のイからホまでのいずれかに該当する児童の父が当該児童
　　を監護し，かつ，これと生計を同じくする場合　当該父
　　　イ　父母が婚姻を解消した児童
　　　ロ　母が死亡した児童
　　　ハ　母が前号ハの政令で定める程度の障害の状態にある児童
　　　ニ　母の生死が明らかでない児童
　　　ホ　その他イからニまでに準ずる状態にある児童で政令で定
　　　　めるもの

社会保障と事実婚 Q & A

〈2号ホの政令で定める児童（児童扶養手当法施行令2条)〉

1　母が引き続き1年以上遺棄している児童

2　母が配偶者からの暴力の防止及び被害者の保護等に関する法律
　　第10条第1項の規定による命令（父の申立てにより発せられたものに
　　限る。）を受けた児童

3　母が法令により引き続き1年以上拘禁されている児童

4　母が婚姻によらないで懐胎した児童

5　前号に該当するかどうかが明らかでない児童

　ここで，児童扶養手当法施行令1条の2第4号について，平成10年
改正前は「母が婚姻によらないで懐胎した児童（父から認知された児童を
除く）」と定めていたため，婚姻外懐胎児童について，父が認知すると
児童扶養手当の受給資格を喪失し，手当が打ち切られていました。この
規定の違憲性（憲法14条違反）をめぐって争われた裁判で，最高裁は，
児童扶養手当法施行令が父から認知された婚姻外懐胎児童を括弧書によ
り児童扶養手当の支給対象となる児童の範囲から除外したことは法の委
任の範囲を逸脱した違法な規定として無効と解すべきであると判断して
います（最一小判平14.1.31民集56巻1号246頁)。

　その理由を以下のとおり述べています。

　「法が4条1項各号で規定する類型の児童は，生別母子世帯の児童に
限定されておらず，1条の目的規定等に照らして，世帯の生計維持者と
しての父による現実の扶養を期待することができないと考えられる児
童，すなわち，児童の母と婚姻関係にあるような父が存在しない状態，
あるいは児童の扶養の観点からこれと同視することができる状態にある
児童を支給対象児童として類型化しているものと解することができ

181

る」。婚姻外懐胎児童は，認知によって当然に世帯の生計維持者としての父が存在する状態になるわけでもなく，又父から認知されれば通常父による現実の扶養を期待することができるともいえないので，「婚姻外懐胎児童が認知により法律上の父がいる状態になったとしても，依然として法4条1項1号ないし4号に準ずる状態が続いているものというべきである」。同法施行令が「婚姻外懐胎児童を支給対象児童としながら，本件括弧書により父から認知された婚姻外懐胎児童を除外することは，法の趣旨，目的に照らし両者の間の均衡を欠き，法の委任の趣旨に反するものといわざるを得ない。」

3　児童扶養手当の支給額と所得制限

　児童扶養手当の支給額は，二人世帯（受給資格者1人，児童1人）の場合，収入が130万円未満で満額（月額42,500円。平成30年度），収入が365万円未満まで収入に応じて減額されます（10,030円。平成30年度）。父（母）からの養育費が支払われた場合は，その80％相当が母（父）の所得に算入されます（児童扶養手当法9条2項，同法施行令2条の4第6項）。

　児童扶養手当を受給するためには市町村に申請して受給資格について認定を受けることが必要です。

4　「事実婚」の父又は母に養育されている場合

　児童扶養手当法は，児童が父又は母の「配偶者」に養育されている場合，手当を支給しないと定めています（児童扶養手当法4条2項4号・5号）。ここで「配偶者」には，事実婚も含まれます（同法3条3項）。

　実務上問題になるのは，離婚後，夫との事実婚が疑われる場合（「偽装離婚」）や非婚で子を出産した母が，法律上の妻がいる男性と同居している場合などです。児童扶養手当が支給されない「事実婚の範囲」について，行政通達は以下のとおり定義しています（「児童扶養手当及び特別児童扶養手当関係法令上の疑義について」（昭和55年6月23日児企第26号））。

1 事実婚の範囲について

(1) 児童扶養手当は，母がいわゆる事実婚をしている場合には支給されない（児童扶養手当法第4条第2項第7号及び第3条第3項）。これは，母が事実婚をしている場合には実質上の父が存在し，児童はその者から扶養を受けることができるので，そもそも児童の養育費たる性格をもつ本手当を支給する必要性が存在しないからである。

従来事実婚の解釈については，いわゆる内縁関係にある場合であっても当事者の関係が民法に規定する重婚の禁止（第732条），近親婚の制限（第734条），直系姻族間の婚姻の禁止（第735条）又は養親子間の婚姻の禁止（第736条）のいずれかの規定に抵触する場合には，事実婚には該当しないものとして取扱い，手当を支給してきた。

しかしながら，児童扶養手当の趣旨，目的からみると，かかる場合には，実質上の父が存在し，手当を支給する必要性が存在しないばかりでなく，かかる場合に手当を支給することは，民法も禁止しているように社会一般の倫理観に反し，非倫理的な行動を助長しているとの批判を免れないところである。

例えば近年いわゆる未婚の母の受給者が増加しており，その中には妻子ある男性と同居している事例がかなり見受けられるところであるが，かかる場合には手当を支給する必要性は何等存在しないものである。

よって，今回，事実婚の解釈については，当事者間に社会通念上夫婦としての共同生活と認められる事実関係が存在しておれば，それ以外の要素については一切考慮することなく，事実婚が成立しているものとして取り扱うこととした。

また，事実婚は，原則として同居していることを要件とするが，

Ⅳ　内縁・事実婚当事者の社会保障法における地位

> ひんぱんに定期的な訪問があり，かつ，定期的に生計費の補助を受
> けている場合あるいは，母子が税法上の扶養親族としての取り扱い
> を受けている場合等の場合には，同居していなくとも事実婚は成立
> しているものとして取り扱うこととした。
>
> (2)　今後，新規認定に当たって，事実婚の範囲については前記の解
> 釈に従って取り扱うとともに，既に受給している者についても毎年
> の現況届，民生・児童委員等の報告等に基づき事実婚が発見された
> 場合には受給資格喪失の処分を行うこと。

　児童扶養手当の支給対象を絞り込むため，当事者間に社会通念上夫婦
としての共同生活と認められる事実関係が存在していれば，それ以外の
要素は一切考慮することなく事実婚の成立を認定している点及び「同居
していなくても」事実婚の成立が認められる場合がある点が注目されます
（なお，児童扶養手当法 29 条 1 項は，都道府県知事等は，受給資格の有無を調査す
るため，担当職員をして 4 条 1 項 1 号イ若しくは 2 号イに該当する児童の父母に質
問させることができると定めていますが，私生活への過度な介入となるおそれがあ
ることから，同規定は，昭和 60 年に制定以来未だ施行されていません）。

社会保障と事実婚 Q & A

> **Q35** （確定拠出年金（「企業型」）の遺族給付）
>
> 夫（事実婚）の会社では，退職手当が「退職一時金」と「退職年金」の２本立てになっています。年金部分は確定拠出年金を採用しています。
> 　確定拠出年金は年金開始年齢（60歳）までは引き出せないと聞いていますが，夫に万が一のことがあった場合，どうなるのでしょうか。
>
> **A**
>
> 　加入者（夫）が死亡した場合，企業年金の資産運用機関から「死亡一時金」が支給されます。「配偶者」は第１順位の受給権者となり，事実婚配偶者も含まれます。ただし，夫が死亡一時金の受給者をあなた以外の者に指定している場合は，この限りではありません。

〈解　説〉

1　確定拠出年金とは

　確定拠出年金（Defined Contribution Plan＝DC）は，個人又は事業主が拠出した資金を個人が自己の責任において運用の指図を行い，高齢期にこれに基づく給付を受給できる制度です（確定拠出年金法１条）。「個人型」（iDeco）と「企業型」の２つの制度があります。

　「個人型」は各個人が掛金を拠出するものであり，国民年金基金の代替・補完の制度と位置づけられ，国民年金基金連合会が実施主体となっています。一方で「企業型年金」は原則として民間企業のサラリーマンなどの第２号被保険者である厚生年金保険の被保険者（公務員を除く）を加入者として，企業が全額掛金を支払うもので，厚生年金基金等の企業年金の代替及び移行先と位置づけられ，企業年金規約の承認を受けた企業が実施主体となっています。

　確定拠出型年金は，年金資産を加入者が自分で運用し，その結果の損

185

Ⅳ　内縁・事実婚当事者の社会保障法における地位

益に応じて受給額が決定され，拠出金の運用は加入者自身の自己責任で
行うものとされています。

　年金資金は個人別に区別され，残高の把握や転職時の資産の移行が容
易であり（ポータビリティ），原則として制度からの脱退はできず，60歳
までは離転職しても払い戻しはできないことになっています。

　近時，大手・中堅企業では退職金の支払方法を退職金の一時払いか
ら，一時払いと退職年金払い（＝いわば退職金の分割払い）を併合する方法
へと変化させており，企業外の退職金積立制度として活用されているの
が確定拠出年金（「企業型」）です。

2　「企業型」の仕組み

　毎月の掛金を払込み，従業員が運用した資産（積立金）を保全しても
らいます。

　運営管理機関は，従業員に対して個別口座の設定や運用商品の指示，
資産残高や運用状況を報告するとともに，従業員からの運用指示を取り
まとめ，資産管理機関に運用指示を行い，給付の際には従業員の給付資
格裁定及び給付額の算定に基づいて資産管理機関に給付指示を行い，こ
れによって従業員は資産管理機関から自己の運用の成果としての積立金
を年金か一時金で受け取ることになっています。

【確定拠出年金（「企業型」）の仕組み（DC）】

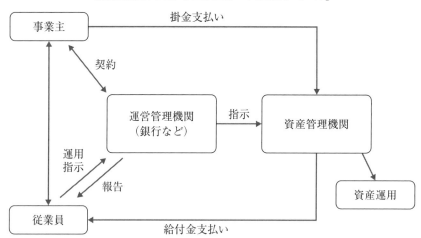

3 確定拠出年金の給付内容

年金の給付には，①老齢給付金，②障害給付金，③死亡一時金があります（確定拠出年金法28条，73条）。すなわち，60歳に達した場合には老齢給付金（年金又は一時金）が支給され，60歳以前に一定の障害状態になったときは障害給付金が支給されます。加入者が死亡した場合には「遺族」に死亡一時金が支給されます（同法40条）。

4 「遺族」の範囲及び順位

死亡一時金は，「企業型年金加入者又は加入者であった者（当該企業年金に個人別管理資産がある場合に限る）が死亡したときに，その者の遺族に資産管理機関が企業型記録関連運営管理機関等の裁定にもとづいて支給する」とされています。死亡一時金の受給資格については確定拠出年金法41条1項は以下のとおり定めており，加入者は死亡前に「死亡一時金」の受給者を指定することができますが，指定がないときは法が定める範囲内の「遺族」に対し，法が定める「順位」に従い支給されます。この場合，事実婚を含む配偶者に第1順位の受給資格が認められます。

Ⅳ　内縁・事実婚当事者の社会保障法における地位

受給権者は民法の「相続人」とはその範囲，順位が異なっていること，生計を維持していた親族（6親等内の血族及び3親等内の姻族）まで受給権者としていること，法の定める範囲内で死亡一時金を受け取る「遺族」がいないとき，資産管理機関が運用していた資産は「相続財産」になり，相続人に承継されることになっている点が注目されます。

〈確定拠出年金法41条〉

1　死亡一時金を受けることができる遺族は，次に掲げる者とする。ただし，死亡した者が，死亡する前に，配偶者（届出をしていないが，死亡した者の死亡の当時事実上婚姻関係と同様の事情にあった者を含む。以下この条において同じ。），子，父母，孫，祖父母又は兄弟姉妹のうちから死亡一時金を受ける者を指定してその旨を企業型記録関連運営管理機関等に対して表示したときは，その表示したところによるものとする。

　　一　配偶者
　　二　子，父母，孫，祖父母及び兄弟姉妹であって死亡した者の死亡の当時主としてその収入によって生計を維持していたもの
　　三　前号に掲げる者のほか，死亡した者の死亡の当時主としてその収入によって生計を維持していた親族
　　四　子，父母，孫，祖父母及び兄弟姉妹であって第二号に該当しないもの

2　前項本文の場合において，死亡一時金を受けることができる遺族の順位は，同項各号の順位により，同項第二号及び第四号に掲げる者のうちにあっては同号に掲げる順位による。この場合において，父母については養父母，実父母の順とし，祖父母について

188

は養父母の養父母，養父母の実父母，実父母の養父母，実父母の
実父母の順とする。

3　前項の規定により死亡一時金を受けることができる遺族に同順
位者が2人以上あるときは，死亡一時金は，その人数によって等
分して支給する。

4　死亡一時金を受けることができる遺族がないときは，死亡した
者の個人別管理資産額に相当する金銭は，死亡した者の相続財産
とみなす。

5　（略）

　なお，「加入者」が死亡後，5年間裁定請求が行われない場合は，死
亡一時金を受け取る「遺族」がいないものとみなされ，相続財産になり
ます。遺族が「死亡一時金」として受給はできなくなるので注意が必要
です。

5　確定給付企業年金

　大手・中堅企業が退職金制度として採用している制度として，この外
に確定給付企業年金制度があります。

　確定給付企業年金制度（Defined Benefit Plan＝DB）は，老齢期に一定額
の年金給付を保障する制度です（確定給付企業年金法1条）。「基金型」と
「規約型」があり，加入者は事業所に使用される厚生年金保険の被保険
者です。確定拠出年金と同様に厚生年金基金の企業年金の代替移行先と
位置づけられています。

　掛金は企業が全額負担し，「規約型」では労使双方が合意した「年金
規約」に基づき企業と金融機関が契約を結び，企業外で年金資産を管
理・運用し，従業員の将来の年金給付を行うものです。

Ⅳ　内縁・事実婚当事者の社会保障法における地位

　確定給付年金の特色は，資産の運用や利回りに関わりなく，あらかじめ年金給付額が確定していることです。また，定年前に中途退職した場合には一時金（脱退一時金）の支給が義務づけられている点です（確定給付企業年金法 29 条 1 項 2 号）。

　このほかに，規約で定めるところにより，事業主は「障害給付金」「遺族給付金」の各給付を行うことができます（確定給付企業年金法 29 条 2 項）。「遺族給付金」は，加入者又は「老齢給付金」の支給を受けている者等（以下「給付対象者」という）が死亡したとき，その者の「遺族」に支給することになっています（同法 47 条）。遺族の範囲，順位について確定給付企業年金法 48 条は以下のとおり定めています。確定拠出年金と異なり，遺族の範囲，順位について「規約」にこれを委ねていることが注目されます。

〈確定給付企業年金法 48 条〉

　遺族給付金を受けることができる遺族は，次に掲げる者のうち規約で定めるものとし，遺族給付金を受けることができる遺族の順位（第 51 条第 2 項において「順位」という。）は，規約で定めるところによる。
　　一　配偶者（届出をしていないが，給付対象者の死亡の当時事実上婚姻関係と同様の事情にあった者を含む。）
　　二　子（給付対象者の死亡の当時胎児であった子が出生したときは，当該子を含む。），父母，孫，祖父母及び兄弟姉妹
　　三　前二号に掲げる者のほか，給付対象者の死亡の当時主としてその収入によって生計を維持していたその他の親族

遺族給付金は，規約で定めるところにより，年金又は一時金として支給されることになっています（確定給付企業年金法49条）。

Q36 （婚姻・事実婚の成立による失権）

①遺族年金を受給していますが，交際相手との同棲を考えています。婚姻届を出すと，年金受給権はどうなるのでしょうか。事実婚の場合はどうですか。

②児童扶養手当を受給しています。婚姻届を出すと，手当はどうなるのでしょうか。事実婚の場合はどうなるのでしょうか。

A

婚姻すると受給権が消滅します。事実婚の場合も同じです。

〈解　説〉

◎受給権の消滅

遺族基礎年金，遺族厚生年金の受給権は，受給権者が「婚姻」したとき，消滅します（国年法40条1項2号，厚年法63条1項2号）。なお，寡婦年金の受給権も受給権者が「婚姻」したときは消滅します（国年法51条，40条1項2号）。

ここで，「婚姻」には，婚姻の届出をしていないが，事実上婚姻関係と同様の事情にある場合を含むと解されています。

また，児童扶養手当は，児童が父又は母の「配偶者」に養育されている場合，手当を支給しないと定めています（児童扶養手当法4条2項4号・5号）。そこで，父母が婚姻すると受給資格を喪失します。ここで「婚姻」とは婚姻の届出をしていないが，事実上婚姻関係と同様の事情にある場合を含むと定められています（同法3条3項）。

行政通達によれば，当事者間に社会通念上夫婦としての共同生活とし

191

Ⅳ　内縁・事実婚当事者の社会保障法における地位

て認められる事実関係が存在すれば，それ以外の要素は一切考慮することなく事実婚の成立を認定するものとしている点，「同居していなくても」事実婚の成立が認められる点に留意が必要です（Q34）。

　ちなみに，戦前の法律で正面から内縁関係を取り上げたのは，内縁当事者の保護を目的とするものではなく，失権の規定でした。1933 年，恩給法改正により，同法 80 条に 2 項に新設された「届出ヲ為サザルモ事実上婚姻関係ト同様ノ事情ニ入リタリト認メラルル遺族ニ付テハ裁定官庁ハ其ノ者ノ扶助料ヲ受クルノ権利ヲ失ハシムルコトヲ得」とする規定を設けています。また，1937 年制定の母子保護法では，同法による扶助の適用除外のため 1 条 1 項に「但シ母ニ配偶者（届出ヲ為サザルモ事実上婚姻関係ト同様ノ事情ニ在ル者ヲ含ム，以下之ニ同ジ）アル場合ハ此ノ限ニ在ラズ」という規定を置いていました。

Q37 （「遺族」「家族」の範囲 vs「親族」）

　社会保障立法では，法の適用対象となる「家族」や「遺族」（＝残された「家族」）の範囲を定めていますが，民法が定める「親族」や「相続人」の範囲とは異なるのでしょうか。

A

　社会保障立法では，現実の要保障性（ニーズ）を基本原理として法の趣旨・目的にしたがって「家族」「遺族」の範囲・順序を決めており，なかでも「配偶者」については戦前の社会保障立法ですでに内縁・事実婚配偶者を含むとしているなど，民法上の「親族」「相続人」の範囲とは全く異なる定めをしています。

社会保障と事実婚 Q & A

〈解　説〉

1　民法上の「家族」＝「親族」

わが国の場合，憲法では「家族に関する事項」は法律で規定すること
になっていますが，「家族」の定義自体はなく，それぞれの法律で，立
法趣旨にしたがって一定の範囲の人を「家族」と規定し，「家族」の範
囲が定められています。民法は，「家族」の定義を欠くものの，親族に
ついては一定の範囲の人々を「親族」と規定しています。

すなわち，親族について民法は以下の範囲の人々を「親族」と規定し
ています（民法725条）。

一　六親等内の血族
二　配偶者
三　三親等内の姻族

ここで，「血族」（民法725条1号）とは，あくまで法的観点から定義さ
れた者であり，それゆえ「自然」（生物学上）血族と「法定」（人為的）血
族があり，前者であっても嫡出でない子（婚外子）が父（やその血族）と
の親子（親族）関係を生じさせるためには認知が必要であり（同法779
条，787条），人為的血族関係は養子縁組による場合のみが認められてい
ます（同法727条など）。「配偶者」（同法725条2号）とは，法律婚の「配
偶者」を指し，内縁・事実婚配偶者は含まれません。また，「姻族」（同
条3号）とは，配偶者の一方から見た他方配偶者と血族関係にある人の
ことです。

現行民法の「親族」の範囲は明治民法の規定をそのまま引き継いでい
ます。

親族関係に基づいて民法上生じる具体的な各種の法的効果の発生のた

193

めの要件としての親族の範囲は，各個の規定によって定まります。血族とされることによる法的効果については，被相続人と相続人との間に一定の血族関係があるがゆえになされる相続権（血族相続。民法887条，889条），「直系血族及び兄弟姉妹は互いに扶養をする義務がある」とされる民法上の扶養義務（同法877条1項）が重要であり，「姻族」の法的効果としては，「婚姻」の効果として当事者間に生じる法的効果が種々定められていますが，被相続人死亡の際の「配偶者の相続権」（同法890条）が重要です。内縁・事実婚について婚姻の規定の多くが類推適用されていますが，「配偶者の相続権」は認められていません。

2 社会保障立法の適用対象となる「家族」／「遺族」

　社会保障立法では，戦前から法律の適用を受ける「配偶者」に内縁・事実婚配偶者も含める旨が明文の規定で定められてきました。例えば，各種立法における「遺族給付」は，死亡した者により生計を維持されていた「遺族」に支給されることになっており（Q25～Q30），生計維持要件を満たせば内縁・事実婚配偶者は第1順位の受給権者となります。

　また，健康保険法では，被保険者本人（従業員）の「家族」に「家族療養費」が支給されることになっていますが，対象とされる「家族」の範囲は被保険者本人に生計を維持されている直系尊属，配偶者（事実婚含む），子，孫，兄弟姉妹，並びに事実婚配偶者の父母や子で被保険者本人と同一世帯に属し，その者により生計を維持される者となっています。事実婚配偶者死亡後も生計維持要件及び生計同一要件を満たせば，引き続き家族療養費の対象となります。

　このように，「親族」の範囲を超え，被保険者にとっては民法上「他人」と位置づけられている者であっても，「生計維持要件」，「生計同一要件」を満たせば，これを「家族」（「被扶養者」）として，家族療養費の支給対象になるとしています。

同様に，育児介護休業法でも「対象家族」の範囲について「配偶者
(事実婚含む)」「父母」「子」「配偶者（事実婚含む）の父母」と定義してお
り，労働者は要介護状態にある「対象家族」を介護するため介護休業を
取得でき，雇用保険から介護休業給付金の支給が受けられます（詳しく
は Q34)。

以上のように，社会保障立法の適用を受ける「遺族」「家族」の範囲
が民法上の「親族」や「相続人」と全く異なっているのは，社会保障立
法は生活を脅かす事由（傷病，傷害，老齢，要介護状態，生計維持者の死亡，
出産，失業等）が発生した場合に，現実の要保障性（ニーズ）を基本原理
として，社会保険料や租税を財源にして，国・地方公共団体等が財貨や
役務（サービス）などの給付を提供する制度であることによるものと考
えられます。

Ⅳ　内縁・事実婚当事者の社会保障法における地位

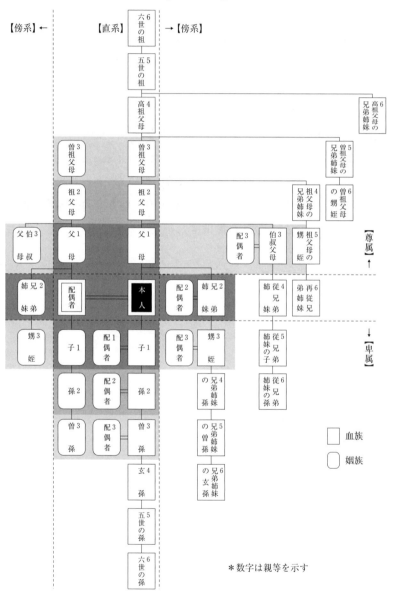

【親族関係】

＊数字は親等を示す

社会保障と事実婚 Q & A

Q38 （国民健康保険）

自営業をしており，国民健康保険に加入しています。彼と同棲しようかと思いますが，健康保険はどうなるのでしょうか。

A

彼が住民票を移してあなたと同一世帯になると，「同居人」であろうと「夫（未届）」であろうと，いずれの場合であっても彼が勤務先の健康保険の「被保険者」あるいは「被扶養者」となっていない限りは，あなたの住んでいる都道府県（市町村）の国民健康保険の「被保険者」となります。あなたは「世帯主」として，世帯員である彼の分を含め，国民健康保険税を支払う義務が生じます。ただし，あなたの住んでいる市町村が保険料算定について「世帯別平等制」を採用している場合は，同一世帯とすることによって，二世帯とするよりは一世帯分の保険料が減額になります。また，賦課限度額の適用対象にもなります。

〈解　説〉

1　国民健康保険とは

国民健康保険とは，国民健康保険法に基づき，日本国内に住所を有する者（「被用者保険」の対象者等を除きます）について，国民健康保険税（又は保険料）と国庫負担金等により，疾病，負傷，出産，死亡時に保険給付を行う医療保険です。都道府県の区域内に住所を有する者は，都道府県が都道府県内の市町村とともに行う国民健康保険の被保険者となります（国保法5条）。

ただし，国民健康保険以外の公的医療保険（例えば健康保険法による「被用者保険」）の被保険者となったり，その「被扶養者」となると，国民健康保険の被保険者資格を失います。また，生活保護世帯に属する者も被保険者資格を失い，生活保護法による医療扶助の対象となります（国保

197

法6条9項）。ちなみに，国民健康保険の「保険者」は，従来，市町村でしたが，平成27年法改正（平成30年4月施行）により都道府県も市町村とともに保険者となり，都道府県が財政運営の責任主体となりました（国保の都道府県単位化）。

　国民健康保険は，世帯主だけではなく，世帯主のいわば扶養家族ともいえる世帯の構成員一人一人が個人単位で「被保険者」となります。一方で，保険料の納付義務者は「世帯主」だけとなっており，特有の仕組みを取っています。

　被保険者資格は，法律上の要件を充足した事実をもって，その時点から，当事者の主観的な意思とは無関係に被保険者資格が発生します。このように「強制加入」の仕組みとなっていますが，最高裁は，国民健康保険への強制加入は憲法19条，同29条に違反しないとしています（最大判昭33.2.12民集12巻2号190頁）。国民健康保険は，健康保険と異なり，「被扶養者」に対する家族給付はありません。

2　国民健康保険の保険料

　国民健康保険の保険料は，市町村が世帯主から徴収することになっていますが，地方税法の規定に基づき国民健康保険税として賦課することもできます（国保法76条1項）。税とした方が，徴収権の優先順位が高くなることから，大都市以外では税方式を用いているところが多くなっています。国民健康保険料の賦課は，世帯を単位として行われます（同条）。

　保険料額は，政令で定める基準に従って条例等で定めることになります（国保法81条）。基礎賦課額が算定され，これに応能割（所得割，資産割）と応益割（被保険者均等割，世帯別平等割）を組み合わせた方法で各世帯に付加される保険料額が決定されます。被保険者たる世帯主が及び同一世帯に属する被保険者につき，算定した保険料は世帯主に賦課されます（国保法施行令29条の7）。

①所得割と被保険者均等割によってのみ保険料を算定する方法

②所得割と被保険者均等割，世帯別平等割により保険料を算定する方法

③所得割と資産割，被保険者均等割，世帯別平等割により保険料を算定する方法

のいずれを採用するのかは市町村により異なっています。

市町村が②あるいは③の方式を採用している場合，事実婚カップルが同一世帯を構成すれば，世帯別平等割が一世帯分のみ賦課されるため，それぞれが単独で世帯主となる場合に比べて保険料が軽減されることになります。この場合，当該カップルが同一世帯を構成さえしていれば，世帯主との関係が単なる「同居人」であっても保険料軽減の対象となります（「内縁」「事実婚」関係であることは要件とされない）。

保険料は世帯ごとに賦課限度額が定められていることから，同一世帯が複数の被保険者で構成される場合，賦課限度額を上限として保険料が賦課されることになり，この点でも同一世帯とするメリットがあります。

なお，同性カップルの国民健康保険料について，東京都豊島区では，居住と生計を共にしている同性カップルについて「同居人」と記載することを認め，この場合について，賦課限度額の適用対象とするとしています（濱畑芳和「LGBT の抱える生活問題と社会保障に関する諸論点」（龍谷法学49 巻 4 号 444 頁））。

Ⅳ　内縁・事実婚当事者の社会保障法における地位

Q39 （国民年金「3 号被保険者」）

国民年金に加入しています。彼との同棲を考えていますが，彼の社会保険に入れてもらえば国民年金の保険料を払わなくて済むと聞きました。婚姻届を出さなければならないのでしょうか。

A

事実婚関係にあり，彼の収入により生計を維持している場合（あなたの年収が130万円未満の場合）は，「3 号被保険者」になり，国民年金の保険料の支払義務はなくなります。

〈解　説〉

1　公的年金制度

　公的年金制度は，老齢，障害，死亡による所得の減少に対する所得保障を行うことによって，被保険者本人及び遺族の生活の安定を図る制度です。日本の公的年金制度は，特定の年齢層を強制加入の被保険者とする社会保険方式を採用しており，政府が保険者となっています（国年法3 条 1 項，厚年法 2 条）。

　公的年金制度には，主として自営業者や厚生年金に加入できないパート労働者，無職者などが加入する国民年金と，民間サラリーマンや公務員が加入する厚生年金があります（2015 年 10 月 1 日から共済年金は厚生年金に統合され一元化されました）。

　日本の年金制度は三層構造となっており，全国民を対象とする基礎年金（国民年金）→ 1 階部分，所得に比例して支給される厚生年金（旧共済年金）→ 2 階部分となっており，これらの公的年金制度に加えて，さらに上乗せされた 3 階部分に企業年金（厚生年金基金，確定給付企業年金，確定拠出年金等）が位置しています。

200

社会保障と事実婚 Q & A

2 国民年金（基礎年金）の被保険者

国民年金の被保険者について国年法7条1項は以下のとおり定めています。

> 一 日本国内に住所を有する20歳以上60歳未満の者であって次号
>   及び第3号のいずれにも該当しないもの（……「第1号被保険者」とい
>   う。）
> 二 厚生年金保険の被保険者（……「第2号被保険者」という。）
> 三 第2号被保険者の配偶者であって主として第2号被保険者の
>   収入により生計を維持するもの（「被扶養配偶者」という。）のうち
>   20歳以上60歳未満のもの（……「第3号被保険者」という。）

ここで，国年法5条7項は，「配偶者」について，「この法律におい
て，『配偶者』，『夫』及び『妻』には，婚姻の届出をしていないが，事
実上婚姻関係と同様の事情にある者を含むものとする」と定めています。

また，「生計維持要件」については政令で定めることになっており
（国年法7条2項），これを受けて国年法施行令4条は，「被保険者の収入
により生計を維持することの認定は，健康保険法，国家公務員共済組合
法，地方公務員等共済組合法及び私立学校教職員共済法における被扶養
者の認定の取扱いを勘案して日本年金機構が行う」としています。

収入がある者の「被扶養者」の認定について，行政実務は，①同一世
帯（同居）の場合：年収130万円未満でかつ配偶者の年収の2分の1未
満，②同一世帯に属さない（別居の）場合：年収130万円未満でかつ配
偶者からの仕送り額を下回ることが要件とされています（「健康保険法の
「被扶養者」認定基準」平成5年3月5日保発第15号，庁保発第4号）。

Ⅳ　内縁・事実婚当事者の社会保障法における地位

3　国民年金の給付内容と財源

　国民年金の給付には，①老齢基礎年金（原則 65 歳以上で，保険料納付済期間が 10 年以上ある者に支給される），②障害基礎年金（負傷，疾病の「初診日」に被保険者でありかつ法定の障害等級に該当した者に支給される），③遺族基礎年金（被保険者の配偶者又は子に支給される）等があります。給付に要する費用等の財源は，国庫負担金と保険料納付により賄われます（国年法 85 条，87 条）。

4　保険料

　政府は国民年金事業に要する費用に充てるため，被保険者から保険料を徴収することができます（国年法 87 条）。被保険者は，保険料を納付する義務があります（同法 88 条 1 項）。世帯主は，その世帯に属する被保険者の保険料を連帯して納付する義務があり（同条 2 項），配偶者の一方は，被保険者たる他方の保険料を連帯して納付する義務があります（同条 3 項）。厚労大臣は，滞納する者に対し，督促し，国税滞納処分の例によってこれを処分することができます（同法 96 条）。

　保険料は月額 1 万 6340 円（平成 30 年）となっています（国年法 87 条 3 項）。

　第 1 号被保険者には保険料支払義務が課せられます（国年法 88 条）。第 2 号被保険者は厚生年金（旧共済年金）に加入している者であり，厚生年金保険の保険料は報酬比例（標準報酬に保険料率をかけた額）で，事業主などと折半し，給与から天引きされて徴収されます。

　厚生年金保険の保険者・実施機関は，毎年，基礎年金の給付に要する費用に充てるため，基礎年金拠出金を負担しています（国年法 94 条の 2）。この拠出金は，第 2 号被保険者及び第 3 号被保険者の基礎年金に関する保険料をまとめて負担することを意味しています。そこで，第 2 号・第 3 号被保険者は，国民年金の保険料を個別に負担する必要があり

ません（同法 94 条の 6）。

基礎年金拠出金には第 3 号被保険者の保険料相当部分も含まれている
ため，第 3 号被保険者本人の保険料負担はありません。

5 遺族基礎年金／寡婦年金／死亡一時金

(1) 遺族基礎年金

以下のいずれかに該当する者が死亡した場合に，その者の配偶者又は
子に支給されます（国年法 37 条）。2014 年 4 月施行の改正法により「夫」
も対象となりました（父子家庭にも支給されます）。

---

① 被保険者

② 60 歳以上 65 歳未満の被保険者であった者で，日本国内に住所
を有する者

③ 老齢基礎年金の受給権者（ただし，保険料納付済期間と保険料免除
期間の合計が 25 年以上であること）

④ 保険料納付済期間と保険料免除期間の合計が 25 年以上である者

遺族（受給できる「配偶者」と子）の範囲について，国年法 37 条の 2 は
以下のとおり定めています。

配偶者については，(a)生計維持要件（①被保険者又は被保険者であった者
の死亡当時，死亡者と生計を同じくしていたこと，②年収 850 万以上の収入を将来
にわたって有するものと認められないこと）及び(b)一定の要件を満たしてい
る子ども（18 歳に達する年度までにある子か，障害等級 1 級か 2 級に該当する 20
歳未満の子）と生計を同じくすることが受給要件とされています。

また，子については，(a)生計維持要件と(b)18 歳に達する年度までに
ある子か，障害等級 1 級か 2 級に該当する 20 歳未満の子で，現に婚姻
をしていないことが受給要件とされます。子に対する遺族基礎年金は，

203

Ⅳ　内縁・事実婚当事者の社会保障法における地位

配偶者が受給権を有するときは支給が停止されます（国年法41条2項）。

(2) 寡婦年金

国民年金の第1号被保険者である夫（保険料納付済期間と保険料免除期間の合計が10年以上である夫に限ります）が死亡した場合，60歳以上65歳未満の寡婦に支給される年金です（国年法49条）。老齢基礎年金が支給される65歳になる前の寡婦の生活保障を目的としています。

(3) 死亡一時金

第1号被保険者が死亡した場合に，その者の「遺族」に一時金が支払われます（国年法52条の2）。「配偶者」は第1順位の受給権者です（同法52条の3第2項）。平成6年改正法により死亡一時金の額が大幅に引き上げられました（12万円から32万円）。寡婦年金と同様に，国年法の独自給付です。

Q40 （生活保護）

内縁の夫が失業し，生活ができなくなりました。2人で生活保護を受給することはできるのでしょうか。

A

同一世帯であれば，法律婚であるか，事実婚であるかに関わりなく，世帯主を名宛人として2人分の生活保護が受給できますが，2人の収入・資産の合計が最低限度の生活費を超えないことが要件となります。

〈解　説〉

1　生活保護とは

健康で文化的な最低限度の生活を営むことができない生活困窮者に対し，国がその責任においてその生活を保障する制度を公的扶助と言い，

日本では憲法25条（生存権）を具体化する制度として，生活保護法に基づいて実施されています（生保法1条）。

生活保護の財源は税金によって賄われることから，「保護は，生活に困窮する者が，その利用し得る資産，能力その他あらゆるものを，その最低限度の生活の維持のために活用すること」を要件として行われ，「民法に定める扶養義務者の扶養及び他の法律に定める扶助」は，全て生活保護に優先して行われることになっています（保護の補足性→生保法4条1項・2項）。

「資産」とは，金銭，不動産，動産，債権等の全ての積極資産をいい，最低限度の生活の範囲を超える「資産」は，処分（＝売却）してその収益を最低生活の維持に充てるよう求められます。「能力」は，稼働能力の活用を意味しています。本人に稼働能力があっても，実際に活用できる場（仕事）がなければ「使用しうる能力を活用していない」とされます（行政実務）。また，扶養義務者による扶養が優先されます（私的扶養優先の原則→生保法4条2項）。

2 保護の実施

保護は要保護者等の申請に基づいて開始するものとされ（申請保護の原則→生保法7条），申請書には，要保護者の資産及び収入の状況（生業若しくは就労又は求職活動の状況，扶養義務者の扶養の状況，他の法律に定める扶助の状況を含む）を記載するとされています（同法24条1項4号）。保護の実施機関は，保護の申請があったときは，保護の要否を決定することになっています（同条3項〜6項）。保護の実施機関は，収入の認定を行い，自力でどの程度の生活費，生活物質を確保しているのかということについて確認を行います。行政実務は，原則的には就労に伴う収入，就労に伴わない収入の全てを認定することとしています。

Ⅳ　内縁・事実婚当事者の社会保障法における地位

3　世帯単位の原則

　生活保護は，世帯を単位としてその要否及び程度を定めるものとされています（生保法 10 条）。世帯が家計を同一にする消費生活上の単位であることから，生活保護の要否の判定と保護費の算定においては世帯を単位としています。「収入」「資産」も各個人ではなく世帯ごとに算定され，生活保護の要否が決定されます。生活保護の決定の名宛人は世帯主とされます（ただし，世帯構成員も保護受給権を有し，保護変更処分の取消訴訟の原告適格を有します（福岡高判平 10.10.9 判時 1690 号 42 頁））。

　行政解釈は，世帯の認定について「同一の住居に居住し，生計を一にしている者は，原則として，同一世帯員として認定すること。なお，居住を一にしていない場合であっても，同一世帯として認定することが適当であるときは，同様とすること」としています（昭和 36 年 4 月 1 日厚生省発社第 123 号）。ここで，世帯が同一であるかどうかは「生計の同一性」に着目して判断され，居住の同一や扶養義務の有無は目安にすぎないとされています（伊藤周平『社会保障のしくみと法』（自治体研究社，2017）69 頁）。そこで，法律婚，事実婚のいかんに関わりなく，また同一の住居に居住しているか否かにも関わりなく，生計を同一にしている場合には「同一世帯」と認定され，世帯ごとに生活保護の要否や保護費が算定されることになります。

　このように，世帯単位の原則は，保護の要否・程度の決定に際し，世帯単位で最低生活費と収入認定額を比べることを意味することから，同一世帯と認定されると，民法上求められる扶養の程度を超えて（あるいは民法上扶養義務を負わない場合であっても），自己の収入のうちから最低生活費を超える部分は他の世帯員の生活費に充当されることになり，事実上，世帯員との関係で非常に程度の高い扶養義務関係に立たされるという問題があります。

住民票の記載 Q & A

Q41 （住民票上の記載〜内縁・事実婚関係の証明）

　私たちは同居し，事実上の夫婦として生活しています。住民票上，私たちが事実婚関係にあることがわかるように記載してもらうことはできるのでしょうか。相手に法律上の夫又は妻がいる場合はどうでしょうか。また，私たちの間に生まれた子について，住民票上の記載はどうなるのでしょうか。

A

　世帯主との「続柄」欄に「夫（未届）」「妻（未届）」と記載してもらうことができます。いずれかに法律上の夫又は妻がいる場合は「同居人」と記載されます。世帯主である父が認知した子について，世帯主との「続柄」は嫡出子と同じように「子」と記載されます。

〈解　説〉

1　住民基本台帳法・住民基本台帳事務処理要領

　住民基本台帳法は，「市町村……において，住民の居住関係の公証，選挙人名簿の登録その他の住民に関する事務の処理の基礎とするとともに住民の住所に関する届出等の簡素化を図り，あわせて住民に関する記録の適正な管理を図るため」住民基本台帳の制度を定めるとしています（住基法１条）。

　市町村は，住民基本台帳を備え，その住民につき，法定の記載事項を記録することになっており（住基法５条），市町村長は，個人を単位とする住民票を世帯ごとに編成して，住民基本台帳を作成するとしています（同法６条）。住民票には，氏名，生年月日，男女の別等の他に「世帯主についてはその旨，世帯主でない者については世帯主の氏名及び世帯主

Ⅳ　内縁・事実婚当事者の社会保障法における地位

との続柄」を記載することになっています（同法7条4号）。

　住民基本台帳制度の運用に当たっては，国が「住民基本台帳事務処理要領」（以下，事務処理要領という）を定めており，各市町村長はこれに従って事務処理を行うことになっています。

　事務処理要領によれば，「世帯とは，居住と生計をともにする社会生活上の単位である。世帯を構成する者のうちで，その世帯を主宰する者が世帯主である。」，「世帯主との続柄は，当該世帯における世帯主と世帯員との身分上の関係をいうのである。」とされています（事務処理要領第1-4項）。

　また，世帯主との続柄の記載方法については，以下のとおり定めています（事務処理要領第2-1-(2)-ア-(オ)）。

　(オ)　世帯主と続柄の記載方法

　　世帯主との続柄は，妻，子，父，母，妹，弟，子の妻，妻（未届），妻の子，縁故者，同居人等と記載する。

　　世帯主の嫡出子，養子及び特別養子についての「世帯主との続柄」は，「子」と記載する。

　　内縁の夫婦は，法律上の夫婦ではないが準婚として各種の社会保障の面では法律上の夫婦と同じ取扱いを受けているので「夫（未届），妻（未届）」と記載する。

　　内縁の夫婦の子の世帯主（夫）との続柄は，世帯主である父の認知がある場合には「子」と記載し，世帯主である父の認知がない場合には「妻（未届）の子」と記載する。

　　縁故者には，親族で世帯主との続柄を具体的に記載することが困難な者，事実上の養子等がある。夫婦同様に生活している場合でも，法律上の妻のあるときには「妻（未届）」と記載すべきではない。

208

内縁の夫婦に法律上の妻（夫）がいる場合は，「同居人」と記載されます。

ちなみに，事務処理要領について，最高裁判決は以下のように述べています（最一小判平11.1.21判時1675号48頁，嫡出でない子の住民票続柄記載取消請求事件上告審判決）。

「住民票は，選挙人名簿の作成の基礎資料となるほか，住民に関する記録として様々な手続に広く利用される書類であるから，各市町村が独自の法令解釈に基づいて区々な事務処理をすることは望ましいとはいえず，できる限り統一的に記録が行われるべきものである。そのため，国が市町村に対し住民基本台帳に関する事務について必要な指導を行うものとされているところ（同法31条1項），……国により住民基本台帳の記載方法等に関して住民基本台帳事務処理要領が定められていたのであるから，各市町村長は，その定めが明らかに法令の解釈を誤っているなど特段の事情がない限り，これにより事務処理を行うことを法律上求められていたということができる。」

2 「夫（未届）」「妻（未届）」～必要書類

市区町村役場では，「夫（未届）」「妻（未届）」と記載するためには，世帯主の承諾が要るところや，世帯主の立会が必要であるというところもあるようです。この場合は，世帯主となる者（例えば夫）が世帯員（例えば妻）と住居と生計を共にし，事実上の夫婦であるので，続柄記載を「妻（未届）」としてほしい旨の申立書を提出するよう求められる場合があります。また，重婚的内縁関係にあると，「（未届）」の夫，妻という記載はすべきでないとされていることから，双方の戸籍謄本の提出が求められます。

3 嫡出でない子

住民基本台帳事務処理要領が平成6年に改正され，子について「世帯

Ⅳ　内縁・事実婚当事者の社会保障法における地位

主との続柄記載の方法」が改められました（平成6年12月15日自治振第233号通知）。

　改正のポイントについて，通知は，「近年におけるプライバシー意識の高揚等社会情勢の変化に即し，世帯主の嫡出子，特別養子及び養子並びに世帯主である父に認知されている嫡出でない子について，住民票における世帯主との続柄の記載の区別をせずに，一律に「子」と記載するもの」としています。

区　分	改正前	改正後
嫡出子	長男，二女等	子
特別養子	長男，二女等	子
養子	養子	子
嫡出でない子 （世帯主である父に認知されている場合）	子	子
嫡出でない子 （世帯主である父に認知されていない場合）	妻（未届）の子	同左
妻の連れ子 （世帯主が夫である場合）	妻の長男，二女等	妻の子
夫の連れ子 （世帯主が妻である場合）	夫の長男，二女等	夫の子
事実上の養子	縁故者	同左

内縁・事実婚当事者の租税法における地位

第1 「配偶者」に事実婚当事者を含むことが明示されていない制度

　租税法は「配偶者」について税法上の様々な優遇措置を設けています。例えば、所得税法は、納税者に「配偶者」がいる場合、所得控除が受けられる「配偶者控除」、「配偶者特別控除」の制度があり、相続税法上は、相続税における生存配偶者に対する相続税額の軽減措置の制度や配偶者間の贈与について、「配偶者控除」の制度があります。

　租税法は社会保障立法とは異なり、租税法上の優遇措置の適用を受ける「配偶者」について、内縁・事実婚当事者を含む旨の明文の規定を設けていない場合が多いです。例えば、所得税法は、配偶者控除の対象について、生計を一にする「配偶者」(「同一生計配偶者」)としており（所得税法2条1項33号）、行政通達は「同一生計配偶者」について、「内縁関係にある者は、たとえその者について家族手当等が支給されている場合であっても、これに該当しない」としています（所得税法基本通達2-46）。判例も、「所得税法83条及び83条の2にいう『配偶者』は、納税義務者と法律上の婚姻関係にある者に限られると解するのが相当である」としています（最三小判平9.9.9訟月44巻6号1009頁）。

第2 「配偶者」に内縁・事実婚配偶者を含むと規定している制度

　法律上、明文で「配偶者」に括弧書きを付し、「届出をしていないが、事実上婚姻関係にある者を含む」と定めている税法上の規定としては、滞納処分に関する差押禁止財産に関する国税徴収法75条（生計同

Ⅴ　内縁・事実婚当事者の租税法における地位

一配偶者の生活に欠くことができない衣服等の差押を禁止する）があります。この外に，政令では，国税徴収法に定める「親族その他特殊関係者」について定義する国税徴収法施行令 13 条，相続税法 38 条（延納の要件）について定める相続税法施行令 12 条 1 項 2 号などがあります。

税金と内縁・事実婚 Q & A

Q42 （配偶者控除）

事実婚（内縁）の妻を私の勤務先の健康保険（年金）に入れてもらい，妻は私の扶養家族になっています。税法上の配偶者控除などの優遇措置を受けることはできるのでしょうか。

A

「配偶者控除」，「配偶者特別控除」など所得税法の各種の所得控除が受けられる「配偶者」は，民法上の「配偶者」に限るとされており，内縁・事実婚の妻は，控除対象配偶者には該当しません。

〈解　説〉

（所得控除）

　所得税法は，各種の所得控除を定めています（同法 72 条〜86 条）。所得税の税額は，「課税標準」から「所得控除」をした後の「課税所得金額」に税率を乗じて算定されます。

1　配偶者控除

　婚姻中の夫婦に対し課税をする方法としては，①個人単位方式，②夫婦単位方式（とりわけ 2 分 2 乗方式）があります。日本の所得税は，原則として個人方式で課税していますが，夫婦の一方の所得は夫婦の協力に

よるものであること（所得獲得に対する他方の貢献）や共稼ぎ世帯と片稼ぎ世帯との税負担の均衡への配慮等から，個人単位の原則に修正が加えられています。すなわち，納税者（例えば夫）に配偶者（例えば妻）がいる場合，一定の金額の「所得控除」が受けられます。これを「配偶者控除」といいます（所得税法83条）。

控除対象配偶者の要件は，以下のとおりです（所得税法2条1項33号）。

①配偶者であること。
②納税者と生計を一にしていること。
③年間の合計所得金額が38万円以下であること。（給与のみの場合は給与収入が103万円以下—いわゆる「103万円の壁」）
④青色申告者の事業専従者としてその年を通じて一度も給与の支払を受けていないこと又は白色申告者の事業専従者でないこと。

ここで「配偶者」について，行政通達は以下のとおりとしています。

法に規定する配偶者とは，民法の規定による配偶者をいうのであるから，いわゆる内縁関係にある者は，たとえその者について家族手当等が支給されている場合であっても，これに該当しない。

（所得税法基本通達2-46（配偶者））

事実婚配偶者に配偶者控除，配偶者特別控除等を認めないとする取扱い（所得税更正処分）が憲法24条，14条に違反するとして争われた，いわゆる事実婚「配偶者控除」事件について，最三小判平9.9.9訟月44巻6号1009頁は，「所得税法83条及び83条の2にいう『配偶者』は，納税義務者と法律上の婚姻関係にある者に限られると解するのが相当であ」ると判断しています。近時の裁判例も，①租税法律主義や法的安定

213

性の見地からすれば，別意に解すべき特段の事由がない限り本来の法分野における意義と同じ意義に解することが相当であること，②民法の規定の適用に当たって事実婚が法律婚に準じて扱われることもあるが，相続権が認められていないなど全ての規定の準用ないし類推適用が認められているわけでもないこと，③行政法規において「配偶者」に事実上の婚姻関係にある者が含まれる場合には「婚姻の届出をしていないが，事実上婚姻関係と同様の事情にある者」というように規定され，その旨が明らかにされているのが通例であるが，所得税法2条1項33号の「配偶者」について，その旨が明らかにされていないこと等を摘示し，「所得税法2条1項33号の『配偶者』は，民法における『配偶者』と同じ意義に解すべきであり，納税義務者と法律上の婚姻関係にある者に限られ，事実上の婚姻関係にある者は含まれないと解することが相当である」としています（東京地判平27.2.24税資265号（順号12608））。原告は，婚外子法定相続分違憲決定（最大決平25.9.4民集67巻6号1320頁）を受けて，同決定は，実態よりも形式性を重視して事実婚の配偶者の「控除対象者性」を否定してきた従前の判例についても見直しを求めていると主張しましたが，東京地裁は，前記大法廷決定の射程は本件に及ばないことは明らかであるとしました。

　なお，控除対象配偶者と認定される要件である「生計を一にする」の意義について，通達は以下の場合としています。

> 　法に規定する「生計を一にする」とは，必ずしも同一の家屋に起居していることをいうものではないから，次のような場合には，それぞれ次による。

(1)　勤務，修学，療養等の都合上他の親族と日常の起居を共にし
　　ていない親族がいる場合であっても，次に掲げる場合に該当す
　　るときは，これらの親族は生計を一にするものとする。
　　　イ　当該他の親族と日常の起居を共にしていない親族が，勤
　　　務，修学等の余暇には当該他の親族のもとで起居を共にする
　　　ことを常例としている場合
　　　ロ　これらの親族間において，常に生活費，学資金，療養費等
　　　の送金が行われている場合
　(2)　親族が同一の家屋に起居している場合には，明らかに互いに
　　独立した生活を営んでいると認められる場合を除き，これらの
　　親族は生計を一にするものとする。

(所得税法基本通達 2-47（生計を一にするの意義))

　控除額は，納税者の所得が900万円以下の場合，38万円です。な
お，配偶者控除制度には，従来から片稼ぎ夫婦の優遇であるとして廃止
が主張されていましたが，平成29年度税制改正により，平成30年分以
降は，控除を受ける納税者本人の合計所得金額が1,000万円を超える場
合は，配偶者控除を受けることができなくなりました。

2　配偶者特別控除

　配偶者控除に加えて，1987年の税制改革により，配偶者特別控除の
制度が上乗せされました（所得税法83条の2)。控除を受けられる「配偶
者」が法律婚に限られる点は，配偶者控除と同様です（前記行政通達)。
なお，配偶者特別控除についても，平成29年度税制改正により，平成
30年分以降について，対象となる配偶者の所得金額の上限等が改正さ
れました。控除額は，納税者本人の所得金額と配偶者の所得金額によ

Ⅴ　内縁・事実婚当事者の租税法における地位

り，38万円から1万円とされています。

3　その他の所得控除

　医療費控除（所得税法73条，「生計を一にする配偶者」），社会保険料控除（同法74条1項，「生計を一にする配偶者」），生命保険料控除（同法76条，他方配偶者が契約者となっている生命保険料の支払に関する控除）についても，内縁・事実婚の配偶者は該当しないとされています。

Q43 （相続税／贈与税）

　内縁の夫が死亡し，不動産や貯金について遺贈を受けました。また，在職中の死亡だったので，会社から内縁の妻として退職金が支給されました。
　相続税の申告が必要なのでしょうか。「配偶者」に対する相続税額の軽減措置は受けられるのでしょうか。

A

　遺贈を受けた不動産や貯金だけでなく退職手当金も相続税の課税対象財産となります。相続税の申告，納付をしなければなりませんが，「配偶者」に対する相続税額の軽減措置の対象にはなりません。

〈解　説〉

1　相続税の納付義務者及び課税対象財産

　相続又は遺贈（死因贈与を含む）により財産を取得した者は，相続税を納める義務があります（相続税法1条の3）。内縁・事実婚当事者には配偶者相続権はありませんが，遺贈を受けた場合には，相続税を納める義務があります。また，民法上，相続又は遺贈によって取得した財産といえないものであっても，相続税法上は，課税の公平を保持するという見地から相続財産とみなし（「みなし相続財産」），相続税の課税対象財産とし

216

ています（同法3条）。相続人から遺贈を受けていない場合であっても，以下の財産を取得した者は相続税を納める義務が生じ，相続税の申告をする必要があります。

(1) 生命保険金

被保険者の死亡によって生命保険金が支払われた場合，その保険金は被相続人の相続財産として相続人に承継されるものではありません。被相続人による保険料の負担行為と被相続人の死亡という事実の発生により，相続人その他の者が原始的に保険金請求権を取得するというものです。したがって，保険金は相続財産を構成するものではありませんが，課税の公平を保持するため，保険金のうち，被相続人が負担した振込保険料に対応する部分については，相続又は遺贈によって取得されたものとみなし，相続税の課税対象となります（相続税法3条1項1号）。

(2) 退職手当金等

被相続人の死亡によって，相続人その他の者が，被相続人に支給されるべきであった退職手当金，功労金その他これらに準ずる給与で，被相続人の死亡後3年以内に支給が確定したものの支給を受けた場合には，その退職金等は，相続又は遺贈によって取得したものとみなされて相続税が課せられます（相続税法3条1項2号）。

退職手当金等は，相続人その他の者が支給者から直接支給を受けるものです。本来の相続財産を構成しませんが，このような給与を被相続人自身が死亡直前に支給されていたならば本来の相続財産となり，相続税が課税されることになることとの均衡を保つため，相続財産とみなすとされています（相続税法3条1項2号）。ちなみに，民法903条（特別受益）は，相続人間の具体的相続分を算出する際に，相続人間の実質的な不公平を調整するため，相続分の前渡しと評価できる生前贈与については，これを加算（持戻し）して「みなし相続財産」とすべきことを定めてい

217

ますが，生命保険金について最二小決平 16.10.29 民集 58 巻 7 号 1979 頁
は，死亡保険金は原則として持戻しの対象とならないとしており，死亡
退職金等についても，受給権者である遺族固有の権利であり，持戻しの
対象とはならないとしています（最一小判昭 55.11.27 民集 34 巻 6 号 815
頁）。租税法と相続法（民法）で取扱いが異なる点が注目されます。

2　相続税における「配偶者」の税額の軽減

　配偶者が，相続や遺贈により実際に取得した額が，（ⅰ）1 億 6000 万
円以下であるか，あるいは（ⅱ）配偶者の法定相続分相当額以下である
場合には，配偶者には「その納付すべき相続税額は，ないものとする」
とされています（相続税法 19 条の 2 第 1 項）。相続財産は，夫婦の協力に
よって蓄積されたものであることや，残された配偶者の生活保障の趣旨
から設けられた措置です。

　ここで「配偶者」について，行政通達は，「法第 19 条の 2 第 1 項に規
定する配偶者は，婚姻の届出をした者に限るものとする。したがって，
事実上婚姻関係と同様の事情にある者であっても婚姻の届出をしていな
いいわゆる内縁関係にある者は，当該配偶者には該当しないのであるか
ら留意する」としています（相続税基本通達 19 の 2-2）。

　なお，内縁配偶者は相続税の軽減措置の対象にならないだけでなく，
相続税額が割増となります（相続税法 18 条 1 項）。すなわち，被相続人の
一親等の血族及び「配偶者」以外の者が相続又は遺贈により財産を取得
した場合，相続税額は，税法に基づいて算定された金額に 100 分の 20
に相当する金額を加算した金額とすると定められているからです。

　内縁配偶者も遺贈を受けたり，生命保険金や退職手当金を受領した場
合には，相続税の申告，納付を行う義務が生じますが，内縁配偶者は相
続税の軽減措置の対象とならないことに留意する必要があります。

3　贈与税の配偶者控除

　贈与による財産を取得した者は，贈与税を納める義務が生じます（相続税法1条の4第1項）。配偶者間で贈与が行われ，それが一定の要件を満たす場合には，基礎控除の他に「配偶者控除」を受けることができます（同法21条の6）。控除額は最高2000万円とされています。「配偶者控除」の要件は以下のとおりです（同法21条の6第1項）。

---

(1)　贈与がされたときに，婚姻期間が20年以上であること。

(2)　贈与された財産が，居住用の不動産や居住用の不動産を取得するための金銭であること。

(3)　贈与を受けた年の翌年3月15日までに贈与を受けた居住用不動産に居住し，その後も引き続き居住する見込みがあること。

　婚姻期間について，相続税法施行令4条の6は，「民法第739条第1項（婚姻の届出）の届出があつた日から当該居住用不動産又は金銭の贈与があつた日までの期間……により計算する」としています。したがって，内縁・事実婚配偶者は，配偶者控除の対象とはなりません。

Ⅵ 重婚的内縁関係

第1 重婚的内縁の法的保護～家族の重複

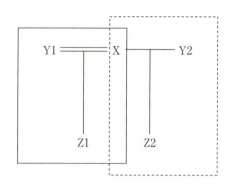

　法律上の婚姻をしている者が，法律上の配偶者とは異なる者と内縁・事実婚関係にある場合，このような内縁・事実婚は一般的に重婚的内縁と呼ばれています。典型例としては，法律上の婚姻関係が事実上破綻し，共同生活等夫婦の実質が存在しなくなった後に，法律上の配偶者とは異なる者と共同生活を営んでいる場合です（上記図のX，Y2，Z2の家族。なお，法律上の婚姻関係について，共同生活等の実体が残っており，夫婦の実質が失われたとまではいえない時期に法律婚配偶者以外の者と共同生活に入る場合もあります）。

　婚姻の届出はできませんので，法律的な意味での重婚は生じませんが，社会的には結婚しているのとほぼ同じ状態になり，事実上は重婚といえる状態が出現することになることから，これを一般的に「重婚的内縁関係」と呼んでいます。

　なお，重婚は民法で禁止されているために（民法732条），重婚的内縁

Ⅵ　重婚的内縁関係

関係にある当事者について，普通の内縁・事実婚の当事者と同様の法的保護を与えられるのか，が問題になります。戦前の判例では，重婚的内縁関係を一夫一婦制を破壊するものであり公序良俗に反する関係として無効であるとして，重婚的内縁の当事者への法的救済を否定するものがありました（大判大 9.5.28 民録 26 輯 773 頁，婚姻予約不履行による損害賠償を否定）。戦後は，事案に応じて重婚的内縁の当事者にも法的救済を与える裁判例の蓄積がみられます（後述）。

　学説は，法律婚や重婚的内縁の態様（法律婚が形骸化しているか，など），問題となっている法的効果の内容（当事者間の効果か，第三者との効果か）などに照らして，相対的に効果を判断するとする見解（相対的効果説）が多数説となっています。

　そもそも民法上の原則は，重婚的内縁関係があるとしても，これはあくまで事実的な関係であり，X，Y2 の男女関係は「不貞」行為であり（民法 770 条 1 項 1 号の離婚原因となり，Y1 は Y2 に対し不法行為による損害賠償請求権＝慰藉料請求権が認められます），X，Y2 の間でなされる財産的な約束については，公序良俗に違反するものではないかとの検討を要するものとされます（最一小判昭 61.11.20 民集 40 巻 7 号 1167 頁は，妻子ある男性が半同棲状態にある女性に対する包括遺贈が，公序良俗に反するか否かが争点となりました）。

　すなわち，Y1 の地位は，Y2 の地位に優先し，これを排除することになり，事実上の「抵触」があるようにみえるものの，法的には抵触はない，というのが民法上の処遇の原則だからです。しかし一方で，例外的に X，Y1 の関係にではなく，X，Y2 の関係に対して，法的保護が与えられるべき場合があり，例外的に重婚的内縁関係に法的保護が与えられるのはいかなる場合なのか，問題になるのです。

　民法上は，不貞行為と評価され（民法 770 条 1 項 1 号，離婚原因となりま

す），婚姻法秩序（一夫一婦制）に反する違法・不当な関係と評される重
婚的内縁関係について，法的保護を与える方向で民法上の処遇がなされ
るようになっている背景としては，有責配偶者の離婚請求であってもこ
れを広く認めるべきであるという考え方が支持を広げているという事情
があります。現に，有責配偶者の離婚請求を認めた最大判昭62.9.2民集
41巻6号1423頁は，「別居後に形成された生活関係」，すなわち「夫婦
の一方又は双方が既に内縁関係を形成している場合にはその相手方や子
らの状況」が離婚請求の認否を決する判断要素の1つとなり得ることを
認めています。

　民法上の原則は，重婚的内縁関係があってもこれはあくまで事実上の
関係であり，法律婚の「配偶者」の地位は，内縁「配偶者」の地位に優
先し，これを排除することになっていますが，重婚的内縁配偶者に法的
保護を与えるとする近時の判例・学説は，重婚的内縁の配偶者が法律婚
の配偶者に優先する場合があり得ることを認めるものです。

　近時の判例・学説は，①問題となっている効果が関係解消に伴うもの
か，関係維持のためのものなのか，②第三者との効果か，当事者間の効
果なのか，③法律婚が形骸化しているか（反倫理性が弱いか），によって
相対的に判断して，重婚的内縁に一定の法的効果を認めているといえます。

　このような判例・学説に対し，法律婚の事実上の崩壊によって重婚的
内縁に婚姻効果が移行するという解釈は，婚姻法そのものの存在意義を
失わせるものであるとする批判があります。

第2　重婚的内縁の破棄・解消 (離別)

1　不当破棄と損害賠償

　学説上は，重婚的内縁の一方的破棄については，重婚的内縁関係の成

Ⅵ　重婚的内縁関係

立の事情，その後の年数と事情，内縁破棄の原因等により損害賠償が認められることもあり得るとされています（鈴木，83頁）。

　裁判例では，法律上の配偶者と離婚するとの説明を信じ，重婚的内縁関係に入った場合に，婚姻予約不履行として損害賠償を認めるものや（大阪地判昭52.6.24判時880号60頁），不法行為を理由として損害賠償請求を認めるものがあります（京都地判平4.10.27判タ804号156頁）。重婚的内縁の不当破棄の事案では，重婚的内縁が保護されるには法律婚の形骸化が必要であるとする裁判例も少なくありません（東京地判平3.7.18判時1414号81頁，大阪高判平16.7.30家月57巻2号147頁）。

2　重婚的内縁の破棄・解消と財産分与

　重婚的内縁の破棄における財産分与規定の類推適用について，裁判例は，法律婚が事実上の離婚状態にあって形骸化していることを要件にこれを認め（東京高決昭54.4.24家月32巻2号81頁），重婚的内縁関係にあることを認識して内縁関係に入った者であってもこれらの要件を満たす限り，財産分与規定の類推適用が許されるとしています（広島高松江支決昭40.11.15高民集18巻7号527頁）。

　なお，詐害行為取消権との関係では，重婚的内縁の妻への財産分与は，法律婚が破綻し，法律婚について財産分与がおよそ考えられないという稀な場合を除いて，詐害行為となるとする裁判例があります（東京地判平8.7.12判時1612号84頁）。

第3　重婚的内縁当事者の死亡（死別）

1　第三者の不法行為による死亡と損害賠償

　第三者の不法行為によって重婚的内縁当事者の一方当事者が死亡した場合，通常の事実婚と同様に他方当事者に加害者に対する損害賠償請求

を全面的に認めると，法律婚配偶者の利益を害する可能性があります。裁判例を見ると，①重婚的内縁当事者が，相手に法律上の配偶者があることを知らない，あるいは知っていても離婚が近く実現し，自分が正式の配偶者になれるものと信じて内縁関係に入る合意をしたこと，②法律婚が事実上の離婚状態にあること，③重婚的内縁関係に夫婦としての共同生活の実質があること，のいずれも満たした場合には，残された重婚的内縁当事者が加害者に対して扶養請求権侵害を理由に損害賠償請求ができるとする一方で，損害額の算定においては戸籍上の妻子の扶養を斟酌して減額されるべきであるとして，本来の額の3分の2程度に減額したものがあります（東京地判昭43.12.10家月21巻6号88頁）。重婚的内縁当事者と法律婚配偶者とが権利において競合する場合については，重婚的内縁当事者の保護は厳格な要件が課せられているといえましょう。

　他方，民法711条の類推適用による慰藉料請求については，法律婚の形骸化と重婚的内縁関係に事実上の夫婦としての実体があることを要件に，これを認める裁判例が多いようです（福岡地小倉支判昭43.12.18判時552号74頁，山口地下関支判昭51.10.27交民集9巻5号1483頁，横浜地判昭47.11.9判タ298号407頁）。

2　重婚的内縁当事者の死亡と居住権

　重婚的内縁当事者の居住権について，法律婚が事実上の離婚状態にあり，かつ重婚的内縁関係が夫婦としての共同生活の実質を備えている場合には，死亡した一方の重婚的内縁当事者が賃借人となっていた建物について，他方の重婚的内縁当事者は相続人が承継した賃借権を援用して賃貸人に対抗できるとした裁判例があります（東京地判昭53.5.29判タ368号301頁）。

Ⅵ　重婚的内縁関係

第4　内縁関係継続中の権利

　重婚的内縁関係が離別又は死別により解消した場合に比べ，重婚的内縁関係が継続中の場合には，重婚的内縁関係にある当事者の法的保護を厚くすると，内縁関係の継続を助長するおそれがあり，また法律婚配偶者の利益を侵害する可能性が高くなるため，裁判例は重婚的内縁関係当事者の保護については慎重に検討しています。

1　婚姻費用の留保

⑴　重婚的内縁当事者の生活費

　法律婚配偶者（多くは妻）が他方配偶者（＝重婚的内縁配偶者がいる当事者，多くは夫）に，婚姻費用を請求した場合に，婚姻費用分担額を決定する際，重婚的内縁関係にある他方当事者（内縁の妻）や子の生活費を考慮することができるのか（内縁の妻や子の生活費を留保できるのか）が問題になります。

　審判例は，重婚的内縁関係の継続は正当なものとはいえないことや，重婚的内縁当事者が法律婚の存在について知っていたことなどを理由に，重婚的内縁当事者の生活費を考慮すべきでないとする審判が多く，東京高決昭 58.6.21 家月 36 巻 6 号 37 頁は，およそ婚姻関係が継続している以上，夫婦双方の可処分所得は，未成年の子などの扶養すべき親族の生活を含めた相互の生活の維持のために必要とされる程度に応じてこれを分配することを原則とすべきであり，法律婚が夫の責めに帰すべからざる事由によって完全に破綻した後に当該内縁関係が生じたような特段の事情がない限り，内縁の妻の生活費を考慮すべきではないと判断しています。

　一方で，重婚的内縁当事者（内縁の妻）が，家事全般と実母・子の監護・教育に従事していることを考慮したり，内縁の夫の業務を手伝って

226

いることを理由に重婚的内縁当事者（内縁の妻）の生活費を考慮する審判例もあります（鳥取家米子支審昭41.12.15家月19巻7号78頁，大阪家審昭49.3.26家月27巻3号70頁）。特段の事情がある場合には，重婚的内縁配偶者の生活費の留保を認める取扱いといえましょう。

学説上は，一夫一婦制の婚姻秩序の尊重に重きを置いて，①法律婚が事実上の離婚状態にあって形骸化していること，②重婚的内縁関係が相当期間継続し，夫婦としての共同生活の実質を備えていること，③重婚的内縁関係の作出について重婚的内縁関係一方当事者の善意あるいは悪意であるとしても相手方の「離婚する」との言葉を信じた等の事情があることを満たす場合に限り，重婚的内縁関係の一方当事者の生活費を考慮できるとの主張があります。また，重婚的内縁当事者に特別の寄与がある場合や，法律婚配偶者に婚姻の破綻について帰責性があるため当該法律婚配偶者からの婚姻費用分担請求の行使が権利の濫用と認められる場合には，法律婚が完全に破綻していなくても重婚的内縁当事者の側に一定の留保を認めるべきだとする主張もあります。

(2) 子どもの養育費

重婚的内縁関係にある夫婦の間に子がいる場合，子どもの養育費については婚姻費用分担額算定に当たって考慮されるとするのが一般的です（東京家審昭44.8.20家月22巻5号65頁）。重婚的内縁関係にある当事者間の子も，法律婚の子も，同じ親子（父子）関係から生じる扶養義務について異なる取扱いをすることは妥当ではないからです。

2　重婚的内縁関係により生まれた子の氏の変更

法律婚当事者の一方（多くは夫）が，他の女性と重婚的内縁関係に入り，生まれた子ども（嫡出でない子）の氏を父の氏に変更する申立てについて，審判例は，嫡出でない子の氏の変更による利益と婚姻家族側の被る不利益を比較衡量して判断する傾向にあります（二宮，85頁）。

227

VI　重婚的内縁関係

　子の氏変更審判手続においては，裁判所は許可に当たり利害関係人の意向を調査していますが，子の氏変更が認められると嫡出でない子が嫡出子や法律婚の妻と同一の戸籍に入ることになるため，法律婚当事者や子が「子どもたちの将来に悪影響を与える」として，これに反対する場合が多く，氏の変更を認容するか否かについて紛争が生じます。

　氏の変更を肯定する裁判例としては，東京家審昭 35.11.21 家月 13 巻 4 号 102 頁があり，戸籍に対する法感情は子の犠牲において解決すべきではないとして子の氏変更を認め，他方，東京高決昭 60.9.19 家月 38 巻 3 号 69 頁は，子の年齢が低く氏変更の必然性が乏しく，氏の変更が法律婚の妻の強い反発を招き，嫡出でない子に影響を与えるおそれがあることから，子の福祉の観点を判断の中心に据えるべきであるとして申立てを却下しました。

　裁判例の傾向に対し，氏は個人の呼称であり，自己の人格を象徴するものだとすれば，子の氏変更に対して第三者が異議を唱える余地はない，子の氏変更による子の福祉と婚姻家族側の反対感情は異質なものであり比較衡量はできないとする批判があります（二宮 91 頁）。

第5　社会法における重婚的内縁関係

　多くの社会立法では「配偶者」には，事実婚関係にある当事者も含むとの明文規定があります。しかしながら，一人の被保険者について法律婚の配偶者と重婚的内縁当事者とが併存している場合に，どちらに「配偶者」としての受給権を与えるのか，典型的には遺族給付を与えるのかが問題となります。

第5　社会法における重婚的内縁関係

1　行政実務における重婚的内縁関係の取扱い

公的年金について現在の行政実務（平成 23 年 3 月 23 日年発 0323 第 1 号。昭和 55 年 5 月 16 日庁保発 15 号及び同日庁保発 13 号を引き継いだ通達）では，「婚姻の成立が届出により法律上の効力を生ずるとされていることからして，届出による婚姻関係を優先すべきことは当然であ」るとした上で，重婚的内縁関係にある者を事実婚関係にある者として認定する要件として以下のとおり述べています。

> 届出による婚姻関係がその実体を全く失ったものとなっているときに限り，内縁関係にある者が事実婚関係にある者として認定するものとすること。

「届出による婚姻関係がその実体を全く失ったものとなっているとき」とは，次のいずれかに該当する場合である，としています。

> ア　当事者が離婚の合意に基づいて夫婦としての共同生活を廃止していると認められるが戸籍上の離婚の届出をしていないとき
>
> イ　一方の悪意の遺棄によって夫婦としての共同生活が行われていない場合であって，その状態が長期間（おおむね 10 年程度以上）継続し，当事者双方の生活関係がそのまま固定していると認められるとき

「夫婦としての共同生活の状態にない」といい得るためには，次に掲げる全ての要件に該当することを要する，としています。

229

> ア　当事者が住居を異にすること。
>
> イ　当事者間に経済的な依存関係が反復して存在していないこと。
>
> ウ　当事者間の意思の疎通をあらわす音信又は訪問等の事実が反復して存在していないこと。

　認定の要件を満たせば，重婚的内縁関係にある者が法律婚配偶者に優先し，年金受給権を獲得することになります。

2　最一小判昭 58.4.14 民集 37 巻 3 号 270 頁

　最一小判昭 58.4.14 民集 37 巻 3 号 270 頁は，重婚的内縁配偶者の遺族年金受給権が問題となった初めての最高裁判決として注目されました。その内容は従来の行政通達（昭和 55 年 5 月 16 日庁保発 15 号及び同日庁保発13 号）におおむね沿ったものでした。農林漁業団体職員共済組合法（平成 14 年 4 月 1 日から厚生年金保険法に統合）の遺族給付の受給権者となる「配偶者」要件が争われました。

　最高裁は，「遺族に属する配偶者についても，組合員等との関係において，互いに協力して社会通念上夫婦としての共同生活を現実に営んでいた者をいうものと解するのが相当であり，戸籍上届出のある配偶者であつても，その婚姻関係が実体を失つて形骸化し，かつ，その状態が固定化して近い将来解消される見込のないとき，すなわち，事実上の離婚状態にある場合には，もはや右遺族給付を受けるべき配偶者に該当しないものというべきである」と判断し，法律婚配偶者であっても配偶者該当性が否定される場合があることを明らかにしています。

　さらに，最一小判平 17.4.21 判時 1895 号 50 頁は，法律上の婚姻関係は実体を失って修復の余地がないまでに形骸化しており，他方，重婚的

内縁当事者は事実上婚姻関係と同様の事情にある者というべきであるとして，重婚的内縁当事者に遺族共済年金の支給権を認めています。

遺族給付は，被保険者の死亡により所得の喪失・減少を被る「遺族」（家族）の生活の安定を目的としているため，その目的にのみ着目すれば「生計維持要件」に重点を置いた解釈を行い，法律婚配偶者と重婚的内縁配偶者を同列に置き，死亡した被保険者に生計を維持されていた程度が大きい方（要保護性の高い方）を選び出して受給権を認める判断枠組みを採ることもできます。しかしながら，判例はこのような枠組みを採用することなく，「配偶者」要件に焦点を当て，婚姻法秩序への配慮から法律婚配偶者を優先し，法律婚配偶者につき配偶者該当性が否定される場合を，事実上の離婚状態の場合に限定することで給付の社会保障法的性格と婚姻法秩序の調整を図っているといえましょう（嵩さやか『民法判例百選Ⅲ』53 頁）。

なお，昭和 58 年判決は，「事実上の離婚状態」について，法律婚の客観的な破綻だけでなく離婚の合意などの主観的要件を必要であるとしていますが，その後の下級審の判断は，離婚の合意の有無を重視し法律婚配偶者の配偶者要件該当性を肯定する裁判例と，離婚の合意は判断要素の一つであり要件ではないとする裁判例とに分かれており，この点について必ずしも一致しているとはいえない状況にあります。

なお重婚的内縁当事者の社会法における地位については第Ⅳ章 Q26（遺族年金），Q28（退職金），Q30（労災補償），Q31（離婚時年金分割），Q32（健康保険）を参照して下さい。

第6 配分的保護

民法上も，社会立法においても，重婚的内縁当事者が保護されるため

Ⅵ　重婚的内縁関係

には，法律婚が事実上の離婚状態であることを要件とする裁判例・学説が多く，重婚的内縁当事者の保護は限定的であるといえます。これに対して，事故死の損害賠償や社会保険給付について，法律婚か事実婚かの二者択一ではなく，要保護性に応じた法的保護を法律婚と事実婚とで配分することが主張されています（二宮周平『事実婚の現代的課題』（日本評論社，1990）182頁）。法律婚配偶者と重婚的内縁当事者の各々のニーズに則した解決策ともいえましょうが，このような主張は一夫多妻を法律が認めることになり，婚姻法秩序との整合性に欠けるとの批判があります（内田，158頁，160頁）。

重婚的内縁Ｑ＆Ａ

Q44 （重婚的内縁の不当破棄）

　私は，妻子ある男性から「妻とは別居中であり，離婚することになっている」，「あなたと結婚したい」と言われ，その言葉を信じて同居して数年経ちましたが，一向に離婚が成立しないので調べてみたところ，彼はしばしば自宅に戻っていることがわかり，ショックを受けました。私は，彼に慰藉料を請求することはできるのでしょうか。

A

　重婚的内縁関係の解消であり，法律婚が形骸化して事実上の離婚状態にある場合など，特段の事情がある場合には，慰藉料が認められる場合もあります。

〈解　説〉

　法律上の婚姻をしている者が，法律上の配偶者とは異なる者と内縁関

係にある場合，このような内縁は重婚的内縁とよばれています。重婚は民法で禁止されているため，重婚的内縁関係にある当事者について，普通の内縁と同様の法的保護が与えられるのかが問題となります。

法律婚を保護すべきであるとする考え方によれば，婚姻の復活こそ法の希求するところであり，重婚的内縁関係の存続を法は保障するべきではないとなり，重婚的内縁関係の一方的解消について，法的責任は認めるべきではないという結論に至ります。

一方で，法律婚が破綻・形骸化し，事実上の離婚状態に至っている場合には，法律婚はもはや保護に値しないとの観点から，重婚的内縁関係を普通の内縁と同様に考え，その存続が法的に保護されるべきであると考えることもできます。

裁判例を見ると，法律婚が形骸化して事実上の離婚状態となった後に重婚的内縁関係が生じた場合には，内縁関係の解消について慰藉料請求を認めています。

東京地判平3.7.18判時1414号81頁は，法律上の妻との関係は，戸籍上は継続していたものの，内縁関係に入るまでには，既に形骸化していたものと認めるのが相当であると認定し，内縁の妻の夫に対する慰藉料請求を認めています（認容額1000万円）。

一方で，法律上の妻と離婚するという説明を信じて重婚的内縁関係に入るなど，詐言や不法な動機がある場合には，法律婚が破綻しているか否かにかかわらず，婚姻予約の不当破棄あるいは内縁関係の不当破棄として，慰藉料請求を認める裁判例があります。

京都地判平4.10.27判タ804号156頁は，19歳の未婚の女性に対し，妻とは別れるといいながら交際を重ね，妊娠させた上，一旦は同居し，子を出産させたが，出産直後に一方的に関係を破棄した事案について，女性に与えた精神的苦痛が大きいとして慰藉料300万円を認めていま

Ⅵ　重婚的内縁関係

す。また，東京地判昭 62.3.25 判タ 646 号 161 頁は，妻子ある男性から
妻と離婚する旨の説明を受け，それを信じて共同生活を開始し，子をも
うけて 10 数年にわたり重婚的内縁関係を続けていたところ，男性が，
退職後，飲食店で知り合った女性と性的関係を持ち，内縁関係を破棄し
たという事案ですが，「被告 A 男は当初から原告に対し，妻とは離婚す
ることになつている旨説明し，原告もその言を信じて関係を継続してい
たものであること，その後も両者は，互いに被告 A 男とその妻が離婚
した場合のことを考えて行動していること，被告 A 男は，その妻と別
居して後も原告らと一緒に住むべき住宅を探し，これを購入しているこ
と，被告 B 女との関係が判明するまで，両者の関係は従前どおり営ま
れていたこと」を考慮し，内縁関係を破棄した男性 A 及び同棲相手の
女性 B に対し慰藉料の支払を命じています。

重婚的内縁 Q & A

Q45 （重婚的内縁の解消と財産分与）

　A男は，私との交際が原因で妻子と別居し，私との同居を始めました。別居に当たり，妻に土地・家屋を分与しましたが，妻は籍を抜いてくれませんでした。私は，入籍ができなくても夫婦として死ぬまで生活を共にするつもりでいました。

　A男は，土地・建物を購入し，私たちは旅館業を始め，その後旅館を取り壊してA男名義でマンションを建築しました。この間，A男は妻子とほとんど往来がなく，私が他の男性と結婚するためA男の下を去り，15年に及ぶ内縁関係を解消した後も，妻は夫を受け入れませんでした。

　私は財産分与を請求することはできるのでしょうか。A男は，「妻子があることを知って同棲し，家庭を壊した者には財産分与を求める資格はない」といっています。

A

　法律婚が事実上の離婚状態にあり，一方で，内縁関係の方に夫婦共同生活の実態があるので，財産分与を請求することができます。相手が応じない場合は，家庭裁判所に財産分与の調停・審判を申し立てることができます。

〈解　説〉

　法律上の婚姻をしている者が，法律上の配偶者とは異なる者と内縁関係にある場合，このような内縁は，重婚的内縁と呼ばれています。重婚は民法で禁止されているため（民法732条），重婚的内縁関係にある当事者について，普通の内縁当事者と同様の法的保護を与えられるのかが問題となります。戦前の判例では，重婚的内縁関係を公序良俗に反する関係であり無効であるとし，重婚的内縁当事者への法的保護を否定するものがありましたが，近時の判例は，①法律婚が事実上の離婚状態にあ

235

Ⅵ　重婚的内縁関係

り，回復の見込みがなく形骸化している，②内縁の夫婦の方に夫婦としての共同生活の実態が存在するという2つの要件の下で，重婚的内縁について財産分与の類推適用を認めています（広島高松江支決昭 40.11.15 高民集 18 巻 7 号 527 頁，大阪高決昭 57.4.5 家月 35 巻 10 号 69 頁）。

　東京高決昭 54.4.24 家月 32 巻 2 号 81 頁は，内縁の妻との関係が原因で法律婚の妻と別居し，内縁の妻と同居し，以後，内縁の妻が婚外子の結婚に備えて婚外子の父である他の男性と婚姻するまでの間，約 15 年間にわたって内縁関係が継続したという事案です。内縁の夫は，法律婚の妻との別居に際し土地・建物を分与していますが，離婚を求めても妻がこれに応じませんでした。内縁の妻は，入籍できなくても夫婦として死ぬまで生活を共にしようとする覚悟で生活していた事案です。同棲開始後，内縁の夫は土地・建物を購入し，内縁の妻と 2 人で旅館業を始め，その後は旅館を取り壊してマンションを建築し，内縁の夫の名義としていたもので，この間，内縁の夫と法律婚の妻との間には，子を含め，精神的にも経済的にもほとんど交流がなく，内縁の夫が内縁の妻と別れて 1 人暮らしとなっても，妻は夫を受け入れなかったという事案です。内縁の妻が，内縁解消に伴う財産分与として，内縁の夫名義のマンションの持分 3 分の 2 の分与を求めて調停を申し立てました。

　裁判所は以下のように述べて重婚的内縁の妻の財産分与請求権を肯定しました。

　「内縁関係が解消された場合，その効果として離婚に伴う財産分与の規定が準用されることには殆ど異論がないが，その根拠は，結局のところ，内縁関係に社会通念上夫婦としての実をみるからである。そうである以上，いわゆる重婚的内縁関係解消の場合にも，財産分与を認めることを肯定してよいと考える。蓋し，婚姻関係にある一方当事者が，婚姻外の男女関係を結んだ場合，婚姻関係の方が夫婦としての実を失つて事

実上の離婚状態にあるのに対し，その婚姻外の男女関係にこそ夫婦としての実がみられるときはこの男女関係は，重婚的ではあれ内縁関係にほかならないとするに妨げないからである。」

「それ故，内縁関係が重婚的内縁関係であつても，それが解消したとして財産分与の調停申立がなされた場合は，離婚に伴う財産分与の規定が準用されるべきである」。

Q46 （重婚的内縁と生活費の留保）

別居中の妻から婚姻費用分担を請求されました。私には現在同居中の内縁の妻と認知した娘がおり，2人を扶養しています。内縁の妻と娘の生活費は考慮してもらえないのでしょうか。

A

内縁の妻の生活費は考慮されませんが，認知した子の生活費は婚姻費用の算定に当たって考慮されます。

〈解　説〉

1　重婚的内縁の妻の生活費の留保

　法律婚の妻から別居中の夫に対し婚姻費用分担請求をした場合に，夫が同居する内縁の妻や，認知した子の生活費を留保することができるのかどうかが問題になります。裁判例は，重婚的内縁の妻の生活費については，夫婦関係が夫の責に帰するべからざる事由により完全に破綻した後に女性との同棲生活が生じているなどの特段の事情がない限り，婚姻費用の算定に当たり，考慮しないとしています（東京高決昭58.6.21家月36巻6号37頁）。実際上は，内縁関係により法律婚が破綻する事案がほとんどであるため，特段の事情が認められ，内縁の妻の生活費が留保される裁判例は公表されていません（二宮，62頁）。

237

Ⅵ　重婚的内縁関係

2　認知した子の生活費の留保

　認知した子の生活費については，父（内縁の夫）が扶養義務を負うことや，子の福祉を理由に子の生活費につき内縁の夫に留保させるとしています（東京家審昭 44.1.27 家月 21 巻 7 号 88 頁，東京家審昭 44.8.20 家月 22 巻 5 号 65 頁）。

　義務者（夫）が婚外子（未成年者）をもうけて認知し，その未成年者を監護養育している場合，権利者の婚姻費用の算定は，標準的算定方式の考え方からすると，義務者の基礎収入を，義務者と全ての被扶養者で按分することになります。

　この場合，認知した子についてはその母（ex. 内縁の妻）も子に対する扶養義務を負い，法律上の妻は扶養義務を負わないという点の考慮が必要になります。したがって，認知した子の生活費指数を，その母親もその子に対する扶養義務を負っている点を考慮して修正し，その上で，義務者も子を養育している場合と同様の計算方法で算定するのが一般的です。認知した子の生活費指数は，義務者と認知した子の母親の基礎収入で按分することになります（具体的算出方法について，詳しくは，松本哲泓『婚姻費用・養育費の算定―裁判官の視点にみる算定の実務―』（新日本法規出版，2018）153 頁）。

重婚的内縁 Q & A

Q47 （重婚的内縁当事者の交通事故死による損害賠償）

　夫には戸籍上の妻がいますが，私と知り合った当時，既に妻とは別居しており，離婚届を見せて「妻とは離婚する」と言ってくれたので，私は夫の言葉を信じて夫と同居し，夫の収入で生計を維持してきました。同居生活は30年に及び，夫の勤務先からも親戚からも「妻」として認められて，夫婦として生活してきましたが，このたび夫が交通事故で死亡してしまいました。加害者は，重婚的内縁関係なので法的保護に値しない，配偶者とは認められないとして損害賠償に応じません。私は，損害賠償の請求をすることができないのでしょうか。

A

　法律上の婚姻関係が形骸化し，事実上の離婚状態にある場合には，財産的・精神的損害について，加害者に対し損害賠償請求をすることができる場合があります。

〈解　説〉

1　財産的損害─扶養請求権の侵害

　内縁・事実婚には配偶者相続権に関する規定は類推適用されません。そこで，被害者本人が死亡により将来の稼働利益を喪失したことによる損害賠償請求権を相続によって取得することはできません。一方で，判例は，相続人以外の者が死亡した被害者から扶養を受けていた場合に，被扶養者が扶養請求権の侵害により将来の扶養利益を喪失したことによる損害賠償を請求することを認めています（Q12参照）。

　重婚的内縁当事者が交通事故で死亡した場合には，通常の内縁と同様に扶養利益の喪失による損害賠償を全面的に認めると，法律婚配偶者の利益を害するおそれがあります。

　裁判例では，①法律上の配偶者があることを知らず，あるいは，知っ

239

Ⅵ　重婚的内縁関係

ていても離婚が近く実現し正式の配偶者になれると信じて内縁関係に入る合意をしたこと，②法律婚が事実上の離婚状態にあること，③重婚的内縁関係に夫婦としての共同生活の実質があることのいずれも満たした場合には，重婚的内縁当事者が加害者に対し扶養請求権侵害を理由として損害賠償を請求できるとする一方で，損害額の算定に当たっては，戸籍上の妻子の扶養を斟酌して減額されるべきであるとして本来の額の3分の2程度に減額したものがあります（東京地判昭43.12.10家月21巻6号88頁）。本問と同様の事案で，被害者の月収18万円程度のうち，内縁配偶者の生計の維持に当たる分を月額6万円，期間は被害者の平均余命の2分の1である10年として算定した裁判例があります（東京地判平27.5.19判時2273号94頁）。

2　精神的損害（近親者の慰藉料）

　精神的損害については，いわゆる近親者が固有の請求権を取得するという民法の規定が存在します（民法711条）。判例は，ここでいう近親者を実質的に解しています（最三小判昭49.12.17民集28巻10号2040頁）。近時の裁判例は，内縁・事実婚配偶者にも慰藉料請求権を認めています（Q12参照）。

　重婚的内縁関係にある場合については，法律婚の形骸化と重婚的内縁関係に事実上の夫婦としての実体があることを要件にこれを認める裁判例があります（福岡地小倉支判昭43.12.18判時552号74頁，山口地下関支判昭51.10.27交民集9巻5号1483頁，横浜地判昭47.11.9判タ298号407頁，東京地判平27.5.19判時2273号94頁。法律婚の形骸化を否定して重婚的内縁当事者からの慰藉料請求権を否定した裁判例として，大阪高判昭49.6.17判タ311号159頁）。

　法律婚が形骸化しており，重婚的内縁配偶者に慰謝料請求権が認められる場合における法律婚の配偶者慰藉料請求権の取扱いについては，被害者本人1人分の慰藉料が2人に配分されるべきだとする学説がありま

す（内田，161頁）。民法711条は婚姻法秩序維持とは直結しない制度であり，このような柔軟な解決になじむといえましょう。重婚的内縁当事者について，死亡慰藉料2600万円のうち，近親者固有慰藉料として1000万円を認め，その余を法定相続人らの慰藉料として認めた裁判例として，鹿児島地判平15.3.26裁判所ウェブサイトがあります。

Ⅶ 事実婚保護のあり方

第1 婚姻外カップルの多様化

　内縁準婚理論は，明治民法において，婚姻障害事由や足入れ婚などの風習，婚姻の届出に関する人々の認識不足などから発生した内縁について，社会的・経済的に弱い立場におかれてきた内縁の妻の救済の必要性を背景に生み出された法理論といえ，現在に至るまで内縁・事実婚保護において中心的役割を果たしてきました。

　しかしながら今日では，意図的に婚姻届を出さないカップルも増えており，婚姻外カップルは多様化しているといえましょう。夫婦同氏等の婚姻制度に縛られない，より自由な関係形成を求める傾向も見られるようになっています。最一小判平 16.11.18 判時 1881 号 83 頁で問題とされた「パートナーシップ関係」は，まさに婚姻外カップルの変化を象徴するものといえましょう。このような婚姻外カップルの多様化を受け，従来型の内縁を前提とする内縁準婚理論を現代型の内縁に当てはめ，一律に婚姻法の類推適用をすることについて，疑問が呈されるようになりました。

第2 事実婚保護のあり方をめぐる学説

　事実婚保護のあり方をめぐる学説は，おおむね以下の4つの見解に分かれています（嵩，120頁）。

1 内縁準婚理論の有用性を肯定する見解

　現代における事実婚の多様性を認識しつつも，内縁準婚理論の有用性

を積極的に肯定し，個別の婚姻法規定の類推適用が依然として有用かつ必要であり，現代的な事実婚もまた従来の内縁準婚理論の延長線上で捉えてよいという主張です（野澤紀雅「事実婚の法的規整」ジュリスト1059号89，90頁）。

2 内縁準婚理論の妥当する事実婚関係を限定的に捉える見解

事実婚関係の多様化を受け，内縁準婚理論の妥当する関係を限定する見解です。具体的には，事実婚関係を従来の古典的内縁（「強いられた内縁」）と現代的事実婚（「選ばれた内縁」→「自由結合」という用語が使われる場合もある）とに分け，前者に限り内縁準婚理論を維持する考え方です（大村，233頁）。

現代的事実婚は，当事者の意思に沿って財産法等により規律され，不当破棄については，不法行為責任が否定される等，その法的拘束力は弱いものとされます。

他方で，同様に従来型内縁と現代型内縁とに分類し，従来型内縁には内縁準婚理論が妥当するとする一方で，現代型内縁（意図的に選択された事実上の婚姻関係）についても内縁となった経緯や当事者の意思によっては内縁準婚理論が当てはまるとする見解もあります（内田，141～145頁）。

3 事実婚の実態に応じて連続的・段階的な法的処理を指向する見解

2の見解は，内縁準婚理論の妥当する事実婚を「古典的内縁」や「事実上の夫婦」等の基準で区別するものといえましょう。これに対して，多様な婚姻外の男女関係を一定の基準で分節的に捉えるのではなく，個々の関係についてその結合のあり方との関係でどのような法的効果（婚姻法規定の類推適用等）を与えるのかを問題の本質と捉えて，全ての婚姻外の男女関係を連続的・段階的に処理することを指向する見解があります（鈴木，80，88頁）。

他方，「内縁」とか「事実上の婚姻関係」等その実質が必ずしも明ら

かでないものを婚姻法類推適用の基準とするアプローチ自体に消極的な立場から，当事者の意思を踏まえて婚姻法の準用や類推適用の余地を認める見解があります（窪田，139頁）。この見解によると，婚姻の法律効果の基本的な部分（ex. 同居協力扶助義務や相続や婚姻の拘束力）を受け入れることができないがゆえに，婚姻という法律関係を選択しないのであれば婚姻法を適用する余地がなく，契約法の問題が残ることになりますが，他方で，婚姻制度の内比較的周辺的なもの（夫婦同氏）が障害となっている事実婚については，婚姻に準じた処理の可能性が示されています。

4　内縁準婚理論を否定する見解

　婚姻秩序あるいは婚姻制度の尊重を背景として内縁準婚理論の合理性を否定し，およそ婚姻外カップル間には婚姻法規定の類推適用をすべきではないとする見解があります。

　「内縁準婚理論には，内縁当事者の経済的な『保護』のためには，法理論の『原則』を問わないところにその眼目があった」として，その法理論としての根本的な問題点を指摘し，当事者の意思（「婚姻をしない」という意思）に従った法的保護を主張し，「かりに当事者の一方が婚姻と同様の裁判所の後見的な介入を望むとしても，それに応じるのは，国民の自由や自己決定権，プライバシー権の領域に自覚的な立場をとるのであれば，過保護・過干渉であるといわざるをえない」としています（水野紀子「事実婚の法的保護」石川稔ほか編『家族法改正への課題』（日本加除出版，1993）74～84頁）。

　この見解では，事実婚における経済的清算は契約法理によりなされるべきだとしていますが，これに対して，契約法理による内縁当事者の権利・義務関係の規律では，内縁保護が極めて狭くなるという懸念が示されています。また，内縁準婚理論否定説は，婚姻障害のあるカップルや

245

Ⅶ　事実婚保護のあり方

同性カップルのように「婚姻できない」カップルには当てはまらないとし，婚姻外カップルに対して諸外国で見られるような登録制度利用の途を確保して初めて説得力をもつのではないかとする批判があります（山下純司「婚姻外カップルの関係」中田裕康編『家族法改正』（有斐閣，2010）162頁）。

5　ライフスタイルの自己決定権尊重の観点からの見解

　内縁を準婚として婚姻法を適用して解決することは基本的に否定するが，安定的で継続した共同生活，パートナー関係が存在する以上，法的な生活保障が必要であるとして財産の公平な分配（財産分与規定の類推適用），要保護状態に陥った当事者への援助を事実婚に認める見解があります（二宮，199頁）。

第3　同性パートナーシップ証明制度及び近時の動向

　学説上は，婚姻外カップルの多様化を背景に従来の内縁準婚理論の再検討がされ，様々な見解が対立しています。そうした見解の中には，現代の事実婚に対する法的保護の枠組みとして，諸外国で見られるような登録制度の創設を提案する見解もあります。登録制度のメリットとして，国家が個人の領域に介入する明確な根拠と基準が提供されること，「婚姻できない」カップルの選択肢が広がること等が挙げられています。現在のところ婚姻外カップルについて登録制度を法制化する動きは見られませんが，地方自治体レベルでは注目すべき制度が登場しています。

　東京都渋谷区では，「渋谷区男女平等及び多様性を尊重する社会を推進する条例」が2015年4月1日から施行され，「男女の婚姻関係と異ならない程度の実質を備える戸籍上の性別が同一である二者間の社会生活関係」を「パートナーシップ」として（同条例2条8号），区長が「パー

トナーシップ証明」をすることができるとされています（同条例 10 条 1 項）。

条例では，「証明」に当たって，原則として，①当事者双方が，相互に相手方当事者を任意後見受任者の一人とする任意後見契約に係る公正証書を作成し，かつ，登記を行っていること，②共同生活を営むに当たり，当事者間において，ⅰ）両当事者が愛情と信頼に基づく真摯な関係であること，ⅱ）両当事者が同居し，共同生活において互いに責任を持って協力し，及びその共同生活に必要な費用を分担する義務を負うことについての「合意契約」が公正証書により交わされていることが必要とされます（条例 10 条 2 項 1 号，2 号）。

規則では，当事者の要件として，①渋谷区に居住し，かつ，住民登録を行っていること，② 20 歳以上であること，③配偶者がいないこと及び相手方当事者以外の者とのパートナーシップがないこと，④近親者でないことを満たしている者としています（規則 3 条）。

証明は，法的拘束力はありませんが，「区民及び事業者は，その社会活動の中で，区が行うパートナーシップ証明を最大限配慮しなければならない」（条例 11 条 1 項），「区内の公共的団体等の事業所及び事務所は，業務の遂行に当たっては，区が行うパートナーシップ証明を十分に尊重し，公平かつ適切な対応をしなければならない」（同条 2 項）とされています。

また，東京都世田谷区では，2015 年 11 月 1 日から「世田谷区パートナーシップの宣誓の取扱いに関する要綱」に基づき，同性カップルが区長に対し「パートナーシップ宣誓」を行い，区が「パートナーシップ宣誓書受領証」を交付する制度が開始されています。パートナーシップ宣誓の要件としては，①当事者双方がその人のパートナーとして生活を共にしている又は共にすることを約した性を同じくする二人であること，

247

Ⅶ　事実婚保護のあり方

②20歳以上であること，③双方が区内に住所を有すること，④ⅰ）他の人と法律上の婚姻関係にないこと，ⅱ）他の人とパートナーシップ宣誓をしていないこと，ⅲ）親子，兄弟姉妹の関係にないこと，とされています。世田谷区では公正証書の作成が要件とされていません。世田谷区と同様に「要綱」によりパートナーシップ宣誓等を証明する制度は，三重県伊賀市，兵庫県宝塚市，沖縄県那覇市，北海道札幌市等の自治体に広がっています（2019年10月11日現在で27の自治体で発足しています・OUT JAPANホームページ参照）。

　「パートナーシップ証明書」や「パートナーシップ宣誓書受領証」などについて「法的効果がない」と言われていますが，自治体レベルのこうした取組は，同性カップルに対する人々の理解を促進するものであり，今後，同性間の婚姻外カップルの法的保護に関する解釈論，立法論を検討する上で影響を与えると思われます。

　2017年3月には，国外退去処分を受けた外国籍同性パートナーが，男女の事実婚・内縁カップルであれば認められる可能性がある在留特別許可を，同性パートナーに認めないのは性的指向による差別であるとして，退去処分の取消しを求めた裁判が提起され，2019年3月，裁判所の勧告を受けて，国は，退去処分を取消し，同性パートナーに在留特別許可を認めるに至りました。

　2019年2月14日，全国13組の同性カップルが，わが国の法制上，同性婚が認められないことが違憲であるとして，国に対し，立法不作為による国賠訴訟を提起しており，注目されます（「結婚の自由をすべての人々に」訴訟）。

　2019年7月18日，日本弁護士連合会は，国は同性婚を認める法改正を行うべきであるとする意見書を取りまとめ，関係機関に提出しました（「同性の当事者による婚姻に関する意見書」）。

248

同性カップルの不当破棄Ｑ＆Ａ

多様な婚姻・家族の形態を認め合うこと，セクシュアル・マイノリティの人々の権利擁護が今後の課題といえましょう。

同性カップルの不当破棄Ｑ＆Ａ

Q48（同性カップル～不当破棄による損害賠償）

私は，同性パートナーと長期間に亘り同居し，夫婦として生活してきました。彼女は子育てをしたいと望み，第三者（男性）から精子提供を受け，人工授精を行い，子どもを出産しました。ところが，彼女と男性との間の不貞行為が発覚し，私と彼女との関係は破綻してしまいました。私は彼女に慰藉料を請求することができるのでしょうか。

A

同性カップルであっても不当破棄による慰藉料請求が認められる場合があります。

〈解　説〉

1　同性カップル～「婚姻に準ずる関係」といえるのか？

最二小判昭 33.4.11 民集 12 巻 5 号 789 頁は，内縁とは「婚姻に準ずる関係」であって，「男女が相協力して夫婦としての生活を営む結合」であるとし，内縁を不当に破棄された者は，相手方に対し，不法行為を理由として損害賠償を求めることができるとしています（いわゆる「内縁準婚理論」）。

現行民法は，婚姻を男女のものとしているため，同性カップルに内縁準婚理論が妥当するのかが問題となります。

これまで判例は，内縁の成立要件を，①婚姻の意思，②共同生活の実

Ⅶ　事実婚保護のあり方

体であるとしつつも，問題となっている法的効果や誰との間で問題となっているのかなどによって，内縁の成立要件を法的保護の必要性とその妥当性の見地から相対的にとらえて緩和してきました（Q1 参照）。

　現在の判例・通説は，重婚的内縁関係や近親婚関係にある内縁など，婚姻障害に該当し，民法が婚姻を禁止しているような内縁関係であっても，一律に内縁の成立を否定するのではなく，内縁の成立を認め，①問題となっている効果が関係解消に伴うものか，関係維持のためのものなのか，②第三者との効果なのか，当事者間の効果なのか，③法律婚が形骸化しているのか（反倫理性が弱いか）によって相対的に判断し，一定の法的効果を認めています（「相対的効果説」）。

　日本では，同性愛行為は犯罪ではなく（cf. ソドミー法），同性カップルが公序良俗に反するとか，「反倫理的」である，と評価することはできません。一方で，地方自治体で同性パートナーシップの登録制度が広がっており，同性カップルの法的保護に関する社会一般の意識にも大きな変化がみられること等を考慮すると，同性カップルに「内縁」の成立を認め，「婚姻に準ずる関係」として一定の法的保護を認めることは十分に可能であると考えます（大島梨沙「日本における『同性婚』問題」（法学セミナー 706 号 7 頁），棚村政行「LGBT の法的保護とパートナーシップ制度」棚村政行＝中川重徳編『同性パートナーシップ制度』（日本加除出版，2016）6 頁，222頁，谷口洋幸「同性間パートナーシップの法的保障」ジェンダーと法 10 号 113頁，二宮周平『家族法（第 5 版）』（新世社，2019）162 頁）。

2　同性カップルに内縁（事実婚）に準じた法的保護に値する利益を認めた裁判例

（事案の概要）

　宇都宮地真岡支判令 1.9.18 裁判所ウェブサイトは，同性カップルであっても，「内縁関係に準じた法的保護に値する利益が認められ」ると

して，不貞行為により関係を破綻させた者に110万円の損害賠償の支払を命じました。

事案は，同性パートナーである被告Aと長期間同居し，アメリカで婚姻登録証明書を取得し，日本国内で挙式した原告が，被告Aの不貞行為により同性の事実婚が破綻したとして，被告A及び不貞相手である被告Bに対し，共同不法行為による損害賠償を請求したものです。

被告Aは子を持ちたいと望み，人工授精を受けて妊娠・出産し，原告と育てることを計画し，SNSを通じて精子提供者である被告Bと知り合いましたが，被告らの不貞行為が発覚し，事実婚関係が破綻したというものです。なお，被告Aは，原告との関係が破綻後，被告Bとの間に子をもうけ，婚姻しています。被告Bは，その後，性適合手術を受け，性同一性障害者性別特例法により性別変更を行っています。

原告は，慰謝料の他，不妊治療の費用やアメリカでの離婚手続に要する費用など約630万円の損害賠償を求めました。

（判決の要旨）

◎同性のカップル間の関係が内縁関係としての保護を受け得るか否か
（権利又は法律上保護される利益の有無について）。

判決は，「同性のカップルであっても，その実態を見て内縁関係と同視できる生活関係にあると認められるものについては，それぞれに内縁関係に準じた法的保護に値する利益が認められ，不法行為法上の保護を受け得る」としました。

その理由について，価値観や生活形態が多様化したことを挙げ，「婚姻を男女間に限る必然性があるとは断じ難い状況となっている」と指摘し，世界的に見ても，同性のカップル間の婚姻も法律上認める制度を採用する国が存在すること，法律上の婚姻までは認めないとしても，同性のカップル間の関係を公的に認証する制度を採用する国もかなりの数に

251

上っていること，日本国内においてもこのような制度を採用する地方自治体が現れているとし，「かかる社会情勢を踏まえると，同性のカップルであっても，その実態に応じて，一定の法的保護を与える必要性は高い」と述べています。また，憲法24条1項は，およそ同性婚を否定する趣旨とまでは解されないから，前記のとおり解することが憲法に反するとも認められないとする注目すべき判断をしています。

　一方で，「婚姻が男女間に限られていることからすると，婚姻関係に準じる内縁関係（事実婚）自体は，少なくとも現時点においては飽くまで男女間の関係に限られる」とし，「同性婚を内縁関係（事実婚）そのものと見ることはできない」としています。

◎原告と被告Ａが内縁関係と同視できる生活関係にあったか否か。

　判決は，7年間の同棲生活を行っていたことを指摘して，「比較的長い期間の共同生活の事実がある」としました。また，①米国で婚姻登録証明書を取得していること，②日本国内で結婚式，披露宴を行い，その関係を周囲の親しい人に明らかにしていること，③原告が二人さらに将来的に子が住むためのマンション購入を進めていること，④被告Ａが二人の間で育てる子を妊娠すべく精子提供を受けるなどしていることを指摘し，「お互いを将来的なパートナーとする意思も有している」としました。

　これらの事実関係に照らし，原告及び被告Ａは，男女間の婚姻と何ら変わらない実態を有しているということができ，内縁関係と同視できる生活関係にあったと認めることができると認定しています。

◎不貞行為の有無

　判決は，内縁関係に準じて認められる原告の法的保護に値する利益が侵害されているか否かが不法行為の成否を左右するとし，挿入を伴う性行為を不貞行為の不可欠な要素とするものではないと解し，被告らが数

日間を共にし，挿入を除いた性行為をしたことだけであっても不貞行為
にあたるとしました。

◎被告Bの故意及び特段の事情の有無

不貞相手である被告Bについて，不法行為の故意があるとする一方
で，最三小判平31.2.19民集73巻2号187頁は，夫婦の他方と不貞行為
に及んだ第三者に対して離婚に伴う慰藉料を請求するためには特段の事
情が必要であるとするところ，当該判示は，「内縁関係（事実婚）を破綻
させた第三者に対し，破綻に係る慰謝料を請求する場合，更には本件の
ような場合にも妥当とする」とした上で，特段の事情があるとは認めら
れないとして，原告の請求を棄却しました。

◎損害について

判決は，「原告に認められる法的保護に値する利益の程度は，法律婚
や内縁関係において認められるのとはおのずから差異があるといわざる
を得ず」として，慰藉料としては100万円が相当であるとしています。

（コメント）

本判決は，同性のカップルであっても内縁関係と同視できる生活関係
にあると認められるものについては，内縁関係に準じた法的保護に値す
る利益があるとして，不法行為法上の保護を受け得ると判断した初めて
の判決とみられ，注目されます。

一方で，判決は，婚姻に準ずる内縁関係自体はあくまで男女間の関係
に限られるのが相当であるとしており，同性カップルに「内縁」の成立
を認め内縁準婚理論を適用した裁判例ではありません。

同性カップルについて婚姻を認める法制度の実現には今しばらく時間
がかかると思われます。立法化までの間，①「婚姻」の意思―お互いを
人生のパートナーとする意思を持ち，②「共同生活の実体」がある同性
カップルについて，「婚姻に準ずる関係」として一定の法的保護を認め

253

Ⅶ　事実婚保護のあり方

ることが求められているのではないでしょうか。同性カップルに関する判例法の発展が望まれます。

　なお，社会保障法制における「配偶者」の定義に同性カップル当事者を含めて解釈することが可能であるとする学説が登場しており，注目されます（増田幸弘「社会保険とジェンダー」社会保障法研究7号140頁，濱畑芳和「LGBTの社会保障・生活保障の現状と法的支援の課題」市民と法108号16頁）。

事項索引

【アルファベット】

AID	108
DNA 鑑定	91

【あ行】

い 育児休業給付金 176
育児休業 175
慰藉料 21, 27, 31, 74, 77, 249
遺贈 118, 123
遺族 137, 145, 158, 187, 192, 203
遺族基礎年金 139, 203
遺族厚生年金 139
遺族年金 16, 137, 140, 151, 230
遺族補償給付 160
遺族補償年金 157
委託者 125, 127
逸失利益 49, 72
遺留分 70, 124, 128
姻族関係 19
う 氏 87
お 恩給法 136

【か行】

か 介護休業 177
介護休業給付金 177
確定拠出年金 185
確定給付企業年金 189

家産承継型信託 129
家族療養費 171
片稼ぎ型 44
寡婦年金 204
き 基礎年金 201
強制認知 90
共同事業型 44
共同親権 87
共同生活の実体 11, 14, 30
業務上の災害 158
共有 44, 53, 58, 122
共有財産 55, 59, 118
共有推定 19, 58
共有物分割請求 48
共有持分 47, 60
居住権 46, 60
近親婚 133, 151, 156
近親者の慰藉料 74, 240
け 契約 45, 113, 116
契約取消権 19
健康保険 171
現代型内縁 244
権利濫用 46
こ 合意に相当する審判 91
合意分割 168
工場法 2
公正証書遺言 124

255

索引

交通事故 72, 79, 82, 239	在留特別許可 248
国籍 88, 97	3号分割 168
国籍取得届 100	残余財産受益者 127, 129
国籍法違憲判決 98	し 死後認知 92, 95
国民健康保険料 198	死後認知訴訟 93
国民健康保険 197	「事実婚関係」の認定 139, 173
国民年金 200	事実婚第3号被保険者期間 164
戸籍 87, 99, 102	事実上の離婚状態 11, 140, 144, 149,
古典的内縁 244	157, 162, 231, 232, 235, 239
子の氏 102	失権 191
子の氏変更 88, 102, 227	児童扶養手当 178
子の生活費の留保 238	自動車損害賠償保障事業 76
子の嫡出推定 19	自賠責保険 79
固有財産 118	自賠法 73
婚姻外カップル 4, 23, 32, 243	自筆証書遺言 69
婚姻外懐胎児童 182	死亡一時金 204
婚姻外カップルの一方的破棄 21	死亡退職金 136, 145
婚姻外カップルの登録制度 246	重婚的内縁 10, 15, 16, 88, 102, 140,
婚姻障害 3, 10, 133, 152, 250	149, 160, 166, 171, 174, 221-241
婚姻の意思 11, 29, 35, 253	収入要件 132
婚姻費用 18, 27, 113	住民票 12, 102, 133, 207
婚姻費用の留保 226, 237	受益者 125, 127
婚約不履行 21, 30	受給権の消滅 191
婚姻法秩序 134, 143, 155, 223	受託者 125, 127
婚姻予約 10, 28	出資型 44
婚姻予約有効判決 5	準共有 56, 122
婚約 31, 137	障害基礎年金 202
	使用貸借 47, 117

【さ行】

さ 財産分与 26, 34, 44, 51, 235	所得控除 211, 212
財産分与義務者の死亡 38	親権者 86
財産分与の調停申立 37, 41	人身傷害補償保険 77, 81, 82
	親族 192

256

事項索引

	信託	45, 116, 119, 125
せ	生活保護	204
	生計維持要件	15, 132, 137, 141, 174
	「生計維持関係」の認定	139
	生計同一要件	132
	性的違和	105
	性同一性障害	105
	性同一性障害者	107
	性同一性障害者性別特例法	106
	成年擬制	19
	生命保険金	217
	成立要件	9, 11, 29, 31
	世帯主	12, 197
	世帯単位	136
	世帯単位の原則	206
	世帯主との続柄	208, 210
	絶対的無効説	16
	戦時災害保護法	2
そ	相続	92, 122
	相続財産	145
	相続税	124, 128, 211, 216
	相続税の軽減措置	218
	相続的構成	72
	相続法改正	63, 123
	相対的効果説	10, 16
	贈与税	219
	存続保障	20, 33, 114

【た行】

た	第3号被保険者	12, 164
	退職金規程	147
	退職手当金	217

	対人賠償責任保険	77, 79
	対物賠償責任保険	79
	多数当事者の抗弁	92
ち	嫡出推定	84, 109
	嫡出でない子	92, 210
	嫡出でない子の氏, 戸籍	102
	嫡出でない子の住民票	104
	嫡出でない子の相続分	85, 94
	賃借権	46
て	貞操義務	19, 113
と	「同一世帯」要件	174
	同居義務	113
	同居請求	20
	同居人	12, 199, 209
	搭乗者傷害補償保険	81
	同性カップル	
		4, 17, 82, 125, 199, 248, 249
	同性婚	18, 122, 123, 248, 250
	同性パートナーシップ証明制度	17, 246
	「特別の寄与」制度	52, 68
	特別の他人	21
	特有財産	53, 59
	共稼ぎ型	44

【な行】

な	内縁準婚理論	6, 9, 23, 27, 243
	内縁の妻の居住権	46
	内縁の不当破棄	20, 27, 30, 232
に	二元的な救済モデル	33
	日常家事債務の連帯責任	18
	任意後見契約	117, 128, 247
	任意認知	90

257

索引

認知 ……………… 84, 89, 97, 181
認知訴訟 ………………………… 91
認知調停 ………………………… 89
認知の訴え ……………………… 93
認知の効果 ………………… 85, 94

【は行】

は パートナーシップ ……… 21, 31, 116
　パートナーシップ契約 …… 117, 118, 120
　パートナーシップ証明書 ……… 117, 246
　パートナーシップ宣誓書受領書 …… 247
　配偶者居住権 …………………… 64
　配偶者控除 ………… 211, 212, 219
　配偶者相続権 …… 19, 42, 51, 53, 58, 72
　配偶者短期居住権 ……………… 66
　配偶者特別控除 …………… 211, 215
　「配偶者」要件 …………… 141, 151
　配分的保護 …………………… 231
ひ ひき逃げ事故 ………………… 76
　非婚 …………………………… 13
　非相続的構成 ………………… 72
　被扶養者 …………… 171, 197, 201
　「被扶養者」認定基準 ……… 172, 201
　被扶養配偶者 ………………… 164
ふ 扶養料侵害 ……………………… 12
　夫婦同氏 …………………… 13, 19
　父子家庭 ……………………… 178
　扶助義務 ……………………… 113
　不貞行為 ………… 24, 222, 249
　不動産 …………………… 53, 58
　不当利得 ……………………… 47

不法行為 ………… 24, 29, 31, 251, 253
扶養義務 ………………………… 19
扶養請求権の侵害 …………… 50, 239
扶養利益の喪失 ………… 72, 76, 239
へ 別居 …………………………… 20
　別産制 ………………………… 113
ほ 母子家庭 ……………………… 178

【ま行】

み 未認知の子 …………………… 88
　民事信託 ………………… 118, 125
め 免責約款 ……………………… 79
も 黙示の使用貸借契約 ………… 49
　持戻し免除 …………………… 67

【や行】

ゆ 遺言 ………… 45, 116, 119, 122
　遺言公正証書 ………………… 117
　遺言信託 ……………………… 129
よ 養育費 …………… 85, 89, 227
　要保護性 ………………… 143, 232
　要保障性（ニーズ）………… 134
　預金 …………………………… 57

【ら行】

り 離婚時年金分割制度 ………… 163
　離婚時年金分割の手続 ……… 168
ろ 労災補償 ……………………… 157
　老齢基礎年金 ………………… 202

258

判例索引

判例索引

【大審院・最高裁判所判例】

大連判大 4.1.26 民録 21 輯 49 頁 ……………………………………………… 5, 28

大判大 8.4.23 民録 25 輯 693 頁 …………………………………………………… 10

大判大 8.5.12 民録 25 輯 760 頁 …………………………………………………… 24

大判大 8.6.11 民録 25 輯 1010 頁 ………………………………………………… 10

大判大 9.5.28 民録 26 輯 773 頁 ………………………………………………… 222

大判大 11.6.3 民集 1 巻 280 頁 ……………………………………………………… 6

大判昭 6.11.27 新聞 3345 号 15 頁 ……………………………………………… 10

大判昭 7.8.25 評論 21 巻 122 頁 …………………………………………………… 6

最一小判昭 29.1.21 民集 8 巻 1 号 87 頁 …………………………………… 84, 91

最二小判昭 32.6.21 民集 11 巻 6 号 1125 頁 ……………………………………… 92

最大判昭 33.2.12 民集 12 巻 2 号 190 頁 ……………………………………… 198

最二小判昭 33.4.11 民集 12 巻 5 号 789 頁 ……………… 6, 18, 20, 27, 28, 249

最三小判昭 34.7.14 民集 13 巻 7 号 1023 頁 ……………………………………… 54

最二小判昭 37.4.27 民集 16 巻 7 号 1247 頁 ……………………………………… 92

最二小判昭 38.2.1 民集 17 巻 1 号 160 頁 ………………………………………… 25

最二小判昭 38.12.20 民集 17 巻 12 号 1708 頁 …………………………………… 30

最三小判昭 39.10.13 民集 18 巻 8 号 1578 頁 ……………………………………… 46

最三小判昭 41.2.22 裁判集民 82 号 453 頁 ………………………………………… 18

最一小判昭 41.5.19 民集 20 巻 5 号 947 頁 ………………………………………… 61

最一小判昭 41.7.14 民集 20 巻 6 号 1183 頁 ……………………………………… 70

最三小判昭 42.2.21 民集 21 巻 1 号 155 頁 ………………………………………… 46

最二小判昭 44.10.31 民集 23 巻 10 号 1894 頁 ………………………………… 11, 12

最一小判昭 44.11.27 民集 23 巻 11 号 2290 頁 …………………………………… 84

最三小判昭 45.4.21 判時 596 号 43 頁 …………………………………………… 12

最三小判昭 47.5.30 民集 26 巻 4 号 898 頁 ………………………………………… 80

最三小判昭 49.12.17 民集 28 巻 10 号 2040 頁 ……………………… 49, 75, 240

259

索引

最一小判昭 55.11.27 判時 991 号 69 頁 ·· 147, 149

最一小判昭 55.11.27 民集 34 巻 6 号 815 頁 ·· 218

最二小判昭 57.3.19 民集 36 巻 3 号 432 頁 ·· 85

最一小判昭 58.4.14 民集 37 巻 3 号 270 頁 ································ 142, 161, 230

最三小判昭 59.5.29 労判 431 号 52 頁 ·· 158

最一小判昭 60.1.31 家月 37 巻 8 号 39 頁 ·· 136

最一小判昭 60.1.31 裁判集民 144 号 75 頁 ·· 149

最一小判昭 60.2.14 訟月 31 巻 9 号 2204 頁 ································ 133, 155

最一小判昭 61.11.20 民集 40 巻 7 号 1167 頁 ····································· 222

最三小判昭 62.3.3 判時 1232 号 103 頁 ··· 148

最大判昭 62.9.2 民集 41 巻 6 号 1423 頁 ··· 223

最三小判平 5.4.6 民集 47 巻 6 号 4505 頁 ··································· 50, 73, 76

最二小判平 7.3.24 判時 1525 号 55 頁 ·· 136

最二小判平 7.7.14 民集 49 巻 7 号 2674 頁 ··· 87

最二小判平 7.11.10 民集 49 巻 9 号 2918 頁 ·· 80

最三小判平 8.12.17 民集 50 巻 10 号 2778 頁 ································· 62, 66

最三小判平 9.9.9 訟月 44 巻 6 号 1009 頁 ····································· 211, 213

最一小判平 10.2.26 民集 52 巻 1 号 255 頁 ··································· 47, 62, 67

最一小判平 11.1.21 判時 1675 号 48 頁 ··· 209

最一小決平 12.3.10 民集 54 巻 3 号 1040 頁 ············· 26, 30, 38, 42, 51, 53, 58, 122

最一小判平 14.1.31 民集 56 巻 1 号 246 頁 ·· 181

最二小決平 16.10.29 民集 58 巻 7 号 1979 頁 ····································· 218

最一小判平 16.11.18 判時 1881 号 83 頁 ······················· 14, 21, 30, 31, 243

最一小判平 17.4.21 判時 1895 号 50 頁 ······································ 143, 230

最一小判平 19.3.8 民集 61 巻 2 号 518 頁 ····································· 134, 152

最二小決平 19.3.23 民集 61 巻 2 号 619 頁 ·· 98

最大判平 20.6.4 民集 62 巻 6 号 1367 頁 ·· 88, 99

最大決平 25.9.4 民集 67 巻 6 号 1320 頁 ··························· 64, 67, 85, 94, 214

最三小決平 25.12.10 民集 67 巻 9 号 1847 頁 ····································· 109

最三小判平 29.3.21 判時 2341 号 65 頁 ··· 160

最二小決平 31.1.23 裁判所時報 1716 号 4 頁 ······································ 107

最三小判平 31.2.19 民集 73 巻 2 号 187 頁 ·· 253

260

判例索引

【高等裁判所裁判例】

名古屋高決昭 27.7.3 高民集 5 巻 6 号 265 頁 ･･････････････････････････ 38

東京高判昭 36.7.5 高民集 14 巻 5 号 309 頁 ･･････････････････････････ 89

広島高決昭 38.6.19 家月 15 巻 10 号 130 頁 ･･･････････････････････ 26, 42

広島高松江支決昭 40.11.15 高民集 18 巻 7 号 527 頁 ･････････････ 224, 236

東京高判昭 45.11.11 高刑 23 巻 4 号 759 頁 ･････････････････････････ 106

大阪高判昭 49.6.17 判タ 311 号 159 頁 ････････････････････････････ 240

東京高決昭 54.4.24 家月 32 巻 2 号 81 頁 ･･･････････････････････････ 236

東京高決昭 54.4.24 判時 930 号 70 頁 ･･････････････････････････････ 224

札幌高判昭 56.2.25 判タ 452 号 156 頁 ･････････････････････････････ 50

広島高判昭 56.7.30 労民 32 巻 3・4 号 510 頁 ･･････････････････････ 161

大阪高決昭 57.4.5 家月 35 巻 10 号 69 頁 ･･･････････････････････････ 236

大阪高判昭 57.11.30 家月 36 巻 1 号 139 頁 ･･･････････････････････ 44, 54

名古屋高判昭 58.6.15 判タ 508 号 112 頁 ･･･････････････････････ 44, 57

東京高決昭 58.6.21 家月 36 巻 6 号 37 頁 ･･････････････････････ 226, 237

東京高決昭 60.9.19 家月 38 巻 3 号 69 頁 ･･･････････････ 88, 103, 228

札幌高判昭 61.6.19 判タ 614 号 70 頁 ･･･････････････････････････････ 54

東京高判平 5.3.22 訟月 39 巻 11 号 2388 頁 ･････････････････････････ 144

高松高決平 5.11.10 判タ 863 号 268 頁 ･････････････････････････････ 88

高松高判平 6.4.19 判タ 854 号 261 頁 ･･････････････････････････････ 19

大阪高決平 9.4.25 家月 49 巻 9 号 116 頁 ･･････････････････････ 88, 103

東京高決平 10.9.16 家月 51 巻 3 号 165 頁 ･････････････････････････ 109

福岡高判平 10.10.9 判時 1690 号 42 頁 ････････････････････････････ 206

高松高決平 11.3.12 民集 54 巻 3 号 1066 頁 ･････････････････････････ 30

大阪高決平 16.5.19 家月 57 巻 8 号 86 頁 ･･････････････････････････ 85

大阪高判平 16.7.30 家月 57 巻 2 号 147 頁 ･･･････････････････････ 20, 224

東京高判平 19.7.11 判時 1991 号 67 頁 ････････････････････････････ 144

札幌高決平 20.1.11 家月 60 巻 12 号 42 頁 ･････････････････････････ 103

大阪高判平 22.10.21 判時 2108 号 72 頁 ･･･････････････････････ 48, 67

大阪高決平 23.11.15 家月 65 巻 4 号 40 頁 ･･･････････････････････ 39, 45

名古屋高判平 29.11.2 判時 2365 号 37 頁 ･･････････････････････････ 144

索引

【地方裁判所裁判例】

東京地判昭 33.12.25 家月 11 巻 4 号 107 頁 ……………………………… 24

東京地判昭 36.4.25 下民集 12 巻 4 号 866 頁 …………………………… 49

青森地八戸支判昭 36.9.15 下民集 12 巻 9 号 2323 頁 …………………… 19

東京地判昭 43.12.10 家月 21 巻 6 号 88 頁 ………………… 50, 225, 240

福岡地小倉支判昭 43.12.18 判時 552 号 74 頁 ………………… 225, 240

東京地判昭 46.5.31 判時 643 号 68 頁 …………………………………… 19

横浜地判昭 47.11.9 判タ 298 号 407 頁 ………………………… 225, 240

千葉地佐倉支判昭 49.7.15 交民集 7 巻 4 号 1026 頁 …………………… 12

山口地下関支判昭 51.10.27 交民集 9 巻 5 号 1483 頁 ………… 225, 240

大阪地判昭 52.6.24 判時 880 号 60 頁 ………………………………… 224

東京地判昭 53.2.13 判時 895 号 118 頁 ……………………………… 150

東京地判昭 53.5.29 判タ 368 号 301 頁 ……………………………… 225

東京地判昭 62.3.25 判タ 646 号 161 頁 ……………………………… 234

東京地判平 3.7.18 判時 1414 号 81 頁 ………………………… 224, 233

大阪地判平 3.8.29 家月 44 巻 12 号 95 頁 …………………… 9, 14, 30

東京地判平 4.1.31 判タ 793 号 223 頁 ……………………… 19, 44, 58

京都地判平 4.10.27 判タ 804 号 156 頁 ……………………… 224, 233

東京地判平 5.3.3 判タ 859 号 129 頁 ………………………………… 144

東京地判平 6.1.28 判タ 873 号 180 頁 …………………………… 21, 30

浦和地判平 6.9.6 判自 133 号 46 頁 …………………………………… 144

東京地判平 7.10.19 判タ 915 号 90 頁 ……………………………… 144

東京地判平 8.7.12 判時 1612 号 84 頁 ……………………………… 224

東京地判平 10.5.27 労判 739 号 65 頁 ……………………………… 160

大阪地判平 10.12.18 家月 51 巻 9 号 71 頁 ………………………… 109

東京地判平 12.9.13 交民集 33 巻 5 号 1488 頁 ……………………… 50

鹿児島地判平 15.3.26 裁判所ウェブサイト ………………………… 241

名古屋地判平 21.7.29 交民集 42 巻 4 号 945 頁 ……………………… 74

神戸地判平 22.4.23 判時 2108 号 77 頁 ……………………………… 48

名古屋地判平 23.2.25 判時 2118 号 66 頁 …………………………… 49

さいたま地判平 23.3.23 判自 362 号 93 頁 ………………………… 155

東京地判平 24.6.22 ウエストロー・ジャパン ……………………… 25

262

東京地判平 25.3.19 ウエストロー・ジャパン ……………………………… 144

東京地判平 27.2.24 税資 265 号 …………………………………………… 214

東京地判平 27.5.19 判時 2273 号 94 頁 …………………………………… 240

東京地判平 28.7.13 判タ 1438 号 209 頁 …………………………………… 30

宇都宮地真岡支判令 1.9.18 裁判所ウェブサイト ……………………… 18, 250

【家庭裁判所審判例】

仙台家審昭 30.5.18 家月 7 巻 7 号 41 頁 ………………………………… 42

東京家審昭 31.7.25 家月 9 巻 10 号 38 頁 ……………………………… 26

東京家審昭 35.11.21 家月 13 巻 4 号 102 頁 …………………………… 228

東京家審昭 40.9.27 家月 18 巻 2 号 92 頁 ……………………………… 26

鳥取家米子支審昭 41.12.15 家月 19 巻 7 号 78 頁 ……………………… 227

東京家審昭 44.1.27 家月 21 巻 7 号 88 頁 ……………………………… 238

東京家審昭 44.8.20 家月 22 巻 5 号 65 頁 ……………………… 227, 238

福岡家小倉支審昭 46.8.25 家月 25 巻 1 号 48 頁 ……………………… 26

大阪家審昭 49.3.26 家月 27 巻 3 号 70 頁 ……………………………… 227

岐阜家審昭 57.9.14 家月 36 巻 4 号 78 頁 ……………… 9, 12, 26, 30, 35

京都家審平 6.10.3 判タ 875 号 277 頁 …………………………………… 19

著者略歴

小 島 妙 子（こじま　たえこ）

1977 年　東北大学法学部卒業
弁護士（仙台弁護士会所属）
ジェンダー法学会理事
日本弁護士連合会両性の平等に関する委員会特別委嘱委員
日本弁護士連合会家事法制委員会委員
日本学術会議連携会員

〈主要著書〉

『夫婦法の世界』（共編，信山社，1995 年）

『親子のトラブル Q & A』（共著，有斐閣，1995 年）

『ライフズ・ドミニオン―中絶と尊厳死そして個人の自由』（R. ドゥオーキン著，共訳，信山社，1998 年）

『ドメスティック・バイオレンスの法』（信山社，2002 年）

『ジェンダーと法 I ― DV・セクハラ・ストーカー』（共著，信山社，2004 年）

『職場のセクハラ』（信山社，2008 年）

『Q & A　離婚実務と家事事件手続法』（民事法研究会，2013 年）

『DV・ストーカー対策の法と実務』（民事法研究会，2014 年）

『現代家族の法と実務　多様化する家族像―婚姻・事実婚・別居・離婚・介護・親子鑑定・LGBTI』（共著，日本加除出版，2015 年）

『事例にみる特別受益・寄与分・遺留分主張のポイント』（共編著，新日本法規出版，2016 年）

『Q & A　親子の法と実務』（日本加除出版，2016 年）

『Q & A　財産分与と離婚時年金分割の法律実務―離婚相談の初動対応から裁判手続まで』（民事法研究会，2018 年）

『裁判例・審判例からみた特別受益・寄与分』（共編著，新日本法規出版，2019 年）

内縁・事実婚・同性婚の実務相談
多様な生き方を支える法律，社会保障・税金

2019 年 11 月 28 日　初版発行

著　者　小　島　妙　子

発行者　和　田　　　裕

発行所　日 本 加 除 出 版 株 式 会 社

本　　　　社	郵便番号 171-8516
	東京都豊島区南長崎 3 丁目 16 番 6 号
	T E L　(03) 3953 - 5757（代表）
	(03) 3952 - 5759（編集）
	F A X　(03) 3953 - 5772
	U R L　www.kajo.co.jp
営 業 部	郵便番号 171-8516
	東京都豊島区南長崎 3 丁目 16 番 6 号
	T E L　(03) 3953 - 5642
	F A X　(03) 3953 - 2061

組版・印刷・製本　㈱アイワード

落丁本・乱丁本は本社でお取替えいたします。
★定価はカバー等に表示してあります。
Ⓒ T.Kojima 2019
Printed in Japan
ISBN978-4-8178-4597-9

JCOPY 〈出版者著作権管理機構　委託出版物〉
　本書を無断で複写複製（電子化を含む）することは，著作権法上の例外を除き，禁じられています。複写される場合は，そのつど事前に出版者著作権管理機構（JCOPY）の許諾を得てください。
　また本書を代行業者等の第三者に依頼してスキャンやデジタル化することは，たとえ個人や家庭内での利用であっても一切認められておりません。

〈JCOPY〉　H P：https://www.jcopy.or.jp，e-mail：info@jcopy.or.jp
　　　　　電話：03-5244-5088，FAX：03-5244-5089

Q&A 親子の法と実務

小島妙子 著
2016年4月刊 A5判 264頁 本体2,400円+税 978-4-8178-4302-9

商品番号：40624
略　号：親子

- 現行法の運用、生じている問題に関する押さえておくべき27問を収録し、深く掘り下げた解説を展開。嫡出推定＝否認の制度や生殖補助医療、養子縁組をめぐる諸問題、親の扶養義務や現行親権法の特徴及びその問題点、児童虐待・養育費・面会交流・子の引渡等に関する実務上の問題点を解説。

子ども・親・男女の法律実務

DV、児童虐待、ハーグ、無戸籍、ストーカー、リベンジポルノ、女性・子どもの犯罪被害、ひとり親家庭などの法的支援

Now Printing

商品番号：40789
略　号：親子法

高取由弥子 編集代表
2019年12月刊（予定） A5判 464頁（予定） 本体4,700円+税 978-4-8178-4603-7

- ①夫婦（男女）・親子に関する問題、②無戸籍に関する問題、③子どもに関する問題の大きく3つのテーマに分け、事例・書式を交えて解説。
- リベンジポルノ、ハーグ、無戸籍問題など、類書の少ないテーマも収録。
- 相談を受ける法律実務家、自治体の相談担当者にとっての必読書。

LGBTをめぐる法と社会

谷口洋幸 編著
2019年10月刊 A5判 232頁 本体2,600円+税 978-4-8178-4594-8

商品番号：40788
略　号：LGBT

- めまぐるしく変化するLGBTの現状をめぐる最先端のセオリーが得られる一冊。何を法とするのか、法をどう使うのか、問題をどのように解決するのか。これらを判断する原理として、わたしたちは何に依拠すべきか。全9章の中で、これらの問いに一定の解を提供する。

〒171-8516　東京都豊島区南長崎3丁目16番6号
TEL（03）3953-5642　FAX（03）3953-2061（営業部）
www.kajo.co.jp

日本加除出版